我们的记忆
中拉人文交流口述史

郭存海　主编

朝華出版社
BLOSSOM PRESS

图书在版编目（CIP）数据

我们的记忆：中拉人文交流口述史 / 郭存海主编
. —— 北京：朝华出版社，2024.5（2025.5重印）
ISBN 978-7-5054-5471-2

Ⅰ . ①我… Ⅱ . ①郭… Ⅲ . ①文化交流 – 文化史 – 中
国、拉丁美洲 Ⅳ . ① K203 ② K730.3

中国国家版本馆 CIP 数据核字 (2024) 第 091384 号

我们的记忆：中拉人文交流口述史

主　　编　郭存海
责任编辑　张　璇
执行编辑　范佳铖　沈羿臻
责任印制　陆竞赢　訾　坤

出版发行　朝华出版社
社　　址　北京市西城区百万庄大街 24 号　　　　**邮政编码**　100037
订购电话　(010) 68995509
联系版权　zhbq@cicg.org.cn
网　　址　http://zhcb.cicg.org.cn
印　　刷　廊坊市印艺阁数字科技有限公司
经　　销　全国新华书店
开　　本　710mm×1000mm　1/16　　　　　　　**字　　数**　300 千
印　　张　19.25
版　　次　2024 年 5 月第 1 版　　2025 年 5 月第 2 次印刷
装　　别　平
书　　号　ISBN 978-7-5054-5471-2
定　　价　98.00 元

目 录

我们的记忆　中拉人文交流口述史

前　言
打捞中拉人文交流的记忆

2019 年是中华人民共和国成立 70 周年。70 年来，中国和相距遥远的拉美地区的关系经历了从无到有，从政治到经济，以至当前全面发展合作的新阶段。诸多文献表明，特别是 1949 年中华人民共和国成立以来的中拉关系史主要是由人文交流开启的。然而，在很长一段时间里，人文交流在中拉关系的地位和作用一直被政治和经济所遮蔽而没有得到应有的重视，对中拉人文交流的研究同样也被忽略了。

随着 2014 年"人文上互学互鉴"成为构建五位一体的中拉关系新格局的重要一环，而后又被写入 2016 年《中国对拉美和加勒比政策文件》，人文交流开始成为中拉关系的新亮点和新焦点。这在很大程度上是基于三个方面的需要：第一，中国亟须向拉美讲好中国故事，在该地区塑造一个负责任的、秉持合作共赢的世界大国形象；第二，回应西方国家及其媒体对中国在拉美搞"新殖民主义"的指责，中国亟须阐释自己的发展理念和外交思想；第三，也是最重要的，从推动中拉全面合作伙伴关系可持续发展的角度出发，中拉双方亟须加强相互认知和理解，增强战略互信，以共建利益共同体、责任共同体和命运共同体。而要满足上述三个方面的需要，讲好中拉友好交流的故事无疑是一个重要基础。这种故事的内容自然要聚焦当下，但首先应着眼于历史，挖掘和打捞中拉友好交流的早期记忆，以为当前和未来的中拉人文交流提供历史依据、榜样和示范。因而，打捞中拉人文交流的记忆具有重要的理论和实践意义。

2015 年 4 月，有感于"拉美热"和"中国热"的现实与中拉学者交流甚少的现状，笔者领衔发起了由两地学者和记者组成的青年知识分子自组织——中拉青年学术共同体（CECLA），借以推动对拉美和中国的交互研究，实现中拉知识的交互传播，助力中拉关系的可持续发展。

因为 CECLA 组织的一系列活动，我们结识了更多的朋友，收获了更多的关怀，特别是来自多年从事拉美研究或西葡语界的前辈。他们对我们的激赏和肯定，他们潜藏在心底的拉美过往，他们无私奉献中国早期西葡语教育和拉美研究建设的浓厚情结让人既油生敬意，又忽生一种使命感：他们的拉美故事和拉美情结，既是中国西葡语教育和拉美研究的发展史，又是中拉人文交流的历史见证。我们应该打捞和抢救他们的记忆，打捞中拉人文交流的故事。

在我们开始准备策划访谈中拉人文交流的中方见证者（西葡语大师、拉美研究的前辈和前驻拉美国家大使）时，2016"中拉文化交流年"来了。作为中拉人文交流的崭新的历史性时刻，它凝结着中拉双方相知的渴望。我们决定利用这次机会先做访谈计划的"青春版"，这就是后来的《中国与拉美：山海不为远》（2016 年 11 月由中国画报出版社出版中文版，由智利 Salesianos Impresores 出版西文版）。该书作者主要为中拉青年学者、记者及艺术家，内容聚焦中拉青年知识分子在对方国家工作或学习的体验与感悟，旨在深入浅出地讲述中拉两个世界相遇过程中青年群体如何看待彼此、如何促进相互理解和认知的故事。该书可以说是中拉关系史上第一部聚焦中拉青年人文交流的出版物。

尽管如此，我们仍初心不改，念念不忘抢救记忆，希望能够朝花夕拾，打捞中拉友谊的尘封故事。CECLA 的不断发展，给了我们更广阔的视野和更敏锐的触角，让我们得以接触不同领域的拉美朋友，发现一个崭新的中拉人文交流的世界：在拉美也有许多致力于促进中拉友好和理解的代表人物，他们对中国的热爱并不逊于我们对拉美的热爱。这给了我们更强的动力和意愿推进这个访谈计划。没想到很快机会就来了。中宣部国际传播局发布了一批"讲好中国故事"的招标课题。我作为讲好中国故事专家团的一员，也有机会申报。CECLA 的主要成员一致同意竞投这个课题，并决定以口述历史作为我们课题的表现形式。

　　除上述原因之外，我们决定以口述历史的形式讲述中拉人文交流故事，是基于我们所掌握的文献资料和广泛调研。我们了解到，拉美一直是我国对外交流战略的重要一环，人文交流如涓涓流水绵延不绝。从中华人民共和国成立至今，有不少来自拉美的学者、作家、记者、导演和艺术家曾到访中国。对他们而言，当年的中国之行深刻影响了他们的工作和生活。一则中国之行改变了他们对这个东方国家的印象并使他们爱上了这个文明古国；二则中国和东方成为他们后来工作和生活的重要内容之一；三则他们中的许多人后来都成为本国不同领域富有影响力的人物，他们关于中国的研究、报道和作品影响了本国民众。他们中的不少人后来还多次来到中国，产生了对中国的特殊情感，并在本国以他们独特的方式介绍和研究中国，讲述中国故事，增进拉美人民对中国的了解和理解。

　　课题申报最终成功，但要求口述内容聚焦于拉美知识分子的中国故事。基于此，我们力求在对相关文献进行系统梳理的基础上，通过个体访谈和深度对话等形式，打捞拉美著名知识分子与中国的相遇和相知，聆听和发现他们的中国故事与体悟，记录中拉人文交流的生动个案与别样视角。我们选择的访谈对象为拉美人文领域有代表性和影响力的汉学家、中国问题专家、知名记者、艺术家等。比如一生挚爱中国文化、曾参演多部中国电影并见证中国改革开放进程的秘鲁汉学家吉叶墨·达尼诺；被誉为"有着一颗中国心"的巴西著名记者卡洛斯·塔瓦雷斯——从 1971 年至今，他已在巴西媒体发表了 500 多篇关于中国的文章，出版了 8 部关于中国的专著；致力于中国文化研究 30 余年、担任过多届墨西哥总统翻译并荣获中华图书特殊贡献奖的墨西哥汉学家莉莉亚娜·阿芙索斯卡；被誉为中国的"全天候朋友"、曾共同创立智利—中国文化协会并推动中智建交的著名画家何塞·万徒勒里；因发现自己身上的中国血统而创办中拉文化交流杂志《当代》的阿根廷知名媒体人古斯塔沃·伍；在 1970 年到 2015 年期间 9 次来华、拍摄了五十多部中国主题纪录片，记录中国半个世纪社会变迁的哥伦比亚制片人兼导演埃科托·莫拉。

课题结项报告颇获好评，但我们的努力不止于此。一则我们深感，再好的研究成果如果束之高阁，"养在深闺人未识"，那我们所做的一切就没有任何意义。二则，中拉人文交流口述史，如果只有拉美人讲述中国故事，而没有中国人讲述拉美故事，无疑是一种缺憾。正因如此，我们决定以本课题为基础，继续深挖扩展，遴选出9位最具代表性的拉美知识分子的中国故事，同时优选出6名最具代表性的中国知识分子的拉美故事，组成这部《我们的记忆：中拉人文交流口述史》。其中，中方口述人既包括译介了近百部拉美文学作品的赵德明教授，又涵括情系拉美一辈子甚至退休比上班更努力的拉美研究专家徐世澄研究员，以及韧然维艰、只手擎起中拉艺术交流之桥的啸声先生等。

最后需要说明的是，在选择访谈对象时，我们将代表性放在第一位，同时考虑国别、性别和领域的平衡性，力求从不同侧面呈现中拉人文交流故事的多样性，借以为"讲好中国故事"提供区域样本和借鉴。鉴于拉美地区与中国相距遥远，课题经费有限，我们因地制宜采用不同的访谈形式，即利用采访对象来华之机当面采访、远程视频或语音采访，以及书面采访等相结合的方式。就结果呈现形式而言，我们也力求多元化，即注重文字、图片、音频、视频等手段的融合使用，充分利用好碎片化的传播方式。我们相信，口述历史这种表现形式不仅将为中拉人文交流提供精彩文献，也是一份难得的对外传播的故事性素材，堪称相对比较完整的中拉友好故事交互传播的现当代纪事。

这种记录形式，无论是从研究角度还是从出版角度，在中拉交往方面可能都属首次。事实上，还有更多的中拉人文交流的记忆有待我们打捞和发现，这部作品亦难免有不尽如人意之处。在此，我谨代表项目组成员和编辑团队欢迎并感谢您的批评和指正。

郭存海

中拉青年学术共同体（CECLA）联合发起人兼负责人

2019 年 6 月 24 日于北京

一　寻找我生命的另一半：中国

口述人：[阿根廷] 古斯塔沃·伍

采访人：万　戴

时　间：2017 年 4 月 18 日

地　点：中国社会科学院拉丁美洲研究所圣马丁学苑

古斯塔沃·伍（中文名：伍志伟），阿根廷知名媒体人、记者，传播中阿文化的《当代》杂志创办人兼主编，曾供职于阿根廷多家知名媒体。著有《关于中国，你需要知道的一切》和《秋天的蝴蝶》，曾撰写反映阿根廷中国移民家庭代际冲突的剧本《谢谢你，爷爷》，亦为反映布宜诺斯艾利斯的中国台湾和广东移民故事的纪录片《南方人》主要撰稿人之一。从 2016 年开始撰写新书《穿越中国的 10134 公里》。因长期致力于在阿根廷乃至其他拉美国家和地区推广中国传统文化，于 2018 年荣获阿根廷"文化推广杰出贡献奖"。

采访人：我们想跟您聊聊您的中国之行。请问您是在哪一年产生去中国的想法的？又是在什么情况下成行的？

古斯塔沃：我父亲 17 岁时从中国漂洋过海来到阿根廷，坐了三个月的船。阿根廷是地球上距离中国最遥远的国家，实在太远了。我就是父亲那次旅行的"产物"。他当时跟随一个技术员来到阿根廷，肩负建立 Estela 公司的任务。这是一个纺织厂，是南洋公司在阿根廷以工业为目的的投资项目。工作合同结束后，很多中国人都返回香港或者继续前往美国，但是我父亲很快乐地适应了阿根廷的生活并且和当地的姑娘，也就是我的母亲结了婚。后来，我九岁时去了美国。可以说，我的"家"在飞机上，经常来回飞行。之后因为工作关系，我有五年时间经常在拉美各国穿梭，旅行对我来说没有任何不适。所以我唯一能想到的了解中国的方式，就是去到中国亲身体验。我一直都很想去中国看看。

我是记者和作家，当时挣得很少，收入不够支付我的旅费。我没立即去中国，主要是因为缺钱。等我们创办《当代》杂志后，和土耳其航空公司达成一项协议，我才敲定行程，来到中国，圆了多年的梦。对我们杂志而言，实地感受、了解中国是非常重要的。

我的个人生活和职业生涯就这样再次交汇。我下定决心，要将中国之行变成发现之旅，不能像普通游客那样走马观花，而是要深入中国腹地走访。我向中国驻阿根廷使馆文化专员咨询，向我那些住在阿根廷的中国朋友咨询，并和他们一起设计了行程。一方面，我想去很多地方看看；另一方面，我又想去我那些中国朋友的父母家拜访，把他们亲手写的信交到他们父母手上，另外还得确保不超旅费预算。

1960年古斯塔沃的父母伍灼均和塞莉娅·洛伦索举行婚礼

1966年伍灼均和塞莉娅·洛伦索夫妇与儿子古斯塔沃、女儿安娜·路易莎的全家福

我的旅程很长，超过 1 万公里，而我带的钱很少。我从香港入境，然后从南向西北直到新疆。接着我又顺着丝绸之路向东走，经过兰州、西安、北京，最后到达上海。这就是我大致的路线。

采访人：在来中国之前，您想象中的中国是怎样的？

古斯塔沃：我很少想象中国是怎样的，不知为何，可能是因为在阿根廷，关于中国的消息并不多。我们通过两种渠道收到关于中国的消息，但我对这些消息都不太认同。

一种是通过美国、欧洲等西方媒体了解到的，我们不相信他们。不相信是因为，他们笔下的中国只符合他们自己国家、政府和经济利益，塑造出的中国形象通常非常负面。

另一种关于中国的消息直接来自中国，当然这类消息非常少，真的很少。这类消息也很难让我们信服，因为它们大多只报喜不报忧。最近几年，中国似乎才稍稍放开了些，但直到现在我们也无法相信一个只有正面而没有任何负面的中国形象。照理说，一个国家不可能没有问题，肯定有贫困问题、贪腐问题。所以我们也很难相信这些没有负面的新闻。我想可能正因如此，我没怎么想过中国到底是什么样的。

采访人：第一次去中国印象如何？有没有碰到文化冲突？

古斯塔沃：我感到非常震撼、非常激动。一到中国，从香港入境开始，我就按捺不住激动的心情。我记得机场有面墙上画的全是高楼大厦，就是一面巨大的墙，绵延好几公里，上面画的全是 40 层高楼，所有高楼都是同一种颜色。我在美国电影《变形生活》里见过这种场景——在高楼密布的背景中，一架飞机不断下降。飞机下降的镜头很长，与此同时你看到的全是高楼，到处是高楼。这让我印象非常深刻。从那一刻起，眼前的一切都让我兴奋不已。

　　首先，中国的多元化令我印象很深。我来之前没有太多想象，心想中国各地都是一个模样，大同小异，但来之后发现这里太多元了。在四川一个很小的村庄里，我听到三种不同的语言。不同小村庄里的人穿着也不尽相同，这个人说的话跟另一个人说的也不同。我还见识了多种多样的风景、建筑、生活方式和食物等。虽然中国很多元化，但也存在统一性，即"一"是"一"，同时"一"也代表"许多"，这种多元与统一合为一体的现象很有意思。我不知道中国人是如何做到这种一致性的，这让我很震撼。

　　其次，中国经济增长的速度和维度，也让我印象非常深刻。我用不着等三年后再回中国来比较这里经济发展的变化。我那次出行几乎都坐火车，从窗外望去，所经之处几乎都在进行大型基建工程，大桥、铁路、发电站、公路等，到处都有大型能源工程，看着这番景象就能亲身体会到，这个国家实力雄厚、发展迅速，否则不可能同时进行这么多大型工程。这也让我印象颇深。

　　此外，我还对中国人的热情友好印象深刻。我去中国人家里做客，主人都像招待老朋友那样热情招呼我，这让我备感温暖。天黑了，人们就邀请我去他们家里吃晚饭。招待客人的方式，我想世界上任何一个地方都不会像中国人那样热情好客。我进到一个屋里，主人对我嘘寒问暖。天冷，他们就递给我外套，或让我吃些水果，他们还会给我准备许多东西，为的就是让我待得舒适。我认为中国人是向来热情好客的，这给我留下了深刻印象。

　　采访人：在中国有没有什么特殊经历至今让您回味无穷？

　　古斯塔沃：有很多。比如我在汶川附近山区见到一群老人，他们是羌族人，年纪很大了，很善良。在他们的眼睛里，我看到一个纯粹的世界，那个场景很美好。当然，中国的建筑和城市发展也让我印象很深。比如上海新区，真是太令人震撼了。

　　就我个人来说，最有意义的事情就是我去了父亲出生的地方——广东台山。旧宅一直闲置着，但我父亲还是保留着它，并请人帮忙打理。屋子里摆放着祖先的牌位，我进了屋子，烧了纸钱，点了香，祭拜我的祖先。当时的场景真是非常令人动容。

2015 年古斯塔沃在广东

2015 年古斯塔沃在新疆喀什

采访人：您踏进老家时是怎样的感受？非常激动吧？会像中国人一样和逝去的祖先交流吗？

古斯塔沃：我跟你讲一件事。发生的时候我还不觉得什么，事后感受非常强烈。离开老家后，我去了广西，和一个中国朋友骑着自行车在阳朔附近的一条路上前行。在一座山脚下，我看到一些坟墓，很喜欢，想拍张照片，但我中国朋友跟我说："别拍照，否则对死者不敬。"我觉得我应当尊重中国人，就没拍照。

过了一会儿，我看到一个老人，步履蹒跚，我就想，或许这位老人是我在这儿的曾祖父。我还是骑着车，又过了一会儿，我看到一个跟我年龄相仿的男人，跟我长得很像，深色皮肤，剃了胡子，非常像我。我注视着他的眼睛，他也注视着我的眼睛，我突然有种感觉，假如我父亲在 1954 年没去阿根廷而是留在中国，那么我可能就是眼前这位行人。那一刻，我觉得自己完全融入了这个国家，我觉得自己是中国人。

采访人：回到阿根廷后，您跟家人分享在中国的所见所闻了吗？

古斯塔沃：是的，我在中国拍了许多照片，大概有 1200 张。我向家人、朋友还有许多对中国感兴趣的阿根廷人展示了一部分照片，介绍中国之行。我还用照片做了个视频，在许多场合都展示过，家人、朋友们都很感兴趣。

我不知道中国有没有这种习惯——在阿根廷，五六十年前，如果有人旅行回来，就会举办一个聚会，展示他拍的照片。后来就不流行这样做了。但我又这么做了，大家都觉得很有趣，开玩笑说我在做"老人才会做的事"。我们看了两三个小时照片，他们都很喜欢，问了许多问题，我也跟他们分享了自己的经历，觉得很充实。

采访人：正因如此，您还在继续写书？

古斯塔沃：是的，现在我正在跟中国文化译研网接洽，看他们能否资助我出这本关于中国之行的书。也不知会不会有阿根廷的出版社愿意出资，我想如果中国文化译研网和阿根廷某个出版社合作，那我就有希望在中国和阿根廷两地出版这本书了。

其实，从那次中国之行开始，我就下定决心，将我的下半生——我现在 54 岁，所以还能多活些年——致力于向阿根廷和其他拉美同胞讲述一个真实的中国。

采访人：在向拉美人讲述中国时，您会选择哪些有意思的方面？

古斯塔沃：所有方面，方方面面。比如文化多元化、中国人的习性等，同时我对中国政府执政能力也很感兴趣——作为独具特色的民主集中制的政府，能够管理好一个超过 13 亿人口的国家，做到在改革开放 40 年内使 6 亿多人脱贫。

我对中国的经济、政治发展都很感兴趣。我认为中国脱贫攻坚战成就之显著，放到全世界范围内也可算史无前例的了。我也很想了解中国是如何向世界推广自己的，如何利用好全球化资源和互联网、在国与国距离不断缩短的现状下对外传播自己的文化。这些都让我非常着迷。

采访人：您可以写一本关于中国生肖的书。

古斯塔沃：我已经写了一本关于中国生肖的书，是去年写的，在今年出版的。中国生肖是阿根廷人对中国最感兴趣的话题之一。阿根廷有位作家叫露多维卡·斯基鲁，她写这类书已经三十多年了。她的书一开始就卖得不错，后来越卖越好，最后变成了每年的畅销书。最近五年，她的书在阿根廷卖出了 10 万册。阿根廷人口才 4300 万，市场很小，因此 10 万册已经是个庞大的数字了。一家出版社注意到这一点，就找我写一本关于生肖的书，最好是能够加入更多的中国元素，因为斯基鲁的书写到了生肖的中国起源，但不太涉及中国文化，而我正好对文化研究很感兴趣。

考虑到有那么多阿根廷人对生肖感兴趣，而生肖又与中国文化紧密相关，于是我就写了一本生肖书，里面介绍了许多关于中国文化的内容。在我看来，生肖本身并不太深奥，甚至有点浅显，但可以作为一扇门，引入更多深层次的话题。所以，我在书里还介绍了中国的哲学观。

比如说到属相兔，兔和蛇一样，象征和谐。那么，中国人是如何理解"和谐"的呢？于是我就解释道家思想对"和谐"的解读。西方人所理解的"和谐"与东方人不同，西方人认为和谐意味着双方处于静态，而道家思想则认为，双方动态平衡也能达到和谐。

我在书里添加了这些哲学元素，另外我还介绍了一些中国诗歌、历史、汉字，还有中式思维。比如，中国人认为狗象征什么？肯定跟西方人理解的不

2017 年，古斯塔沃与他撰写的
生肖系列书籍

同。那么狗在中国历史上扮演怎样的角色？这也跟中国老百姓的生活相关，对不对？阿根廷人真的非常想了解这些信息，许多人都对中国怀着浓厚的兴趣。

采访人：您写过的《秋天的蝴蝶》，是一本故事集吗？

古斯塔沃：是的，这是本故事集，也是我的自传。书里介绍了我的一些生活片段。部分生活片段和我的个人成长、寻根经历有关。《秋天的蝴蝶》是我妹妹中文名字的含义。阿根廷人很喜欢这个名字，觉得它很有诗意。想象着一只蝴蝶在秋天漫舞，阿根廷人会觉得这意境本身就像一首美好的诗。这个意境有些伤感又有些美感，因为蝴蝶或许很快便会死去，而秋天又是如此静美，如果读者这么理解，那么蝴蝶就是一个凄美的化身，因此我给这本书起了这个名字。

此外，我的阿根廷中国问题专家的身份也让一些阿根廷人对我的个人成长经历充满兴趣，所以我们就出版了这本自传体小说。

采访人：《秋天的蝴蝶》在阿根廷卖得如何？

古斯塔沃：这本书刚出版不久，首印的一批书我直接从印刷厂带到了中国，先在中国推介。等我这次回阿根廷后，这本书就将在阿根廷正式面世。我很希望这本书能在中国出版。

采访人：这是您第三次来中国吗？

古斯塔沃：是的，这是我第三次来中国。我这次来，主要想更深入地了解北京。我很喜欢中国首都，喜欢这里的生活。有人会觉得，北京那么大，这里的人可能比较冷漠，但我不这么认为。我在北京感受到的是，虽然这座城市非常大，但是对外国人和来自中国其他城市的人都十分友善。它是一座友好的城市。

比如，在北京坐地铁，随处可以找到完整的地铁线路图。再比如，地铁里一直有广播播报下一站站名、换乘线路等，很贴心。刚到北京的人很容易迷路，因为这座城市太大了，但在这里有很多方式可以避免走丢。北京政府采取了很多极其便民的举措。从点点滴滴就能感觉出，在这里生活非常舒适方便。

我很喜欢北京，我这次来原本打算就待在这里。不过我还是得离开一下，因为阿根廷总统即将访华，今年又正好是阿根廷和中国建交45周年，中国中央电视台正在制作一期介绍双边关系的特别节目，联系了我参与拍摄，我们会一起去趟广东台山老家，为此我会离开北京两天。总之我很喜欢北京，但我也得多去中国其他地方看看，

2017年古斯塔沃的作品《秋天的蝴蝶》出版

还想再重游一些去过的地方。

采访人：我们聊聊您的杂志和工作吧。您当初为什么会创办《当代》杂志？

古斯塔沃：2004 年，阿根廷和中国建立战略伙伴关系。从那以后，中国逐步成为阿根廷第二大贸易伙伴。阿根廷第一大贸易伙伴是与我们为邻的大国巴西，第二大贸易伙伴就是中国。从那以后，中国对阿根廷开始变得越发重要。作为记者，我们一开始认为，中阿关系局限在经贸范围内，但未来必须扩展到其他领域，中阿应该加强人文交流。到目前为止，两国之间几乎没有民心交流渠道，事实上中阿关系还是停留在贸易往来上。

我们认为，两国之间应该增强民心互通、促进民与民之间的友好关系，而不是只谈经济行为。增强两国人文交流是非常重要的。中国是一个社会主义国家，同时也是市场经济国家。诚然，中国跟世界各地一样，有资本运作，并且也有一些中国人只追求个人利益，但是在中国，民族信仰依然非常强烈，在阿根廷也是如此。

古斯塔沃主创的《当代》杂志

在阿根廷历史上，社会主义党派不曾执政。我们曾有个政党叫庇隆党，该党追随胡安·多明戈·庇隆的领导。庇隆主义在某种程度上也是社会主义。庇隆主义既承认资本主义，但仍然保持追求资源更合理分配的社会主义性质，也就是说，使富的人不那么富、穷的人不那么穷。许多阿根廷人都赞成这一观点，所以存在这样一种民族信仰。中国也有自己的民族信仰，应当让这两个民族交汇融通。很遗憾，目前仍未实现，但我们希望它能实现。

为此，我们尽微薄之力，创办了《当代》杂志。我们是记者，做杂志是我们擅长也是我们喜欢做的事。大约六七年前，我们开始着手创办该杂志。

采访人：您是辞职然后全职做《当代》杂志？

古斯塔沃：差不多。因为《当代》的经营状况不是很好，杂志盈利不足以养活我们，所以有时得接些其他活来维持生计。我说得很直白，但很遗憾，事实就是如此。我的同伴做了个很大的决定，他之前在阿根廷发行量最大的报纸《号角报》工作，后来辞去报社工作，全身心投入《当代》。我也放弃了其他一些工作和项目，我们会干些零活，但工作核心仍是《当代》。

采访人：为什么给杂志起名为《当代》？

古斯塔沃：主要是明确传达一个信息，就是这本杂志与中国相关。

采访人：大家知道这个名字的含义吗？

古斯塔沃：不，大家不知道这个名字的含义，但从拼写可以看出，杂志与中国相关。另外，杂志的图标和字体带有一些中国古典风格，人们看一眼就能明白。

采访人：这本杂志的目标受众是谁？是受教育程度高的中产阶级？

古斯塔沃：这是一本面向阿根廷受众的西班牙文杂志。我们有好几类目标受众，总体而言，都是与中国有关联或想跟中国产生关联的阿根廷人，分布在几个不同领域：首先是商人。这是非常重要的读者群，主要是进出口贸易商和制造商。其次是学习汉语或中国文化的人。他们也是我们的重要受众，数量很大。另外，还有许多想和中国发展关系的国家部门或省、市、区工作的公职人员，以及一些华人华侨。

我们现在处于初期阶段，主要面向本国读者。接下来，我们计划扩大传播范围，在其他拉美国家出版，因为在拉美地区没有其他类似的杂志。在下一个阶段，我们希望可以进入中国，让对阿根廷感兴趣的中国读者也能阅读这本杂志，到时候就会做成西中双语杂志。现阶段我们还做不到双语，只有西班牙文。以上是我们今后的发展目标。

采访人：这本杂志有多少员工？你们团队如何运作？如何确定报道话题？

古斯塔沃：我们团队很小，有两名固定摄影师、三名编辑、一名校对，还有我们两个负责人，我俩还负责杂志推广销售，总共就这些人。另外有几位自由撰稿人给我们供稿，但不属于我们的正式员工。

至于如何确定报道话题，我们会涉及多个文化领域，包括经济、政治、体育，还有艺术、文学、摄影、戏剧等方面。我们每期杂志内容都会尽量涵盖这些领域。具体选题上，我们会挑选我们认为重要，而阿根廷媒体和各大国际通讯社没有涉及的主题。

有一点很重要，就是我们以完全独立于西方新闻通讯社和媒体集团的报道视角来策划选题。我们都是从业多年的记者，我们的记者生涯超过30年，已经形成了自己的判断标准，因此不会随波逐流。我们会浏览西方媒体的报道，但不会跟随他们的思路。我们是一份独立刊物，不属于任何政府或企业，我们表达的内容都是自己的真实想法。我们还根据阿根廷人的兴趣，力求报道都切中要害。比如阿根廷人想了解中国足球发展得怎样、中国有没有摇滚乐，那行，我们就来告诉他们。

采访人：阿根廷人对中国的哪些话题最感兴趣？足球？摇滚？他们最想了解哪些领域？

古斯塔沃：毫无疑问，阿根廷人最感兴趣的是中国经济，因为阿根廷经济对中国的依赖度很高。研究中阿问题的专家绝大部分是经济学家。

采访人：除了对中国经济感兴趣以外，近年来有没有新的兴趣点？

古斯塔沃：有很多，不过是最近才越来越多的。比如中国文学，但我们还读不到什么中国文学类书籍。我们能看到莫言的书，最近阿根廷第一次引进了一本格非的书，是直接从中文翻译到西文的。这本书很好看，很精彩。我们还引进了什么书呢？有些是从中文翻译到英文、再从英文翻译到西文的作品，还有些是华人作家直接用英文写作的作品。总之，阿根廷市面上的中国图书还很少。

另外，阿根廷人不仅对中国春节、美食、生肖感兴趣，还非常强烈地想了解中国的发展奥秘究竟是什么、中国老百姓是怎样生活的。中国幅员辽阔，历史悠久，经济增长迅速，所有这些现象都非常引人注目。

采访人：中国的文化没有经济那么吸引人吗？

古斯塔沃：关键问题是，大家对中国经济感兴趣，不光是为了了解，更是为了寻找商机。而对文化感兴趣的人，出发点只是想要了解。而在文化传播方面，我觉得中国才刚刚起步，成果有限，做得还远远不够，阿根廷的两所孔子学院任重道远。在阿根廷还看不到中国的电视节目，中国电影只能通过在线影片租赁平台 Netflix 收看，但知道的人不多。我跟身边朋友推荐《老炮儿》这部电影，我觉得拍得特别好，大家也很感兴趣，但是在阿根廷没有报纸报道，没有在影院上映，也没有任何影评人看过并说"这周末推荐大家去看这部电影"。所以说，我们在影视方面还缺乏交流，我们最近才刚起步。

采访人：您是不是特别关注电影、戏剧、文学评论这些话题？

古斯塔沃：这是我工作的一部分。我一直是文化记者，所以对文化话题很感兴趣。我写过一部剧本，关于一个在阿根廷的中国家庭，目前还没机会在这里（中国）展示。这部作品讲到家庭代沟：爷爷和父母都是中国人，父母移民到阿根廷并生子，孩子们正值青春期，很叛逆，觉得自己是阿根廷人，对父母和关于中国的一切丝毫不感兴趣。这个戏剧在布宜诺斯艾利斯演出时大获成功，我也很高兴能写出这个作品。

采访人：如今中阿院校间合作交流有没有增多？

古斯塔沃：很少。最大的合作，就是中国政府提供的奖学金项目，让阿根廷学生来华学习汉语或攻读学位。奖学金项目有很多，申请的阿根廷人也很多，一个名额也不浪费。现在有许多阿根廷人在中国学习，都是一些很有勇气的年轻人，不远万里来到地球另一端。他们在中国待两个月、八个月、两年不等。我觉得政府提供奖学金是个很好的做法。

但其他交流机会并不多。有时候会有中国的管弦乐队、京剧团到阿根廷演出，但都是零散的、不系统的，中阿文化交流缺乏一个长期规划。中国需要更清楚地知道，阿根廷想了解中国什么，然后把这些展示给阿根廷。比如阿根廷人很想了解中国传统节日是如何庆祝的，中国有许多可以展示的节日活动，比如庙会，还有其他那么丰富多彩的庆祝活动。据说在中国，每周都会在某个地方庆祝某种节日，这些都可以向阿根廷人介绍，但中国目前还没做到。

阿根廷人对武术也非常感兴趣，而中国是武术大国，在亚运会上总是斩获颇丰。那些想练武术的阿根廷人都是对中国文化感兴趣的人，他们喜欢中国，会来中国旅游体验。

总之，在正式场合，我们常说两国文化交流蓬勃发展，但就我个人而言，现实并非如此。

采访人：对于您本人和《当代》杂志，目前中阿之间有没有合作来共同推动这项文化交流？

古斯塔沃：最近两年，我们从中国驻阿根廷大使馆得到一些资助。去年，我以个人身份受邀来华参加中外文学出版翻译研修班，这对我们杂志而言也是一种支持。

采访人：但这些力度还不够。

古斯塔沃：是还不够。其实我们就是中国的"代言人"。中国可以好好借助我们已经建立的沟通渠道——如果中国自己来建立类似渠道的话可能要花费很多时间和精力。我们相信，随着时间推移，这个想法可以实现，而且我始终相信增强民心交流十分重要。

昨天我和一位得到中国政府奖学金在华留学的阿根廷学生聊天，我对他说："中国这个地方会让我上瘾。我还要回中国。我这次回阿根廷后还得再回来。我得吃中国菜，和中国人相处，体验中国的生活节奏，我需要感受中国。"然后他告诉我，"所有阿根廷人都这么说"。（笑）我原以为这是我的独家发现，而他告诉我所有阿根廷人都这么认为，这让我对自己的想法更坚定了。中阿两国人民相识相知，会碰撞出许多火花。但首先得让他们相遇、对话，就像我父亲和母亲当年那样不断沟通，碰撞出了火花。

采访人：您认为中国应该怎么做？您对您自己的未来和《当代》的发展有何打算？

古斯塔沃：我认为中国已经有自己的规划了，肯定比我的想法要更完善。但我认为，现阶段，中国文化还需要继续对外传播。直到现在，中国还是在开展单向沟通，而不是双向对话。中国一直在向拉美介绍自己，展示自己想展现的中国形象，但从来没有问过拉美人到底想了解中国什么，所以我说这是单向的。

中国不断给我们赠送礼物，但不知这些礼物合不合我们的口味。我认为，下一阶段，中国会开始研究拉美人喜欢中国什么，想了解中国什么。我觉得这将是一个广阔的发展空间。虽然中国现在和美国交流密切，在美国有超过16万的中国留学生，但我认为从文化认同的角度来说，中国跟拉美比跟美国更接近。这是我的个人印象，我觉得这方面大有可为。

至于我自己，所有一切都是环环相扣的。正如我之前所说，我特别希望能向我的拉美同胞讲述中国。我想把这次中国之行写下来，如果有人愿意资助我出版，那我又可以拿稿费来计划下一次中国之行（笑），纯属个人兴趣。

采访人：这样您就能不断深入地了解中国了。

古斯塔沃：我还有太多事物想去了解。我想去云南，我还没去过但特别想去看看。中国和阿根廷有相似的地方，都有大片平川。我想在中国骑马，就像我在阿根廷骑马一样。

采访人：是的，在某些方面，中国人和拉美人很像，比如家庭观念、对快乐的理解、人际交往方式等。当然，现代化的中国社会更为复杂。

古斯塔沃：另外，你知道我还发现中国人和拉美人有什么相似之处吗？就是都相信，友谊第一、金钱第二。中国人说，"我们先交朋友，再谈生意"。中国最看重的是友谊，拉美人也是如此。在拉美，友谊是最重要的。

二　中拉艺术交流的架桥人

口述人：啸　声
采访人：万　戴
时　间：2019 年 5 月 11 日
地　点：北京啸声家中

啸声（原名：邢啸声），中国著名西方艺术史家。自 1981 年起，专门从事外国美术的介绍工作。1984 年至 1986 年，受国家公派至巴黎进修西方美术史。后又多次应邀出访，先后到欧美十余国考察讲学。啸声自 1985 年开始关注并研究拉丁美洲艺术，后于 2001 年和 2007 年两度访问拉美，踏访名胜，拍摄真迹，收集到大量第一手资料，并与拉美多国艺术机构及艺术界人士建立了联系。三十年来，他通过著译、举办展览等将多位拉美艺术家及其作品介绍到中国，并撰写编辑了《现代拉丁美洲艺术》《寻梦墨西哥》《现代拉丁美洲具象艺术》等多部作品，为中国读者打开了了解拉美艺术的窗口。

采访人：您能否先讲讲中国跟拉美过去在艺术，尤其是在美术上的早期交流？

啸声：拉美和中国的关系久远，但是在历史上并没有很多的交流。在《梁书·诸夷传·扶桑国》中有"扶桑国在大汉国东二万余里，地在中国之东"的记录。但是这里说的"扶桑"究竟是日本还是墨西哥，至今还没有定论。过去中拉在经贸方面有来往，从前旧中国流通的银圆就有来自于墨西哥的"鹰洋"。过去中拉也有一些文化交流，文学方面可以借助于文字，相对来说好办一些，但是艺术不太好办。虽然说借助书本也可以，但是当时并没有这样的书。新中国成立前有个别的拉美艺术家来过中国，比如说科瓦鲁比亚斯，他在上海举办过漫画展，他对中国的漫画家比如张光宇的影响还不小，好像画动画片《孙悟空大闹天宫》的万籁鸣也受过他的影响。

墨西哥1956年举办了两个大展。其中在中国组织的墨西哥造型艺术阵线画展囊括了墨西哥当代名家的作品，包括迭戈·里维拉和戴维·阿尔法罗·西盖罗斯等。1957年是拉美版画展。这两次画展对中国影响非常大，给老一代中国艺术家留下了深刻的印象，他们发现原来墨西哥的艺术这么好。特别是1956年，西盖罗斯还来中国做过讲座，我的朋友、中央美术学院的老师潘世勋当时听了讲座还画过西盖罗斯的像。后来这样的联系因为"文革"中断了。

1963年的时候，我在古巴格瓦拉领导的工业部参加中国援助古巴的专家组从事翻译工作。那时有一位有名的华裔大画家维弗雷多·林也在古巴。他画过一幅名为《第三世界》的大壁画。时任中国文化参赞的王嘉宾后来告诉我，当时中国方面想请维弗雷多到中国访问，但是他当时走不开未能成行。随后中国就发生了"文革"，访华无从提起。维弗雷多1982年去世，多年以后画家的夫人告诉我，"文革"结束以后人事皆非，维弗雷多·林的中国之行也就终成憾事。

1972年，大艺术家鲁菲诺·塔马约访问中国，但他是随一个经贸访问团过来的，访问团中只有他一位艺术家。塔马约告诉我，他当时还送过一幅画给中国。我到处打听，没有人知道此事，画也不知下落。同样不知下落的还有里维拉送给中国的一幅40m²的画作，此画起初一直挂在北京王府井南口召开"亚洲及太平洋区域和平会议"的旧址大楼里。后来这件珍贵的作品不见了。我打听到一个人，此人说他在"文革"初期还在这座大楼里看见过此画，画上还有毛泽东和斯大林。总之，20 世纪 50 年代中国和拉美在艺术方面有过一些交往，包括举办展览和人员交流，虽然活动不多，但影响很大，遗憾的是，没有人研究。

采访人：您是怎么开始研究拉美的艺术的呢？

啸声：我于 1981 年进入《世界美术》杂志社，开始从事介绍外国艺术的工作。1984 年，我被国家选派赴巴黎进修并考察西方艺术。这在中国公派留学至西方国家的历史上还是第一次。在我之前中国研究外国美术最好的是 20世纪 50 年代留苏的一批人。比如程永江、邵大箴、奚静之和李德春等，大概有五六个人，他们以研究苏俄为主。我那时已经掌握了几门外语，所以到了西方国家，语言不成问题。而且，南开中学图书馆早就向我敞开了西方文化的大门。

搞艺术研究主要有两种渠道，一种是掌握信息，我们那时候没有电脑，完全要靠纸上的东西。再一个就是研究实物，也就是实地考察。当时在中国，这都不可能，我被派出就占上便宜了。巴黎是个研究艺术的好地方，我主要研究欧洲现当代和中世纪艺术。不过，因为我也是西班牙语言文化学

啸声在墨西哥特奥蒂华坎羽蛇神庙

者，想到西班牙不就是在比利牛斯山的那一边，我得把西班牙艺术给拿下来，同时我也想到了拉美。我 1984 年抵达巴黎，年底就注意到拉美，开始买一些书籍，例如关于玛雅文化什么的。

到了 1985 年，我的思路就非常清晰了，开始真正关注起拉美艺术，由此认识了好几位拉美艺术家，比如哥伦比亚的费尔南多·博特罗、尼加拉瓜的阿曼多·莫拉莱斯等。

我组织的第一个重要展览是维弗雷多·林的展览。说起这件事很有意思。刚才我们已经说到，我曾在 1963 年在古巴和林失之交臂；他于 1982 年在巴黎去世，我是 1984 年到的巴黎。我到了巴黎之后就开始打听他，想要研究他，因为在世界美术界他是一位重要人物。他的作品所在的画廊叫勒隆画廊。有一天画廊的合伙人雅克·迪潘告诉我说："邢，维弗雷多·林的夫人想邀请你去参加个晚会。"因为他知道我想要了解林，他说林的夫人林露也想认识我。

聚会上，我成了一个关键人物。那天晚上，时任法国外交部部长罗兰·迪马也在，他是维弗雷多·林的友人协会会长。我告诉他们，林和我 1963 年曾经同在古巴，但是不曾相见。我说在他的西班牙名字 Wifredo Lam 中，"Lam"是源自于广东话对林姓的发音。我告诉他们，这个字在普通话念"Lin"，写起来是两个木字。这样一说，在场的人听得极有兴味。

林露告诉我，确实如此，维弗雷多曾经说他父亲的名字是"山林之人仰面看天"的意思，他父亲实际上是姓林，名仰。她还告诉我，林在 20 世纪 60 年代收到了中国的邀请，但未能成行，生前未能返回广东寻根问祖，未能向中国同胞展示自己的创作，成为一大遗憾。她问我能不能回去看看，当年邀请林的部门是否还知道这件事。后来我在国内多方探寻，但是没有结果。经历"文革"的浩劫，很多资料都荡然无存。最终在我的推动下，自 1991 年 10 月至 1992 年 2 月，林的版画展在北京、上海、杭州、广州、香港举行，林夫人及其四子受到中国政府和有关各方的热情接待。

1988 年，鲁菲诺·塔马约在马德里索菲亚王后艺术中心举办大型回顾展。我当时正应邀在西班牙访问，接到了西班牙文化部寄来的请柬，出席了开幕式。当时塔马约已年近九十，从墨西哥专程到马德里参加展览。开幕式结束后，他在送走王后回展厅的路上，遇到了正要离开展厅的我。我是在场唯一的中国人，他便十分热情地与我攀谈起来。

除了结识这些在巴黎生活的拉美艺术家之外，我在巴黎还看了一些拉美的大展。欧洲艺术界对拉美个别重要的艺术家也很钦佩和赞赏。但把拉美艺术界作为一个整体来看待，欧洲艺术家基本上跟我是同步的，都是在 20 世纪 80 年代中期。比如说，他们都对里维拉很佩服，对参与他们的运动的塔马约尤其如此，还有加西亚·托雷斯等，在欧洲都很有名。但是，当时欧洲并没有将他们当作一个群体给予很高的评价，因为出于欧洲中心主义，什么事情都是以他们为主。但后来这种情况有所改变。

我在巴黎就开始意识到，中国人需要研究人家的资料，但是不能跟人家瞎跑，应该要有独立的见解。但是，取得独立的见解很难。毛泽东以前讲过，没有调查就没有发言权。改革开放之初，我们不了解情况，无法判断人家。艺术研究需要去实地考察。我就利用第一次到巴黎的两年时间，全世界到处跑。在这个过程当中我很关注拉美，包括古代印第安文化和拉美现当代的艺术，渐渐地也有了不少积累。

虽然有所积累，但是那时候我还没有到拉美考察过。虽然我于 1963 年去过古巴，但并没有从事艺术工作。我一直想，能不能在有生之年到拉美去看一看。在实现这个梦想之前，我先后出版了五位拉美当代大师的专辑：《塔马约》《菲加里》《祖尼加》《博特罗》和《莫拉莱斯》。特别是在连续关注了十四五年后，我于 1998 年撰写出版了《现代拉丁美洲艺术》，拉美驻华使团特为这本书举办了首发式。进入 21 世纪以后，这个机会终于到来了。2001年，我受墨西哥外交部邀请，前往墨西哥考察。

2001 年的时候我已经 63 岁了。欧洲我熟，人头熟、地方熟、关系多，但是要到拉美这样一个完全陌生的地方，心里很忐忑。再加上我有糖尿病和哮喘，也担心身体吃不消。不过，我到墨西哥后，不但很快克服了这些困难，而且信心满怀，用了五个多月的时间，几乎跑遍了墨西哥全国重要的美术名胜。

中国人讲究"读万卷书，行万里路"。读书这方面，现在还好办一点儿，那个年代，没有网上的各种资料，完全要靠纸上的东西，而且需要的书往往还找不到。得到一本好书很难。我在墨西哥的时候，想要找著名艺术史家胡斯蒂诺·费尔南德斯撰写的《墨西哥艺术：从起源至今天》。这本书出过七版后，没有再版，连旧书都找不到。我千方百计地寻找也没有结果，只好拜托各家书店帮我留神。终于，我在回京之前，得到一家书店找到了这本书的通知。可见，要研究学问，读书也不是很容易。

但更重要的是，要行万里路。我在墨西哥非常辛苦。对方赞助有限，要"一个子儿掰成八瓣花"。外出考察，我专门选择暑假，因为在墨西哥城市间交通主要靠长途汽车，在假期每辆车上有六七个座位是半价优惠提供给学生的。我访问学者的身份可以冒充学生，去抢这六七个半价座位当中的一个。7月份尤卡坦半岛热带雨林的天气异常闷热，衣服湿了又干、干了又湿；有时候不住酒店坐夜车，车上有空调，又冻得一宿都睡不着。第二天早上到一个地方，还要先参观后投宿。我的见闻就是靠这样的吃苦得来的。

虽然我很努力，想毕其功于一役，但总还有欠缺。2003年，展现墨西哥和另外拉美四国考察经历的《寻梦墨西哥》出版，时任墨西哥驻华大使李子文作序。李子文大使也觉得，我做了这么多工作，还是没有把它搞彻底，有些遗憾。2006年，墨西哥方面又邀请我去考察，那时候我已经68岁了，我不敢再待太长时间，所以这次我用三个月的时间，把我要补的都补了：补充了墨西哥古代印第安艺术和现代艺术的一部分内容，重点是补充殖民地时代的艺术。

正是基于这样的考察，我撰写的三卷本《墨西哥艺术》估计今年秋天就会出来。第一卷是讲古代印第安艺术，第二卷是讲殖民地时代艺术，第三卷是讲现当代艺术。这里边几乎90%的照片都是我自己拍的，少部分是艺术家送给我的，还有一小部分是博物馆提供的。我觉得这样才叫研究。

　　关于殖民地时代有好多种叫法，有人翻译成"殖民时代"，其实错了。因为这里涉及一个立场问题：欧洲人说发现"新大陆"，说"新西班牙""殖民时代""发现新大陆"是站在殖民者的角度上。我们研究历史、研究美术史，应该有客观的角度和立场。

　　对于依然在世的当代画家，我一定要争取进客堂、入画室，即所谓的"登堂入室"，知人论画。我没有去过厄瓜多尔，没能认识奥斯瓦尔多·瓜亚萨明。我的朋友徐钟麟老师在那里同他成了好朋友，瓜亚萨明还送他一幅画，我很眼馋。不过墨西哥和许多拉美艺术家对我有热情的馈赠。当然我也不能事必躬亲，利用他人的材料也是不可避免的。

　　采访人：您能否讲一些考察中的故事和趣事？

　　啸声：第一次访问墨西哥前，我只与三位墨西哥艺术家有联系，弗朗西斯科·祖尼加是其中之一。可是他在塔马约之后也去世了。他的儿子阿列尔·祖尼加是祖尼加基金会的会长，这个基金会是名义上接待我访墨的单位。我抵达墨城后，自然先去拜访阿列尔。在此之前，我为了出版《祖尼加》这本专辑，与祖尼加父子已有书信往来。阿列尔告诉我，他父亲收到那本专辑时已经失明，只能把书拿在手里不停地抚摸着。我和阿列尔在墨城见面，一方面是我想要更细致、具体地了解他父亲，另一方面也需要他为我在墨西哥的考察出谋划策。

　　阿列尔热心地充当了我的双重向导，为我的考察作了周到可行的建议，又多次驾车外出，或请我去看弗朗西斯科·祖尼加的几处城市雕塑，或陪我参观几处交通不便但却十分重要的印第安遗址。他是一位非常专业的向导，给我的帮助极大。

　　胡安·索里亚诺 2000 年在北京举办了绘画和雕塑作品展，我为他的展目撰文。我们相识于北京，在墨西哥重逢，分外亲近。索里亚诺的地主之谊，令我深感友情的温暖。他邀请我看展览，陪我去参观古迹，也多次出面帮我张罗，拜会当地的艺术家。

在墨西哥，我也遇上了和蔼可亲、精干高效的官员，如墨西哥国家人类学与历史研究所（INAH）国际展览部的主任卡洛斯·科尔多瓦。他在倾听了我的项目后，表示要倾力相助，当即草拟了一封致该局管辖范围内的全国考古遗址及博物馆的公函，写明要求相关部门在免费参观、协助考察和提供资料三个方面给予我特别帮助。他签字的公函帮了大忙，不仅所到之处一律免票，我还在奇琴伊察的武士神庙和乌斯马尔的巫师金字塔得到了破禁参观的特许。

在阿列尔、索里亚诺，还有许多新认识的朋友的帮助下，我逐渐放下了忐忑的心情，鼓起勇气，顺利完成了考察任务。在墨西哥，我按照自古至今整部艺术史的纲目进行考察，仅仅五个月的时间，所获已经远远超出了预计效果。同时，我还借机去了古巴、秘鲁、哥伦比亚和委内瑞拉，也都有十分满意的收获。

我在哥伦比亚的考察，得益于一对父女的帮助。安娜·玛利亚·埃斯卡利翁是一位艺术史家，曾在波哥大现代艺术馆当馆长，后来担任华盛顿拉美现代艺术博物馆馆长。她的父亲阿尔瓦罗·埃斯卡利翁曾经担任哥伦比亚驻华大使，我们在北京相识。我访问哥伦比亚，各项考察行程主要依靠埃斯卡利翁父女：女儿从华盛顿电传一份考察计划，父亲则在波哥大帮我实行，不但为我联系各方，还尽力亲自陪我参观。若不是他们如此周到的考虑和热情的帮助，我在波哥大的四天行程中，就不可能参观一座教堂、七座博物馆和一家画廊，访问了四位艺术家，甚至还做了两次中国书法讲座。

我到委内瑞拉，也多亏了一位老朋友。何塞琳·恩里克斯·德·金在担任委内瑞拉驻华大使时，曾筹办拉美使团为我的《拉丁美洲艺术》举行新闻发布会的庆典活动，她才华横溢，出口成章。后来得知我要去加拉加斯，她非常高兴。她那时已经担任委内瑞拉外交部礼宾司司长，工作繁忙，但她特意请了熟悉文艺界的一位朋友在几次重要的考察中做我的向导，使得我对委内瑞拉的访问，也远远超出了预期的目标。

采访人：看到您收获如此丰厚，真的为您高兴。您对今后中国对拉美的艺术研究有怎样的期待？

啸声：现在我们要做与拉美的艺术交流，条件已经好多了，例如来自墨西哥的玛雅展就曾经在上海、北京、西安成功举办。不管是来自拉美还是来自西班牙或别国的艺术家，都视自己的作品能够在中国得到介绍为非常重要的事情。然而遗憾的是，真正从事拉美艺术研究的人还是太少。

我曾经有一个落空的想法：希望中央美院能够设立一个外国艺术研究中心，把我和其他研究者去国外考察搜集的资料集中起来，同时进行人才培养，展开国际交流。我做了这么多工作，谁来把它继续做下去？我不可能把所有的事情都做完，总希望还有人接着做，把同拉美的艺术交流工作做得更好。

采访人：您在欧洲和拉丁美洲，比如墨西哥国立自治大学都做过关于中国文化、中国美术的专题讲座或是短期授课，听众对中国文化艺术的接受度如何？

墨西哥艺术家弗朗西斯科·托莱多与啸声（左一），2001 年 7 月 9 日于瓦哈卡

啸声（右一）与委内瑞拉雕刻家齐特曼，2001 年 8 月 14 日于加拉加斯

2001 年 6 月 14 日，古巴驻华大使阿鲁费夫妇邀请啸声（左二）到其哈瓦那寓所做客

　　啸声：事实上从1984年国家派我去法国，我就针对这方面做了一些准备。我把宣扬我们国家的文化艺术成就和美学观念作为自己的责任。20世纪80年代日本财力雄厚，以致巴黎第四大学的艺术考古系在亚洲部分日本所占比重非常高，而关于中国艺术的教学力量却很弱，只有两位教师。所以巴黎第四大学希望我能讲授一些中国艺术。我早有准备，带了两套幻灯片：一套是关于中国艺术的，主要是绘画；还有一套是关于中国书法的。

　　其实我在中央美术学院没讲过课，在海外讲述中国艺术更是一件复杂的工作。什么叫神似、什么叫三远，什么叫六法，什么叫骨法用笔……这些词你都要去找到它的译法。更有一样，你要怎样让听你讲的学生们理解这些概念。例如讲艺术史，评论王羲之的字。"龙跳天门，虎卧凤阙"，外国人听得糊里糊涂，怎么龙飞在房子上边，虎趴在门口，这什么意思？跟艺术评论有什么关系？所以这件事开始很困难。我开头做得并不好，我是按照中国老师的讲课方式进行的，可课堂上学生们没有反应。我很快发觉不能这么来讲。人家都是美术史的专业学生，西方美术的一切在他们看来都很熟悉。我觉得我不仅需要把朝代和年号换算成公元，更需要利用我对西方艺术的了解，采用他们熟悉的东西加以对比来教学。一经这样的改变，课堂马上就踊跃了起来，充满了活泼的气氛和论辩的热情。授课结束之后，学生们都非常高兴，跑上讲台告诉我非常喜欢我的授课。

　　后来，我在马德里普拉多博物馆举行了一次有关中国绘画演变的讲座。这是他们第一次举行相关题材的专业讲座，所以也被馆方记录在案，作为一段历史保存。我已经在法国做过教学了，这次只不过是把语言换成西班牙语。主持这次讲座的馆方代表胡安·何塞·卢纳是我的好朋友，他主持讲座，简单地介绍了一下我就下去了。下面人一看没有翻译，就有一阵骚动。但当我开口一讲，听众一下子惊叹了起来。（由于我的老师是马德里人，我的西语发音很好，完全是马德里的京腔大调。）

　　我放的第一张幻灯片，是委拉斯凯兹的《布列达的投降》，这幅作品就收藏在旁边的展厅里边。一开头就放这一张，让我的朋友卢纳吓了一跳，以为我拿错了幻灯片。我的第二张幻灯片是李公麟的一张《免胄图》，画的是郭子仪单骑出现在回纥人面前。由于他全身甲胄，回纥人认不出面貌，于是他摘下头盔，回纥人心惊胆战、跪地叩头。两边有马匹，士兵拿着长矛，将军穿着铠甲，一边投降、一边受降。我说，你们比较一下，这两幅画是同一个题材，都是一边投降、一边受降，画面里面都有将军穿铠甲，都有长矛、马匹，两者有什么不一样。有了这样的对比，我向他们解释中国绘画的特点，为什么跟西方绘画不同。这种讲授方法是我在法国练出来的，听众一下子就接受了。讲座结束后，现场听众踊跃上来找我要求签名合影、请我吃饭、订约会、提出采访要求。

我后来还在墨西哥、法国和西班牙多次举办过诗书画展。也就是把我写的诗写成书法，画一些水墨画，在展出时再做一些讲座，讲述中国文化。再讲我们中国人的哲学，讲我们中国人敬祖胜于敬神，讲我们在宗教上的宽容态度，讲我们的三教合一。我们知识分子，进则儒，退则道。入世贡献社会，修身齐家治国平天下；道不行，则明哲保身、天人合一。

关于书法，除了欧洲，在墨西哥国立自治大学我做过两次讲座，我很反对把书法讲得玄而又玄。我提到，在《康熙字典》里，中国的方块字就有五万多个。从艺术角度来讲，一个字就是一个构成。我们不需要搞别的，这五万多个结构本身就已经很了不起了。再加上我们在演变过程当中，书写方法不断发展，有真、草、隶、篆，再加上行书。而且在每一种方式里边，每个人又可以展现不同的风格。他可以强一点，也可以弱一点；有的人叫顶盔掼甲，有的人叫仕女簪花。

外国人不懂什么叫顶盔掼甲，什么叫仕女簪花。我告诉他们，这是一种对于风格的比喻。这一说他们就懂了。我再给他们看一点儿历代的代表作，让他们逐渐懂得欣赏。他们慢慢就知道了，分得清好坏了。再讲深一点儿的话，会讲一些字的结构，讲谋篇布局等，当然也不能讲得太深。这样，外国朋友就知道原来中国书法是一个这么深奥的艺术。

2001 年 8 月 6 日啸声在马丘比丘
考察

采访人：在刚刚的讲述中，您提到了欧洲中心论的问题。您对西方艺术的直接接受是从巴黎开始的，但是您非常强调拉丁美洲艺术的主体性。您怎么看待拉丁美洲艺术？这种艺术和我们说的主流的西方文化艺术，到底有着怎样的联系和区别呢？

啸声：欧洲中心论在艺术领域是一个客观存在的事实。法国人一讲艺术就是他们那套，美国人一讲艺术也就如我说过的，眼睛全部放在纽约的那个索霍区。至于我们，不要留苏的亲苏，留美的亲美，留法的亲法，当然也不要认为我们中国样样都是"天下第一"。

这里我就要感谢我的母校南开中学，给我打了好底子。我在南开中学时读外国文学，我是依照文学史的顺序来阅读，看英国的就对照英国的文学史去读，法国的就按法国文学史读书，找得到的我都读。《堂吉诃德》最早的译本，即林纾、陈家麟合作翻译的《魔侠传》，我也是在那里读到的。所以我接触的方面比较多，再加上七碰八碰，学的外语也比较多。

所以我到法国以后，就提醒自己，千万不要留法亲法，坠入人家的"欧洲中心论"。人的眼光要大一点，不要厚此薄彼。在巴黎，我在大洋洲博物馆看到一幅画着鳄鱼的树皮画，是土著画家的作品，我觉得比齐白石丝毫不差。所以我就想，民族不分大小，彼此都有长有短。我们作为中国人，既不要狂妄自大，也不要盲目自卑，对其他文化也要冷静地多看一看。

我想得很简单：学习其长处、忽略其短处，不去做什么亲法派、亲西派。大家都是好朋友，我把他们当第二故乡、当第三故乡，学术上不要厚此薄彼。比方说某国在艺术上精品少些，也不需粉饰，直言不讳即可。这样的话，就可以真正突破任何一种中心主义，把视线放在更高处。

拉丁美洲的印第安文明，是和世界上其他文化并不相同的一种独立文明。拉丁美洲的古印第安文明，特别是中美洲和南美洲的文明，实在是太了不起了。它的文明、神祇，包括许多文化上的细节都是独特的。等到了所谓的"后哥伦布时期"，拉丁美洲成了殖民地，西班牙的那一套、欧洲的那一套东西就来了。原来我脑子里有一个概念，认为殖民时期的墨西哥艺术就是对西班牙艺术的粗糙模仿，对墨西哥艺术当中的殖民地艺术的这三百年不重视，后来发现我错了。宗主国的文化同殖民地的文化在激烈的碰撞和融合中也孕育出很独特的东西。我看到以印第安民间手法绘制的基督教题材的壁画后，真觉得有些不可思议。

所以即使是殖民地阶段，也有它的特色。还有一点，大概二百年前，西班牙的圣费尔南多美术院建成后，很快在"新西班牙"，也就是现在的墨西哥城创建了圣卡洛斯美术院，由西班牙派人去当院长、当教授。这是美洲第一所美术学院，经过它不断地培养学生，渐渐地"新西班牙民族"在西方的

2007年1月4日啸声与墨西哥艺术家卡斯特罗四兄弟（左起啸声、何塞、阿尔贝托、米格尔、弗朗西斯科）在墨西哥城合影

艺术教育传统下出现了一批很优秀的艺术家。在迭戈·里维拉之前还有两位很重要的人物，一个叫阿特尔博士，还有一位是埃兰。这两个人把欧洲的这一套艺术表现方式传到了拉美大陆，包括墨西哥本土。古巴也是如此，在古巴有亚历山大美术院，都是西班牙先后派人过去建立的。

在现当代，他们已经在墨西哥培养出一些优秀画家，而且这些画家是属于一个新的民族，既不是欧洲的移民或移民后代，也不是印第安人或混血人种，而是在各种文化的撞击融合后产生的新民族，一个新的墨西哥民族，他们跟欧洲闹独立，打的旗号就是圣母瓜达卢佩。这已经跟欧洲的圣母玛利亚不是一回事儿了。

所以，他们有自己的圣母，他们有自己的文明。那么这一批艺术家，特别是到了里维拉、西盖罗斯、奥罗斯科、塔马约这一批人，已经作为一个新民族的艺术家代言人，开始追问"我是谁"。通过考古发现，原来过去的文化曾经是那么辉煌。壁画运动能够发起，也是因为在古代印第安的时候，墨西哥的壁画如8世纪博南帕克辉煌的壁画，就已经发达到欧洲和中国都要另眼相看的地步。

20世纪中叶，在博南帕克半山腰的热带雨林植被的掩映下，发现了三间互不相通的房子，里面有着颜色鲜艳的壁画。那里的壁画大约创作自公元七八世纪，在中国是吴道子的时期，那时候的真迹我们已经见不到了。与之相比，当时的欧洲壁画也远远不及，欧洲的罗曼壁画要到十一、十二世纪才辉煌起来。而且，博南帕克的壁画不是宗教的，是记事的，是史诗性的。

在这三个房间中，左侧房间展示的是大统领的儿子出生，大统领跑出来接受各方庆贺，把继承人给大家看。画面里有各部酋长、王公贵族、武士、祭司、乐师、佣人，场面浩大，人物众多。中间房间展示了他的功绩，再现了一场残酷的战争，矛刺刀砍，头落肢断。右侧房间展现了凯旋庆功，大首领的家族在密室滴血祭神。那个时候的文化真是如此辉煌。所以墨西哥革命之后，教育部部长何塞·巴斯孔塞洛斯想到要请艺术家用民众最接受的壁画方式，与人民直接面对面。一批已经成名的艺术家纷纷回国：里维拉从法国回来，奥罗斯科从美国回来，西盖罗斯从西班牙回来，形成了壁画运动。而在 20 世纪的艺术舞台上，欧洲并没有可以与之相比的成就。那个时候，欧洲正在忙于排除文学和造型艺术中的政治元素，为艺术而艺术。

而在同一时期，以墨西哥为代表的拉丁美洲艺术家有一种自觉的意识，进一步要求民主，要奉献于自己的国家，要教育自己的人民，类似于欧洲的启蒙运动。这场运动是很辉煌的，它的成就也是辉煌的，留下了那些辉煌的壁画。壁画运动虽然结束了，但是壁画的创作并没有中断。我在墨西哥考察的时候，发现这些创作到今天一直都有。以墨西哥为代表的 20 世纪的拉丁美洲艺术，是世界艺坛上的一道强光，这是我们中国人的评价，我的评价。他们也是我们值得学习的榜样。

三　文学之窗里的中国风景

口述人：[墨西哥] 莉莉亚娜·阿芙索斯卡
采访人：万　戴
时　间：2018 年 4 月 10 日
方　式：社交平台 Skype 通话访谈

　　莉莉亚娜·阿芙索斯卡，生于前南斯拉夫（现马其顿共和国），后加入墨西哥国籍。1981 年至 1985 年在北京语言学院学习汉语，2002年获得北京语言大学比较文学与世界文学博士，现供职于墨西哥学院亚非研究中心，是拉丁美洲知名汉学家、翻译家，同时也是中墨两国元首、政府首脑会晤等重要双边活动的权威译员。莉莉亚娜投身墨西哥汉语教学和中国当代文学研究、译介超过 30 年，翻译及主持翻译了《我不是潘金莲》《一句顶一万句》《我叫刘跃进》《中国当代短篇小说选集》等文学作品，编写出版了拉丁美洲第一部面向以西班牙语为母语的中文学习者的汉语语法教材——《实用汉语语法》。

　　采访人：您与中国的渊源很深，从您的学生时代就已经开始了。您是在怎样的时代背景下对中国产生兴趣的呢？您为什么决定到中国留学？

　　莉莉亚娜：我那时候是一名出色的学生。读高中的时候，我的成绩很好，毕业后，马其顿（当时还属于南斯拉夫，如今南斯拉夫已经不存在了）政府给我提供了一份奖学金，我可以去国外学习。那个时候，可供选择的国家也很有趣：英国、中国和美国。然而，事实上我也不知道为什么，中国总是吸引着我。我必须承认那时我对中国一无所知。有关中国我唯一知道的就是伟大领袖毛泽东，他是 20 世纪最令人敬佩的领袖之一。您要知道我是在南斯拉夫出生的，那里曾经也诞生过一位伟大的领袖，就是铁托元帅。

尽管很多事情我并不了解，但我当时对毛泽东是极其崇拜的。那时，他已经去世好几年了，当时的中国仿佛笼罩了一层神秘的面纱。中国当时是一个相对封闭的国家，虽然与世界上的一些国家建立了外交关系，但是相隔非常遥远。在那个年代，全世界都对中国知之甚少，这就是中国引起我注意的原因之一。

此外，我出生在一个社会主义国家，而中国也是一个社会主义国家。这是我想去中国的另一个原因。1981 年，对于 18 岁的我来说，这是一个挑战，但这也是一段重要的个人经历。当时我的同事和同学都对我说："莉莉亚娜，你为什么要去中国？你怎么可能要去中国？你还是去发达国家吧。"我对美国从来就没有过兴趣。英国呢，又太近了。欧洲太小，国与国之间也离得近。而中国仿佛就是世界的尽头那种感觉。

这就是 1981 年，受到如今已消失的南斯拉夫（真遗憾，我的国家现在已经不存在了）的奖学金资助的我，去了中国的原因。我来到了当时的北京语言学院，后来更名为北京语言大学。事实上我从未后悔我的决定。不过如果有人在 1981 年或者 1982 年对我说中国会变成今天这个样子，我那时肯定不会相信。近三十年来中国发生的改变真的令人印象深刻。

就这样，1981 年我到了中国。我跟您讲件趣事。我还记得我到达机场后的情景。我一句中文也不会说，当时有几个中国人在首都机场。当时那还是一个又小又暗的机场，一天没几趟航班。我用英语问他们："打扰了，请问北京语言学院在哪儿？"他们看我的眼神仿佛在说："啊，你说啥？"我想可能是我的英语发音不太好，于是我又重复了一遍，因为我以为是我没表达清楚。之后我才意识到，其实我们根本没法子进行沟通（语言问题）（笑）。

之后，学校的人来接我，我永远都忘不了他们带我上了一辆红旗轿车。那是一辆 20 世纪 80 年代的车，窗户上面还有帘子，我永生难忘。他们带我来到了北京语言学院，然后带我去了我的房间。我现在还记得是哪一间：5 号楼，331 室。您现在可以想象得出我有多享受我在北京的四年经历了。如果有来生，还能够去国外留学的话，我还是会选择去中国。

采访人：您对中国的第一印象是什么？从您在中国留学的那几年到现在，您对这个国家的印象有所改变吗？

莉莉亚娜：我得承认，一开始，事实上我有点……怎么说呢，我不知道那是否可以称之为恐惧。想象下吧，没人能听懂你的话，突然间，你无法和别人建立起有效沟通。我记得很清楚，当时在北京语言学院，我们外国留学生有 1000~1500 人，所有人被集中安置在同一个地方。我们这些留学生之间，为了方便，都是用英语交流的。那个时候，来自西方国家的学生很少。很多学生来自非洲、东南亚、南斯拉夫和罗马尼亚，来自西欧的很少，甚至来自苏联的都不多，也有来自朝鲜的学生。我当时有个很好的朋友就是来自朝鲜。

最初的几个月过得有点艰难。但是随着时间流逝，大约三四个月后，我有了一点中文词汇的基础，生活就没那么困难了。作为学生，我有个特点：不怕犯错。因此，我会把当天学到的每个词都拿去实践操练。当时，北语旁边就是五道口，但是 1981 年的五道口和现在的五道口完全是两个世界。我记得有个商店，只有这么一家商店，里面卖的衣服很少。我就去店里练习汉语，"这是什么？这是蓝色的，这是红色的，这是白色的，这是铅笔，这是钢笔……"迄今为止，中华民族都是一个非常友善的民族，他们非常乐于帮助别人。我记得店里的店员或是街道上的行人，他们会怀着巨大的耐心去听我的错误声调，还有我的错误发音，给予我帮助和支持。

到了第二年和第三年，情况就大不相同了，我有了更多的自信。另外，还让我永生难忘的就是老师们的热情。他们犹如我们的父母，是我们事实上

的家长。比如，我因为冬天太冷，偷懒不想起床而没去上课，到了中午 12
点，老师就会来到我的宿舍，然后说"莉莉亚娜，你为什么没上课？我来给
你辅导，我们今天做这个、那个……"想象一下，如果你这么被照顾、被关
心，你会是什么感受。我那时很年轻，我并不觉得我有多么思念我的父母，
因为这些老师很好地代替了父母。他们非常热心。

我记得每年春节，老师们都会在家里组织聚会，邀请学生去，然后教我
们包饺子，还一块儿吃饭。当时老师们的生活条件实际上并不是很富足，他
们的住所很小，但是非常温暖，并且永远对外国学生敞开大门。我在中国待
了四年，1981 年至 1985 年的经历对我来说非常有价值，非常宝贵。

采访人：真是一段美好的经历。您在中国不仅学到了知识，还有了一段
个人体验。您的命运发生了巨大的变化，对吧？

莉莉亚娜：当然了！说到这儿我必须给您讲个故事。其实我是一个很开
朗很友善的人，所以我那时候就寻找跟外国人、中国人打交道的机会。我特
别想找一个中国男朋友（笑）。学校里有很多中国男生和女生学英语，学西
班牙语。因为我是在一所外语学校里面，所以我们外国人学中文，中国人学
外语。但是，怎么说呢，可能是语言原因吧，也可能因为中国人那时对外国
人并不是很放得开，我跟北语的中国同学建立关系就没那么容易。

但就像我一开始跟您说的那样，北语有很多外国留学生。在他们之中有
一个非常有意思的墨西哥人小团队。您知道中国对墨西哥前总统路易斯·埃
切维里亚·阿尔瓦雷斯是非常赞赏的，因为他曾在联合国大会上为中国伸张
正义，并较早地和中国建立了外交关系。他当总统的时候成立了一所很有趣
的学校，好像是叫作第三世界研究学院 A，他支持墨西哥的年轻人去中国。

尽管在 1981 年的北语，西方国家的学生不多，但是却有大约 30 名墨西

A　莉莉亚娜指的可能是"第三世界经济与社会研究中心"——采访人注。

哥学生。其中有一名青年叫罗贝尔托，他是墨西哥国立自治大学的医生，受墨西哥政府资助前来中国，还拿到一份中方的奖学金。他是来学习中医的。我们认识了，但我那时完全不懂西班牙语。刚开始的时候，我跟罗贝尔托的交流基本上是用中文。我觉得这也是我学汉语学得比别人快一点的原因之一吧，因为我对用中文交流有很大的兴趣。于是，手里拿着一本汉英西词典，我跟他就能磕磕巴巴地交流。罗贝尔托成了我那四年的男朋友，现在是我的丈夫和我两个孩子的父亲。就像您刚才提到的那样，中国之于我，无论是个人方面，还是工作方面，真的给了我现在所有的一切。那段经历不仅让我在墨西哥有了家，还教会我一个非常宝贵的工具——中文。它还教我去研究中国，教我去热爱中国，正因如此，我才想认识中国，读有关中国的东西。

我认为一辈子、两辈子甚至十辈子都不够去认识中国。但不管怎么说，我在这三十多年的时间里所做的事情，就是每天往前行进，一点点去认识中国。因为中国的东西太丰富了：中国是历史，是哲学，是政治，是经济，是人民，是文学，是艺术，是绘画。这是我从1981年就开始学并且至今还在做的事情，我对待这件事情一丝不苟、孜孜不倦。中国与我的家乡相隔遥远。我现在生活在美洲大陆上，在墨西哥，我虽身在墨西哥，却仍然和中国共事，为中国工作，研究关于中国的东西以及属于中国的东西。我在私人生活和工作中所拥有的一切都要归功于中国。不热爱中国就是不热爱我自己。

采访人：您这种与中国之间无比深厚的关系，对您的孩子和家庭是如何产生影响的？

莉莉亚娜：我的丈夫会说中文，他是一名中医，他在北京中医药大学取得了博士学位。我有两个儿子。大儿子是律师，在墨西哥工作。他去过中国很多次，会说一点儿中文。我的小儿子在北京语言大学读完了本科，之后去对外经贸大学读研，拿到硕士学位以后，他去了福州，现在在厦门工作。他已经在中国待了七年，我感到难以置信。我问他："伊万，你什么时候回墨西

哥？"他说："不回去了，妈妈。21 世纪是用来待在中国的。"（笑）

我的下一代，实实在在地被中国所影响。伊万在厦门有一个中国女友。她是一个很漂亮的四川女孩，也在厦门工作。我觉得不可思议，周末的时候我跟伊万在微信上聊天，他告诉我他在认真地考虑结婚的事情（笑）。您瞧，这都是怎么了。我深受感动，因为我觉得我儿子和一个中国女孩的这种关系，他们所缔结的婚姻会大大增强我们和中国的联系。想象一下，等我有了一个中国孙子，那时我就可以说："莉莉亚娜终于成功进入了中国。"小儿子跟我用西班牙语对话都感觉不大自在了，有时候语音通话，不知不觉就会用中文，真有意思。

采访人：作为一名居住在墨西哥的欧洲学者，在您关于中国的研究中，个人经历和学术经历对您起了多大的帮助？

莉莉亚娜：关于这点，我想过很多。就像您所说的那样，我母语不是西班牙语也不是汉语。我的母语是马其顿语，它跟汉语或西班牙语一丁点儿关系也没有。马其顿语并不属于罗曼语系。这些年来我一直在思考，这是好处还是坏处。

我出生在一个社会主义国家，比起那些来自非社会主义国家的人，我可以更好地理解中国。对我来说，理解中国一点儿也不费劲，对于西班牙人、墨西哥人、法国人或者俄罗斯人来说，很多东西要向他们解释，但是我能理解，我理解起来毫不费力。我还坚定地认为，作为一个欧洲人，我生活在墨西哥，借助汉语、西语和英语去研究中国，这是一个优势。因为我的个人阅历让我认识了很多，比如认识巴尔干半岛——我来自那儿，认识拉丁美洲——我在这里居住和工作了三十多年，认识中国——我曾在那里待了整整四年，离开后还经常回去。

我突然意识到，当我阅读中国文学的时候，我并不需要看很多的脚注。然而当我把它翻译成给西语国家的人看的文字时，我意识到有些东西对我来说很

莉莉亚娜

熟悉，很了解，但是对他们来说就有些遥远和陌生。所以我觉得，身为一个马其顿人，生活在墨西哥研究中国是一个优势，我这么多年来一直这么觉得。当然了，我没出生在西语国家，在墨西哥的最初几年，这确实是一个障碍。但是，凭着一股韧劲儿，还有不懈的努力，以及阅读西语，用西语工作，我现在觉得很自如。我感觉我的西语水平应该不错，可以被人所接受，这让我可以在职业和学术生活中做很多事情：教中文、研究汉语、把现代中国文学翻译成西班牙文。

采访人：您决定留在墨西哥，但是您一直在关注着中国的发展，近几年来，您在中国看到了哪些主要的变化？

莉莉亚娜：这个问题可能是最让我激动的一个。将来我真得坐下来写回忆录。因为，我感到非常荣幸，我曾是20世纪80年代的中国的见证者，我也得以目睹这个东方巨人在近三十年来所取得的成就。我曾经居住过的那个中国，在20

世纪 80 年代初，还有肉票、油票和布票这种东西，物资非常稀缺。那时候的中国，轻工业不是很发达。中国在改革开放之前的发展模式基本体现在重工业上，在我待的那四年中，中国开始发生变化。

我有 1981 年拍的照片，那时候所有的中国人都穿着绿色、深蓝色或是灰色的中山装。然后突然之间，我在 1982 和 1983 年拍的照片里，长安街、五道口、北语，整个北京，人们开始穿着各种颜色、各种款式的衣服，那真叫一个五彩缤纷，风格也是多种多样，变化令人目不暇接。那时我并不知道这种变化将会通往何方，我只是感到了中国在改变。

1985 年我结束学业，离开中国。那时的中国是一个充满活力的国家，向前迈着大步，一直在发生深刻的变化。但是当时，我完全没有想象到中国在这三十年里将会取得的成就。我记得 1987 年我带着几个墨西哥学院的教授又回到了北京，做一个关于计划生育和中国家庭的研究。白佩兰去了，我也去了，我们去了北京、南京和深圳。我们待了大约两个月。那时的中国与之前相比非常不同，可谓大相径庭，变成了一个大大开放的中国，也有了可以购买的东西。

当我 1989 年再次回到中国时，已经认不出从机场到北京语言学院的路了，因为有了新的高架桥、新的马路、新的建筑，我不得不问路，因为变化真的非常大，让人印象深刻。但我还是要承认，即使那个时候我也没能想象到中国在 21 世纪将会成为一个经济巨擘，一个政治巨擘，一个文化巨擘，将会成为一个在任何领域都很出色的巨人。

如今，国际化、全球化、世界化的哪个方面都少不了中国。它就是不能被忽视。20 世纪八九十年代，很少有人知道中国在哪里。突然之间，如今很多人在研究中国，很多人想要了解中国，很多人去中国旅行。可以用我很喜欢的一句话来描述中国的变化，事实上，我尝试把它翻译成西班牙语，但是我翻得不是很令人满意。这句话是：中国三十多年的变化是翻天覆地的变化。它应该翻成类似于"中国在近三十年来的变化是天空和大地都改变了位置的变化"这样的话（笑）。我觉得可能没人会懂这句翻译（笑）。而这句话用中文读起来，毫无疑问朗朗上口。汉语是一个奇迹，汉语在书写的时候不是单纯的写，而是画画，它会生成一些图像。您很年轻，我想问一下您的父母，中国在近四十年来发生的变化是仅仅让外国人感到惊奇，还是让中国人自己也感到了惊奇？

采访人：当然了。我是"80后"，这些年来，我自己的生活也发生了很大的改变。

莉莉亚娜：但是您想象一下您父母的生活。您的父母应该是跟我一个时代的人，或者可能比我大点。

采访人：他们生于20世纪60年代。

莉莉亚娜：对于他们，对于我来说，中国的这些变化，确确实实地让本国人和外国人都感到震惊。您想想，我有一张1982年长安街的照片，那时候长安街上满是自行车，汽车寥寥无几。而现在，长安街满是汽车，自行车却寥寥无几。这中间只相隔了三十多年。

我不像中国美女那样苗条，我更丰满一些。以前我很难在中国买到衣服，没有我穿的尺码。但是，大概从20世纪90年代起，直到现在，您知道我从哪里买衣服吗？我在中国买衣服。首先，衣服的质量非常好。其次，价格不是很贵；好吧，最近是比以前贵了。中国现在对我们来说很贵了（笑），对墨西哥来说很贵。但是大约五年前，我的衣服大多都是在中国买的，布料很好，样式也很好。我在马其顿的妈妈经常说这么一句话："啊，感谢中国给全世界的穷人穿上了衣服，给全世界的穷人穿上了鞋子！（笑）"。轻工业在三十年来经历了令人震惊的变化，这不仅是对于国内市场而言，尤其是出口这方面也发生了变革。

您知道为什么我感到很震惊吗？如果中国是一个像爱尔兰、马其顿或是瑞士这样的国家，发生如此改变我还能够理解。因为不管怎么说，这些都是小国家，只要施行合适的政策，配上适宜的政治经济体制，就能够取得深刻的改变。但是中国是一个大国，不仅是在领土意义上，在其他方面也是。它有近一千万平方公里的国土面积，还有超过 13 亿的人口。

大约十几年前，我还以为这些变化只会发生在北京、上海、广州等大城市，我以为这些地方会改变，但中国内地和以前差不多。之后我又去了一些中小城市旅游，整个中国都不一样了。这些变化非常深刻，经济方面的变化尤为突出。我刚去过福州，它现在是一座全新的城市。厦门更不用说，是一座美丽的海滨城市，整洁、先进又文明。如果之前有人对我说：莉莉亚娜，30 年之后中国会是这个样子。那么我会对他说：绝对不可能。

只需去中国看一下在通信和高铁方面的成就，就足以令人惊叹。中国用了 10~15 年的时间修建了 15000 公里的高铁。您知道 15000 公里有多长吗？比地球的直径还要长，不是吗？

采访人：是的。

莉莉亚娜：做到这些只用了 15 年。现在中亚和东南亚都在修建高铁，欧洲也准备修建。有时候我都害怕。有时候我会说：中国打算什么时候停下来？中国要到哪里才能停下来？（笑）。但我觉得中国丝毫没有想停下来的意思，哪怕短暂停留也不想；中国在很多方面不断地给自己设立发展目标和发展方向。这也是为什么我经常有点儿忧伤，因为拉丁美洲就没有足够的敏感性，很难意识到这些并从中获得好处。拉丁美洲正在做，但我觉得进展很慢。当然，虽然缓慢，但至少已经在前进的路上。

采访人：您的身份很特殊，不仅是学者，还是墨西哥最重要的中西译员。

莉莉亚娜：我是从口译开始做起的，1988年我很偶然地开始做同传和交传。那时候，时任中国国家主席杨尚昆来墨西哥进行国事访问，当时墨西哥会说汉语的人屈指可数。就这样，生活和命运把我放在了这条道路上，然后对我说，翻译吧。

我承认在第一次翻译场合上，我也就翻出了40%到50%的内容，我都快被吓死了。然而，这是一次独一无二的经历，正是这段经历，使我在之后的日子里，给迄今为止所有的墨西哥总统都当过翻译。我一开始是给卡洛斯·萨利纳斯·德戈塔里翻译，之后是埃内斯托·塞迪略、比森特·福克斯，菲利普·卡尔德隆，现在是恩里克·培尼亚·涅托。我也曾有幸近距离地接触过多位中国国家主席、国务院总理，以及很多国务委员等。在这30年的口译生涯中，墨西哥和中国之间的关系确实非常好，令人羡慕。墨西哥

莉莉亚娜参加2013年"中国图书对外推广计划"外国专家座谈会

领导层对中国抱有很大的赞赏和高度的赞扬。有尊敬，也有赞叹。当然，政治关系有时候会好一些，有时候不会。我觉得现在两国的政治关系是很好的。

　　稍微有点让我感到不安的是，中墨之间良好的政治关系在其他领域，比如经济领域、文化领域都没有得到同样的体现。尽管近十年来，这种情况已经得到了巨大的改善。如今，中国的地位太重要了，重要到你甚至闭上眼都能看到它。墨西哥和拉丁美洲再也不能无视中国的这种重要地位。继续沉睡，继续忽视中国的作用，我觉得这样做不会给墨西哥和拉美地区带来任何好处。况且，近几年中国的外交政策对拉美已经足够积极主动了，这就使得墨西哥的年轻人突然对中国产生了巨大的兴趣，开始崇拜中国，有了学习汉语的意愿，有了想去了解中国、去中国旅游、和中国人打交道的兴趣。

　　最近越来越多的中国人开始往拉美移民；当然，跟其他国家相比，没有那么多，不像欧洲，有很多中国人移民去了那里。但是现在，看到中国学生在墨西哥国立自治大学附近出现会让人很兴奋，我就住在那儿。越来越多的中国学生来到墨自大，来到墨西哥，不只是来到墨西哥城。然后，突然之间，你会发现很多中国人和墨西哥人周末会聚在一块儿娱乐、散步和交谈。中国人想练习西班牙语，墨西哥人想练习汉语。所以，墨西哥对中国的兴趣越来越浓厚。最重要的是墨西哥的新生代们对中国抱有兴趣，在将来，他们会和中国进行政治、经济和文化合作，人们对中国的兴趣越来越大，喜爱程度越来越高，也越来越意识到中国对墨西哥和世界来说意味着什么。

　　采访人：我们来谈谈文学，这属于您的专业领域。您在中国的在校学习始于汉语，止于一部写得很棒的有关《红楼梦》和中国经典文学的论文。您为什么决定研究这个领域？

　　莉莉亚娜：在马其顿上初中和高中的时候我就很喜欢读书。马其顿是个非常小的国家，也就是说，它恰恰和中国相反。它的面积是两万五千平方公里，人口有两百万。因此，我的这种想要认识边界外的地方的欲望很早就有。如果我出生在中国，我不知道我是否还有很大的兴趣去了解中国之外的世界，因为中国的历史很悠久，中国太大了。但是我出生在马其顿，我想要了解国外发生了什么，这种需求早就产生了。我那时候也就12岁或者15岁，没钱旅游，于是就在书里畅游。我一直觉得书是打开世界的一扇窗户。有大窗户，中国式窗户，还有巨大的窗户和高大的橱窗，但是归根结底那是文学作品。每本书都是一扇小窗或是一扇大窗，取决于它表达的是什么。

我用四年的时间去了解中国，去学习汉语，其实非常短。在这四年里所获得的甚至连皮毛都谈不上。中国文学课上的一位女教授曾提到过文学经典。我记得她特别强调了《红楼梦》这部小说。我在去中国之前，完全不知道什么是《红楼梦》。我甚至都不知道有这本书。我记得教授在讲到这本书时，非常细致，非常虔敬，她讲得那么动人，我对自己说，一定得读读这本书。于是我就用我在北京学了三年的汉语水平开始读《红楼梦》，结果读起来异乎寻常地吃力，一页要读好多遍。我一趟趟地去找教授，让她给我讲述，给我解释。

对我来说，《红楼梦》不仅是一部文学作品，还是一本中国社会的百科全书。它是一部有关中国传统社会的百科全书，包含了中国的两大基本构成：家和国。阅读《红楼梦》就是一个理解中国家庭是如何运转的过程，这对我们来说，理解起来非常困难。比如说，有很多人物：大姐、二姐、三姐、四丫头、母亲，还有人物之间的关系，人与人之间的称呼。它向你讲述一切，解释一切。对于外国人来说，鉴于我们的感知能力和理解世界的方式不同，理解《红楼梦》很不容易。

比如说，我花了好多年才明白，中国家庭的等级观念可以通过人和人之间的互相称呼来体现。比如，老三显然要服从老大和老二，却可以对老四和老五施加权威。但是在西方，在西方的个人主义文化中，就很难理解这点。阅读《红楼梦》可以让我理解一点中国家庭的运作方式，只能理解一点儿，因为毕竟我的中文能力不够，我的水平有限，我的文化知识不足。这本书也向我讲述了贾宝玉和林黛玉之间凄美的爱情故事，让我了解到中国人是如何处理他们的感情的，跟西方人的做法不同。这是中国人和西方人性情的另一种对比。

但我想说的是，《红楼梦》是一部需要反复阅读的作品，因为每一遍阅读都会带给你不一样的认识，一种细微的不同。它是一部关于作品的作品。但是把《红楼梦》翻译成任何一种外语都实属难事。之所以难，并不是因为语言，而是蕴含在作品中的文化知识对于西方人来说难以理解，关于这一点，我在把当代中国文学翻译成西语的过程中就感觉到了，在这方面我也有些许经验。

到现在我都不会羞于承认，读一些古典文学作品时我会感到困难。然而我很享受这个过程。我享受阅读中国古文，因为我觉得它不仅优美，而且在语言学结构层面上很有象征感，这里面大有学问。

采访人：近几年来，您更加专注于汉语的教学工作，还有语言研究、当代中国文学。您获得了哪些成果呢？

莉莉亚娜：确实如此。我在墨西哥教了三十多年汉语了，主要是教墨西哥学院的硕士研究生和博士生，这是一段神奇的经历。说到这儿，我想跟您说一个我自己的看法，很多汉学同业可能会对我的这个看法持有异议。研究一个国家和一个社会，我觉得语言已经不能说是一个必要的工具了，而是不可或缺的工具。没错，我们确实能够通过英语、法语甚至通过西班牙语来了解中国。在近两个世纪中，人们写了一些书面的东西，尤其是用英语写的资料有很多。

但是，当你去了解一个社会的时候，除了要知道其他人是怎么描述这个社会之外，还需要知道这个社会里面的人是怎么看待这个社会的，这也很重要。我很想知道中国人对待他们自己，对待他们的文化、政治、政府、历史和哲学是怎样用汉语思考的。我刚开始读中国哲学和文学的时候，都是用英文读，直到后来能够用中文阅读。但很快我就意识到，用英语、法语、德语等语言去读这些作品确实很重要，但是用中文读也很重要，因为读中文版本才能明白中国人是怎么看待他们自己的。正因如此，我认为在墨西哥等拉美国家教中文非常重要。教学生们学会使用语言工具，继而了解中国，这真的很重要。

在墨西哥，如果碰见一个东西特别难，人们就会这样说："我的天哪，这跟中文似的。"我觉得中文不是难，而是不一样。对于人类来说，不一样的东西经常就意味着很难，但是中文不难。您学过西班牙语，您觉得学习西语的十种语法时态容易吗？学五种简单过去式和五种复合时态容易吗？规则动词和不规则动词的变位好学吗？并且，您也知道，西班牙语的语法缺乏逻辑性，更多的是需要记忆。

然而，从语法的角度来讲，中文并不是一门很难的语言。中文的语法很简单——如果中文有语法的话。中文的句法可以说是相当严格了，只要学会那些模式，并通晓一套固定的用词，就能掌握中文。

我承认，汉语的语音对母语为西语的人来说有点复杂，因为汉语里有很多声调，西语里面没有。尽管如此，我还是对我的学生说"你不必说得像个中国人那样。重要的是你把中文说得正确就行"。有的时候我们听不出来一个中国人的声调或是发音，那也没关系。不管怎么说，学习一门外语，就好比是学习一种工具，外国人所要做的工作就是尽可能好地去掌握这门外语，目的是表达自己，理解他人。学汉语的话，就是为了去理解与其交谈的中国人。

真希望汉语是了解中国的唯一难点啊。我认识很多人，汉语说得很好，但是您知道他们缺的是什么吗？他们缺的是文化知识，他们缺的是蕴含在汉语里面的东西。简而言之，缺少对中国文化的了解。语言就是文化，文化就是语言。语言是用来表达很多领域之丰富的工具，而汉语，有着悠久的历史——我指的是书面汉语——您想象一下它在这么久的时间里所产生的丰富内涵，以及它所具有的表现力。当然，想要用一生去学习一门历经数千年的语言，是个很有野心的举动，但是这是可能的。我经常说："我要一直学到我能学的地步，我会始终努力去学。"

我读了很多中国文学，读了很多小说，但是由于我母语不是西班牙语，多年来我都在犹豫要不要开始从事翻译。然后有一天，我坐下来，开始把一个短篇小说翻译成西语。我记得是王蒙的《坚硬的稀粥》，我很喜欢，很有意思，很搞笑。我对自己说："好，我要把它翻译出来。"我就翻了，然后给几个墨西哥学院的同事看，他们问我为什么不出版这篇译文。我的激情就此开始，这是至今为止最让我激情澎湃的事情：文学翻译。

我也很喜欢口译，但是我更喜欢文学翻译。我来告诉您为什么。我觉得口译会随风而逝。当然，它也有些许回响。它会造成某些改变。它有助于去了解国家、政府、农村等。它确实很重要，但是文学翻译则是用西语向中国打开了许多扇窗户。您还记得我刚才跟您说的关于窗户的话吧？我觉得不管是短篇小说的翻译，还是中长篇小说、诗歌、戏剧作品的翻译，都是向中国敞开的一扇窗户，是一面非常友善的窗户。

您知道在墨西哥，在墨西哥国立自治大学，在墨西哥学院，都有人研究中国，在西班牙也有人研究中国，研究中国的政治、经济，总之是研究那些对政府来说意义重大的事情。我经常会思考，一个简单纯粹的墨西哥人，学生也好，从业人员也罢，或者是律师、老师等，他们想通过何种途径了解中国。我不觉得他们会一头埋进国际货币基金组织所提供的有关中国经济增长的数据里面去研究。我不是说这些数据没意思，我是觉得它不如一本好的小说有意思，小说除了向你描述中国、展示中国之外，还让你看到了一门美丽的语言，向你介绍了一些人物。你读着读着，就会突然意识到中国人和我们并无不同：他们跟我们一样，思考着同样的事情，用同样的方式去爱、去恨，用同样的方式去承受痛苦。尽管如此，两者之间仍存在显著的文化差异，我在把中国当代文学翻译成西班牙语的时候就感觉到了这种文化差异。因为我跟中国打了三十多年交道，很多东西对我来说是显而易见的。所以在出版之前，当我把译文给我那些不了解中国、和中国毫无关系的同事或朋友看的时候，他们提出了很多有趣的问题，因此我意识到，在翻译的过程中，比语言要难得多的是文化差异。

这很正常，因为中国和墨西哥相距遥远。我们讨论的是不同的地理、不同的历史以及不同的气候。对于一个民族或者一个国家的生活方式来说，气候的确很重要。比如，您在墨西哥，看到一个牛油果，两比索就买下了，但是您去中国，要用20块钱才能买到（笑）。这就是气候带来的差别。而这种不同的气候造成了人们对待事物方式的不同。在墨西哥，坏了的牛油果被扔进垃圾桶。但是如果牛油果在中国或是在其他不种植牛油果的地方有点变质了，那么人们可能会用不同的方式对待。

我们用一个简单的词作为例子：旗袍。中国的旗袍非常精美，非常好看。但是你怎么把它翻译成西班牙语？在翻译一部小说的时候，你是翻译成"中国服装"还是"一件……样子的服装"？你怎么做？你是在页脚写上注释，还是你觉得这不重要，直接就翻成"中国服装"？

再比如，现在有这么个句子"国家主席毛泽东，穿着他那好看的中山装"，那么，您怎么写才能让那些不知道中山装的人看懂？可以说成"毛装"，但是说成"孙中山的服装"更合适（笑）。因此我被吸引住了。有时候我在电脑前像个疯子一样，面对这些难题，我异常激动，想着如何去解决这些难题。有时候我会想，应该简化，不应该在阅读中给读者制造这么多困难，但是接着我又会想到，不，读者有权利认识中国，有权利了解中国的不同之处，而我有义务让他们去接近中国，而不是尝试着让中国变得像墨西哥，恰恰相反，我要夸大这些差异。有时候我会为了阅读的流畅性和美感，为了故事本身而牺牲掉一些文化差异，但是我觉得世界有权利去了解那些独具中国特色的东西。

采访人：哪类中国小说或作品最受墨西哥读者的青睐呢？

莉莉亚娜：这个问题很重要。中国作协每两年都会举办一次有关译者和作者的活动，我受到了邀请，打算今年 8 月去中国。我现在正好就在写一篇文章，打算在活动上发表。这篇文章讲的就是培养阅读中国作品的西语读者的必要性。这个过程不会那么快，因为毕竟读者已经习惯了某种类型的书写方式，某种类型的价值观，某个描述事物、讲述事物的方式等。因此，对于中国当代文学，乃至中国古典文学，拉美读者在接受它们的时候不会像接受其他任何一种处于同种文化、语言和宗教氛围的文学那么容易。

我有一篇论文是讨论这个的。不管全球化有多普遍，必须承认的是，还是存在西方和东方差异。我这么说，很多人——尤其是学术界，可能会反对。但是对我来说，归根结底它们是两个词，是两个在历史的长河中以不同的方式搭建起来的世界。一方面，您所面对的世界是犹太—基督教的世界，是西方世界，文化方面是以古希腊罗马为基础。给您举个简单的例子：假如您是墨西哥人，在读一本法国小说，读到了一个句子："然后，阿方索就像马背上的拿破仑一样，站起身走了"。您作为墨西哥人，需要别人给您解释拿破仑是谁吗？不需要，因为拿破仑我们都知道是谁，墨西哥和法国拥有相同的文化背景，都属于古希腊罗马文化，价值观共通，知识共通。再打个比方，您发现一本西班牙语书中写着"亚里士多德"，我们一看就知道那是谁。

我们再来说一部中国小说，我们讲讲刘震云。如今他的小说已翻译成西班牙语出版，卖得不错，很受读者欢迎。那么问题来了，书名《我不是潘金莲》，我们现在把它翻译成西语。一个西语国家的人走进书店，然后看到一本书，叫作《我不是潘金莲》。要是你，你买吗？你不会买。潘金莲是谁？

采访人：是的，这确实是个问题。

莉莉亚娜：所以这里就面临着选择。这就是我所说的：我们要培养西班牙语美洲的读者。用什么方法去培养呢？用一部小说，用一系列的小说去培养。首先，我们的出版物很少，我们才刚开始出版直接从中文翻成西班牙语的作品。因此，我们必须做的事情就是好好给这些书做推广，最好能有一场

2015 年莉莉亚娜译作，刘震云的《我不是潘金莲》
西班牙文版

小型的关于中国当代文学的探讨，关于文学的不同趋势的探讨，关于作家的探讨，甚至是关于中国社会问题的小型座谈会。

比如说，计划生育政策。设想一下计划生育在一个有着浓厚的天主教、宗教色彩的国家意味着什么。这里的人反对堕胎，对此事有很多自己的判断和偏见，那么对这些人，您就要跟他们解释，确实存在着一种异于他们的现实情况，那就是中国的现实状况。您要跟他们说，如果中国没有实行计划生育这项政策，如今的世界不知道能否承受人口过

剩这一问题。因此，我们必须感谢中国用实际行动让世界免于人口过剩的危机，我们应该感激中国。您设想一下，一个处于人口过剩危机中的中国，会发生什么？过剩的人口会向全世界迁移，世界将会被中国人占满。所以，必须向人们解释这点。但是这就不是文学了，这是社会学。所以，是时候让学术界、译者、社会学者、外交官等所有人一起为一项工作而努力了——培养西班牙语美洲的读者，让翻译成西语的中国小说能够成为一本包含丰富知识的中国书，同时也使其成为一本在阅读中可以体味到美学和语言学之快感的书。

采访人：您不仅是一位译者，还是一位培养译者的老师。给年轻译者上课是怎样的一种经历？

莉莉亚娜：我给您讲个事儿，您肯定会笑我。培养一个口译译者比培养

一个笔译译者要容易得多。相信我，说来惭愧，在这近三十年的教学生涯中，我教汉语、教语言、教中国文化，最近开始教翻译，我没能培养出很多译者来，因为太难了。事实上笔译是非常复杂的。

比如说，我有一个学生，汉语水平非常好，但是您猜怎么着？他的西语非常糟糕，他是墨西哥人。我们都会误以为只要学了汉语，就能做翻译了，事实上不是这样的。我还有几个学生，他们是很优秀的墨西哥语言学家，学过文学，在墨西哥国立自治大学读了文科，西语水平炉火纯青，但是他们的汉语水平还不够。我很喜欢和他们共事。我特别喜欢西语好的人，我们一起研究汉语；我们有各种词典可以研究汉语，我们有很多的工具。不管怎样，我在将汉语翻译成西语的时候，必须兼顾西语的美感，因为要让西语读者感受到这种美。

想必您肯定知道，从 20 世纪 60 年代起，中国开始用外语出版本国作品。我手头有西语版本的《红楼梦》和《西游记》，都是 20 世纪六七十年代的时候由中国人译成的。这些译本并不差，但是不能称之为文学译文。这也就是为什么 20 世纪六七十年代，甚至 80 年代的中国式译文没有产生应有影响力的原因。虽然翻译这些作品的中国人的汉语水平很高，西语水平也很高，但是缺一样东西，那就是缺少文学处理手法。因为归根结底我们翻译的是文学，你不能把它翻译成一份报告，不能把它翻译得像一场考试，你必须赋予译文那种美学的修饰，那种语言所具有的美感。所以，当我跟我的学生一起处理汉西翻译的时候，我总是强调两点：一个就是知识，然后就是对汉语的掌控，但是还有一点我会反复强调：重要的不仅是正确使用西语，还要美丽地使用西语。

采访人：在墨西哥当代文学的中文译本这个领域，以及中国当代文学的西语译本领域，还有哪些工作要做？

莉莉亚娜：中国当代文学翻译成西语，我们还有很长的路要走，体现在两个方面：首先，译本是向中国敞开的窗户；其次，译本是向中国文学表达之美敞开的窗户，有很多事情要做，我将会专注于研究当代文学。我在西班牙的同事所研究的内容都很有趣。我现在就有一批学生，至少四五个吧，他们真的是不仅汉语水平高，西语也很好，有很强的文学表达能力。我特别喜欢贾平凹这个作家，我刚读完他最新的小说《极花》，这本书将会在墨西哥出版。

我们研究方方，她是个美女作家。我们还研究阿来、麦家，还有徐则臣。我们手头有满满的工作，我们个个都很兴奋。不管怎么说，我们都是尽量选择中国一流作家，以及那些讲述更多个人经历的作家来研究。我觉得文学有两种话题，一种话题基本是写个人，另一种是写集体，我这样说有点简单化。写那些重要而有价值的个人经历才是能够描述集体生活、讲述中国的文学。比如说贾平凹的《极花》，里面讲了一个问题，既不是贾平凹的问题，也不是莉莉亚娜的问题，而是一个中国式问题，一个有关中国发展的问题。1980 年，中国近 90% 的人口是农村人口，10% 是城市人口。到了 2017 年，中国的城乡人口比例是 1∶1。您想象一下中国在人口层面上发生的变化。贾平凹用一种巧妙的方式讲述了中国的城市化进程，以及在这种境况下，农村所经历的一系列问题。我很喜欢这类小说，因为它们不仅帮助西语读者享受了一部优美的文学作品，还让他们了解到了一个中国式问题。

我们要做的工作无穷无尽，这就好像追着野兔子跑一样。你永远赶不上它，因为你翻完一部小说，市场上又会冒出一百部（笑）。但不管怎么说，我们要做我们所能做的事情，我们要做让我们心生愉悦的事情，我们的标准一直不变：在全球化进程中，借助文学让中国走近墨西哥。我认为有了文学这个工具，此过程会很和谐，也会带来很多愉悦。这就是我在不久的将来打算做，并且一定会去做的工作，我甚至觉得退休后还能做这个工作。

一想到我退休后还能继续翻译，我就特别高兴。我觉得只要我活着，我就会继续从事翻译工作。

采访人：您还有什么要补充的吗？

莉莉亚娜：我还想再说一点，那就是我真的非常欣赏中国的政策。中国在文化领域的政策，尤其是致力于在海外创造友好的中国形象，这对我们是有利的。我很感激，因为中国直接或间接地给我和我在拉美国家的学生们都提供了工作，在这些地方找工作不是那么容易。参与中国政府赞助的文化艺术项目，是对那些毅然走在汉语学习之路上的西语美洲的汉语爱好者的大力支持。

四 讲述中国故事的 60 年

口述人：徐钟麟

采访人：安薪竹

时　间：2019 年 5 月 8 日

地　点：北京徐钟麟家中

徐钟麟：北京人，1934 年 12 月出生。1955 年 8 月毕业于北京四中，1959 年 1 月毕业于北京外国语学院（现北京外国语大学）西班牙语专业，同年参加《中国建设》杂志（现《今日中国》）西班牙文版的筹办工作。1960 年 1 月西文版创刊后，任该文版翻译、专稿记者、西文部主任。曾先后五次赴拉美和西班牙工作或学习，其中 1993 年至 1996 年任中国驻厄瓜多尔大使馆文化专员。译著有古巴报告文学集《吉隆滩的人们》（合译），西班牙著名诗人米盖尔·埃尔南德斯的《米盖尔·埃尔南德斯诗集》《哥伦比亚诗集》，西班牙著名作家布拉斯科·伊巴涅斯第一部小说《稻谷与马车》等。

采访人：请问您是如何与西班牙语结缘的？

徐钟麟：1955 年 8 月，高中毕业前夕，组织上保送我入读北京外国语学院（如今的北京外国语大学）。由于我在中学时偏重于学习文科，所以原来的志愿是报考中央戏剧学院。同年 9 月，我到北外报到后，才知道被分配到德西法文系的西班牙语专业学习。在这个过程中，不管上哪个大学，学什么专业，我都是按照组织安排的。

学习西班牙语，我感觉挺偶然的。我当初知道西班牙这个国家还是在高中一年级，当时我的一位同学用他父亲从英国伦敦带回来的留声机和唱片在班上举办了一次音乐欣赏会。我听到了一曲《马德里之夜》，优美的旋律令人陶醉。从那一刻起，我才知道世界上有个国家叫西班牙，马德里是它的首都，而这首美妙而动听的音乐作品则给我留下了难以忘怀的印象。

没想到两年以后，我进大学时，居然和西班牙语又不期而遇。我们之间算是很有缘分吧。开学以后，经过学校的入校教育和我自己的亲身观察与了解，我就确定了把西班牙语作为自己的终生职业伴侣。用那个时候年轻人的话讲，叫作拿起了今后为祖国效力的"战斗工具"。

采访人：《中国建设》最早是英文版，创刊于1952年，您是西文版的创建人，它是在什么背景下创立的呢？

徐钟麟：早在1958年底，上级领导就有意创办一份西班牙文的刊物。当

1956年6月徐钟麟（右一）在北外大二攻读西班牙语

1959年1月13日，班上女同学欢送徐钟麟（右一）与另一同学提前毕业到外文出版社参加工作

时对外传播的西班牙语刊物只有《人民画报》，是 1954 年创刊的，内容比较简单，以图片为主。从出版的角度来说，中国是想出一本专门针对拉美地区的西班牙文杂志。而要创刊，必须组织人力。当时国务院外事办公室副主任廖承志决定从外语学院西班牙语专业调两名应届毕业生在外文出版社的安排与组织下承担此项任务。

我是北京外国语学院西班牙语专业第四届的学生，由于那时候西班牙语人员比较缺乏，前面三届学生有的几乎等不到毕业就提前参加工作了。我当时正读大四，组织上就让我和另一位同学张学谦于 1959 年 1 月从外院提前半年毕业，分配我们到外文出版社西班牙文组为即将问世的这一西文版刊物做早期培训和人力储备。

出版这一刊物的目的，首先是打破西方在拉丁美洲对新闻和出版的封锁与垄断。从我们自己来说，是想要把新中国成立以来的真实的情况介绍给拉美各国人民，以增进彼此的了解与友谊，因为当时西方有关中国的新闻大多是负面的。直到现在恐怕这种局面依然没有根本改观，而且对拉美来说更是如此。况且，我们在地理上相距很远，那个时候媒体的传播载体还不发达，所以亟须就新中国成立以来的真实情况面向拉美地区给予充分及时的介绍和报道。应该说，《中国建设》西班牙文版的出版是形势的要求和时代的产物。

另外一个背景就是古巴革命的成功。1959 年 1 月 1 日古巴革命胜利。次年，即 1960 年古巴就与我国建立了外交关系。古巴革命的胜利对拉美地区影响很大，当时很多拉美国家纷纷要求民族独立，摆脱美国的控制。而我们出版这本杂志，就是对古巴革命的支持，或者说是对拉美国家和地区其他要求民族独立的国家的一种支持。《中国建设》西班牙文版就是在这种情况下创刊的，它是当时中国唯一一本向拉美读者全面介绍中国国情的西文杂志。

外文出版社根据对外刊物的分工，最后决定还是由《中国建设》来出西班牙文版。这样到了 1959 年 9 月，就把我从外文出版社西班牙文组调到了《中国建设》，而和我一起提前毕业的同学张学谦则留在了外文出版社。

我到了《中国建设》杂志社以后，在时任副总编鲁平的直接领导下筹办西文版。1959年下半年，由于《中国建设》当时聘请的专家尚未到任，从事西文编译的人员也还未组成，我们便借助外文出版社西班牙文组智利专家和翻译人员进行试刊和出版。当时由智利专家路易斯·恩里盖·戴拉诺和他儿子波利·戴拉诺承担这本杂志的翻译工作，他们将同期《中国建设》的英文内容翻译成西班牙文。波利当时二十多岁，英文非常好。他父亲又是一位很有名的智利作家，可以帮着润色一下文字。外文出版社西文组派了两位同志：一位是张学谦，另一位是北外高年级的同学徐培吉，他们参与了这本杂志的核稿、打字、发稿以及校对和最后的清样工作，但杂志的版面设计以及最后的付印和出版发行仍由我负责。

那时我的工作是负责西文版在拉美地区的推广与发行，通过已有的对外渠道和机构与拉美的同业联系，拜访来华访问的拉美朋友，向他们告知西文杂志即将出版的信息并征集订户。

1959年11月西文版试刊成功后，我们即呈送毛主席、周总理、宋庆龄副主席等中央主要领导人和杂志的各个编委

鲁平同志（原《中国建设》杂志副总编，后任国务院港澳办主任）自1958年底至1960年全面负责并直接领导了西文版的创刊及出版工作

1959年8月徐钟麟被调至《中国建设》杂志社筹备西文版，由外文社西文组智利专家路易斯·恩里盖·戴拉诺（二排左一）与其子波利·戴拉诺（二排右一）协助承担西文版创刊初期的翻译工作

1960年1月在外文出版社西文组专家、翻译与我社的合作下，西班牙文版《中国建设》终于创刊并正式对外发行

审阅，同时还向有关部门和各界人士广泛征询意见，当时征询意见的名单是在社领导的指导下经我手拟定的。经过各单位和各方人员的通力合作和齐心协力，《中国建设》西班牙文版终于在1960年1月正式出版发行。

这本杂志是通过外文出版社下属的国际书店对外发行，那时候国际书店也负责向拉美地区进行推广。在拉美一些主要国家的进步人士和朋友的推荐下，从20世纪50年代开始陆续在这一地区建立了代销中国书刊的书店或代销点，外文出版社的各种出版物都是通过这个渠道发行的，当然也包括刚刚出版的《中国建设》西文版。

借助外文出版社专家翻译《中国建设》西文版的状况维持不到一年就宣告结束了，因为我社聘请的两位阿根廷专家已经到任。除我以外，随后又陆续调来两名西文干部，就在1960年10月份把西文版的工作接过来了，从而组成了《中国建设》西班牙文组并负担起杂志的翻译、核稿、校对、打字和出版等各项工作。

采访人：这本杂志最初设想的读者对象是什么样的人？

徐钟麟：当时我们考虑主要是针对青年知识分子。因为看这本杂志必须有一定的阅读能力，当时不少拉美国家的民众文化程度不高，因此主要是面向年轻的知识分子。另外，这本杂志还针对一些想了解中国或者对中国有兴趣的学者。这样的读者对象和我们当时英文版的读者对象是一致的。另外，西班牙文版的风格跟英文版基本上也是一致的。

采访人：杂志早期创办过程中，遇到了哪些困难和挑战？

徐钟麟：首先是人员的缺乏。1960 年年底，虽然我们从外文出版社把杂志的整套工作接手了，但是我们人力非常匮乏。按照最早的设想，起码需要四名中国工作人员和两位外国专家，从实际人员的组成来说还显得不够。

其次就是邮寄成本较高。当时我们国家在对外宣传的投入上能力有限，尽管在这样的条件下，还是解决了杂志出版以后怎样尽快发行到拉美地区这个很大的问题。当时跟拉美之间的通信来往一般都是采取平邮，就是通过海上轮船，时间起码得一个月。但是杂志是月刊，不能让读者在 2 月份才看到 1 月份的杂志。当时这个问题比较尖锐，如果改成航空寄运，费用就很大。经过研究，我们还是下了决心，采用航寄，否则信息传递就达不到时效。当时不管是发给书店或代销商，还是订户，或者一般的市面发行，我们全部都采用航寄，这在当时来说是个很大的突破。我们的运转基本上是通过香港，因为那时候跟外界，特别是跟拉美还没有直接通邮，当时是通过香港的和平书店。和平书店把我们国内对外的东西，包括信件和书刊，通过香港中转一下发过去，客户大约一周左右便可收到。

最后是出版过程的繁杂。翻译工作主要是由外国专家来完成的，我们三四名中国人员的主要职责是完成杂志生产运转的全过程。首先是把专家翻译的稿子核对、定稿、打字，然后发给印刷厂。此后还要校对，直到清样、签字付印。那时候不像现在有电脑的帮助，过去一整套程序很复杂，流程也比较长。每月还要下到印厂两三天，对工人打出的铅字和排好的方版进行校对。所以，那时候我们每一步的工作都要提前，比如第一期的稿子，在上一年 12 月中旬就要完成全部发稿，杂志要提前至少一个礼拜出版，因为需要留出一段时间好寄到国外。故时效性也是当时我们在编辑出版中经常遇到的一个问题。现在回想过去的印刷出版过程，真的是费工费时。现在有些新同志可能难以想象，因为目前的编译工作相对比较简单，电脑一打出来就完成任务了。

采访人：您刚才说创刊初期，西文版的内容和英文版是差不多的，当时倾向于介绍中国的哪些方面？

徐钟麟：那时候杂志主要是报道中国的经济建设情况、社会状况、人民的生活，另外还有比较系统地介绍中国的传统文化以及展现各地区的风光。关于时事新闻的报道比较少，即使有，也不放在正文里面，而是随杂志出版一种附册或夹页。比如那时候巴拿马人民强烈要求将运河收归国有，这一事件在全世界引起轰动，而且毛主席也发表谈话表示支持。针对此类事件，我们就采用出附册的形式加以报道，从而保住了我们杂志本身的基本内容和固有风格。

1960 年西文版创刊的指导方针是周恩来总理 1957 年为英文版《中国建设》所作的指示："以社会主义为范围，以生活为内容，积极地、正确地报道新中国的伟大成就，反映我国人民在党的领导下的新风格、新气象、积极性和创造性。"不管是对英文版，还是即将创刊的西文版，杂志的创办人宋庆龄副主席都强调必须坚持真实报道的传统。因为我们针对的是西方对中国的负面宣传，面对第三世界的拉美国家，更要把一个真实的中国的发展现状介绍给他们，这样的话就等于批驳了反面的宣传。

那个时候为什么杂志直接刊登时事政治的内容较少呢？我们体会周总理指示的意思是：以生活入手，就是要跟国外读者交朋友，讲讲我们老百姓的生活变化，讲讲我们的经济建设成就，讲讲我们的传统文化，从这些方面入手以便能够跟读者交流，同时把我们的真实情况提供给他们。

我可以举个例子，在 20 世纪 60 年代，可能是在 1962 年，我们为了反映中国的社会变革，刊登了一篇中国的相声，名字叫《昨天》。在《昨天》中，相声名家常宝华塑造了"我大爷"这样的一个人物形象。在旧社会，这位"大爷"是一个拉洋车的苦力，吃过好多苦，遭遇了高利贷、物价飞涨、伤兵敲诈、洋车被盗等打击，精神有些失常。在中华人民共和国成立十年之后，他的身体康复了，但记忆消失了，常常会把现代发生的事情看成是十年前的事情，面对新社会的种种变化，仍然用旧社会的思维去理解，结果闹出不少笑话。我们刊登这篇相声的意图是：通过这种新旧对比的手法，说明今天的社会已经产生了翻天覆地的变化，旧社会黑暗的日子早就一去不复返了。

西文版创刊初期，虽然在内容上与英文版大同小异，但是我们从一开始就十分注意地区的针对性。在各方面的支持与关怀下，我们先后组织了一批专稿。比如第一篇是1960年的《欢迎哈瓦那宣言》，作者为民主人士楚图南，他曾担任中国人民对外文化协会的主任，后任中国与拉丁美洲友好协会会长；另外，在1960年还有人民文学出版社王寿鹏所写的《拉丁美洲文学在中国》；1961年，当时担任国家对外文化联络委员会秘书长的陈忠经撰写了《中国京剧团访问美洲》；同样发表在1961年的还有当时外贸部副部长卢绪章写的《中古经济和贸易的发展》；身为《中国建设》杂志编委、上海市副市长的金仲华于1963年访问古巴之后还为我刊写了一篇《中古人民的友谊》。

创刊初期，我们强调，针对拉美读者要选择一些启蒙性的材料，介绍一些中国的基本的情况。比如介绍中华人民共和国的国旗，为什么国旗选择这样的图案，或者中国为什么有56个民族等。在20世纪五六十年代，欧美读者对中国已经有了一些基本了解，但拉美读者与西方读者不同，他们对新中国的基本情况所知不多，所以需要多提供一些背景知识。因此，杂志从20世纪60年代初期就设有一个介绍中国历史的专栏，还有一个学习中文的专栏，叫"中文月课"。中文月课过去在英文版中就很受欢迎，在西文版一直持续到最近这几年。另外，中国的食谱、武术、针灸也是创刊初期向拉美读者系统介绍的基本内容。

采访人：当时中国和拉丁美洲国家交往的情况如何呢？

徐钟麟：就在西文版创刊的同一年，只有古巴于1960年9月28日与中国建立了外交关系；而十年之后，智利才于1970年12月15日同我国建交。从正式关系上来讲，当时只有这两个国家同中国建交。

但文化与艺术没有边界和语言的障碍，它的传播与交流恰好能沟通不同地区人民之间的感情和友谊。所以，开展文化交流往往是外交结缘的前奏与引线。当年《中国建设》英文版创刊时，宋庆龄副主席、周恩来总理，都主张对外要"做好同各国人民增进了解和友谊的工作"，现在咱们叫"讲好中国故事"，就是要跟对方交朋友，进行交流。

20 世纪 60 年代初开启中拉关系大门的钥匙，除古巴革命胜利的因素外，文化交流也起到了巨大的推动作用。现在回想当时中国跟拉美之间的关系，都是从文化交流、贸易往来和设立民间机构开始的。智利早在 1952 年 10 月 1 日就成立了智中文化协会，这是阿连德总统访华回国以后建立的，算是拉美大地上出现的第一个对华友好团体。墨中友协是 1953 年 9 月 9 日建立的，当时有两个墨中协会，说明墨西哥人民同中国沟通的意愿是很积极的。在中华人民共和国成立初期就有好多墨西哥著名的美术家来中国访问。此后，阿根廷、巴西、玻利维亚、乌拉圭、秘鲁、委内瑞拉等国也先后成立了友好协会或文化协会。

所以说，打开跟拉美地区交往的大门，是从这几个民间协会开始的。这些团体在本国介绍新中国的建设成就和中国文化，推动各界人士访华，为拉美人民了解中国起到了显著作用。尽管当时这些拉美国家跟中国还没有建立正式外交关系，但据不完全统计，从 1950 年到 1959 年的 10 年间，就有来自 19 个拉美国家的 1200 多位友好人士访华。我国各有关方面，经济、文化，甚至于工、青、妇的代表团也都纷纷访问拉美。在此背景下，我们国际书店书展小组 1980 年还去阿根廷参加了国际书展。

采访人：杂志社先后有多位外国专家从事西文版翻译定稿和编辑等工作，也有很多来自拉美的撰稿人，他们当时是怎么样参与这些工作的？

徐钟麟：20 世纪 60 年代初期，我们聘请的专家的能力都是很强的。如创刊时期首任智利专家路易斯·恩里盖·戴拉诺，是一位知名作家，当时他写的一部小说很受智利青年读者的欢迎。小说书名为 *La Base*，这个词是"基层"的意思，但根据作品的内容也可以直接翻译成《支部》，因为小说主要是讲当时智利共产党的地下活动。戴拉诺还是一名外交官，据说他曾在美国担任驻纽约总领事，故英文不成问题，而且他本人又是作家，他的西文与英文的水平都很高。因此在《中国建设》西文版创刊初期由他负责翻译工作，我认为杂志的文字质量应该说是完全有保证的。

1960 年下半年，我们聘请的两位阿根廷女专家来华，她们是阿根廷共产党派来的。一位叫萨拉·巴斯多丽萨，曾任阿根廷共产党所办书店的经理；另外一位叫玛蒂尔黛·阿雷曼，她本身为德国籍，是一位社会活动家。两位专家的英文都非常好。当时我们聘用专家，首先一项就是要求他能将英文顺畅地翻译到西班牙文，而且译文要达到出版的水平。

作为专家，最理想的人选应该是：首先要能胜任从英文到西文的翻译，其次最好懂新闻和编辑，还有就是要熟悉中国的基本情况。所以在刊物创办初期，对首次来华的外国专家一般不急于安排工作，而是请他们到外面参观游览，了解一下中国的国情和社会状况，起码对我国的现状有个大概的印

1960 年 4 月应聘的两位阿根廷专家萨拉（右三）与玛蒂尔黛（左三）到任后于同年底接手西文版的翻译改稿工作

象，然后再从事翻译工作。

一般外国专家在华工作的周期为两年。1961 年年底来华的智利专家是弗朗西斯科·科罗阿内，他从 1962 年至 1963 年在西文版工作了两年多。科罗阿内是智利著名作家，虽然他年幼失学，但生活经历颇丰，从小就在草原放牧，年轻时还当过海员，曾几度赴南极探险，写出不少充满生活气息并惊险离奇的作品。其中《南极洲的征服者》一书曾获智利青年小说奖。科罗阿内在智利文学界有"智利的高尔基"之誉。智共中央当时每年仅给党内两位杰出文人发去生日贺电，除伟大诗人聂鲁达外，另外一位便是科罗阿内。为充分发挥这位作家在提高刊物文字质量与丰富内容方面的作用，社里除了安排他润色夫人爱丽娅娜从英文到西文的翻译稿件之外，还为他外出采访提供方便，并鼓励他为杂志多写文章。1962 年 5 月，我陪同科罗阿内一家先后到南方的武汉、广州、上海以及北部的内蒙古、天津等地考察，借以帮助他们深入了解中国社会和人民生活的实际，通过亲身体验介绍新中国。科罗阿内在此期间发表了不少文章。在上海，他访问了上海海员俱乐部，了解中国海员的生活和中国海上交通状况，发表了《海鸥与船锚》一文；在天津他同样关心中国海员的生活，发表了《塘沽新港》；在北京，他深入北京监狱了解如何改造犯人，写出了《新生》。在智利时他就在牧区生活，所以对中国大草原的情况尤为关注，为此他到内蒙古锡林郭勒盟大草原进行实地观察与访问，后来写成了《中国草原之所见》。

还有一位专家，你们也许知道，就是秘鲁汉学家吉叶墨·达尼诺。实际上他是一位神父，说话又轻又慢，气质的确像教堂里的牧师。吉叶墨在中国生活了很长时间，在 20 世纪 90 年代初，曾在电影《大决战》里扮演过司徒雷登。同时他在我们西文版杂志上曾发表过一系列介绍中国文化的文章，比如中国的诗歌、神话、小说和文学发展等专题。

采访人：自 20 世纪 80 年代以来，《中国建设》西班牙文版除了翻译通稿，也开始培养外文写稿的编辑和记者，加强了外出采访的专稿工作。对您来说，也经历了从翻译到记者的转变吗？

徐钟麟：这个我谈谈自己吧，我们的主要工作或者说我们的基本能力是从事翻译。日常的工作就是从中文翻到西文，这在参加工作之后已经锻炼了较长的时间。中翻西的要求更高，因为《中国建设》杂志报道的内容涉及各个领域：工农业、社会生活、医疗卫生、文艺、体育等。所以还要有广泛的知识和各类专业词汇。为了加强刊物的针对性，后来就发展到组织或编写专稿，这样我们就不仅是单纯地翻译了，而且还要学会编辑和采访。

对我来说，这种转化经过了这样一个过程：如我编写或采访了一篇专稿，自己先用中文写出稿子供领导审稿，审回来以后再由我本人把它翻成西班牙文。这等于改变了原来的工作程序，即不是翻译部门统一分配来的稿件，而是自己翻译自己写的东西。因为对原材料非常熟悉，所以相对来说比较容易一点，从此也就完成了一次新的跨越。

在这个基础上，我们就从"编译结合"的锻炼与实践进展到直接用西班牙文写作。作为专稿记者，我过去经常要出席西班牙和拉美外宾来华访问的记者招待会，这样的活动促使我不仅要用西文当场提问，还要用西文撰写采访报道，这样就逐步培养了我用西文采访和写稿的能力。

采访人：您在写稿、约稿的过程中肯定结识了一些致力于中拉文化交流的人。他们有着怎么样的故事？

徐钟麟：比如《西班牙音乐史》《拉丁美洲音乐文化》等书的作者王雪，她是专门研究西班牙和拉美音乐的。由于她的研究贡献，西班牙在 2003 年向她颁发了伊莎贝尔女王勋章。她毕业于北京外国语学院西班牙语专业，后在北京语言学院（现北京语言大学）教外国留学生学中文。那时候东方歌舞团因为学习外国舞蹈，缺少一个西班牙文翻译，加上当时有拉美音乐团体或者音乐人不断访问中国，她就到了东方歌舞团做翻译。再后来她又到中央音乐学院专门从事这方面的研究。那时候我采访过她，比如1992年10月，西班牙政府派著名的吉他演奏家和教育家约瑟普·恩里克斯到中央音乐学院授课。过去专门研究拉丁美洲音乐的人很少，可能有人学了一点儿东西，但是很难做全面而深入的研究。很长一段时间，有西班牙和拉美的音乐家访问中国，都是由王雪做翻译。我觉得她在中拉音乐交流这方面的贡献是很大的。同时她也是我们的撰稿人，写过在墨西哥等国考察民族音乐的见闻与成果。

我还要介绍另一位，他是邢啸声，笔名为啸声。他是研究西班牙和拉丁美洲美术的专家，在这个领域恐怕没有人能够和他相比。他在国内出版了很多关于西班牙美术史、拉丁美洲美术史的画册。凡是来华的西班牙或者拉丁美洲的艺术家——很多是世界级的艺术家，一般都是由他参与接待，或者通过他来中国举办展览。他为我们杂志写了不少文章，介绍了古巴、墨西哥等国画家在中国举办画展的情况。我在驻厄瓜多尔使馆做文化专员的时候，和该国的大画家奥斯瓦尔多·瓜亚萨明成了好朋友，这位画家被称为"西半球的毕加索""拿着画笔的马尔克斯"。我1995年底回国前夕，瓜亚萨明送我一幅他的作品《向日葵》和一本他的画册留作纪念。回国后我将另一本瓜亚萨明的画册送给邢啸声供他研究这位拉美艺术大师的作品。如今这段故事还在继续：邢啸声可能要通过制作画册把更多瓜亚萨明的作品介绍到中国来。

采访人：能否谈谈您在拉美国家的访问经历？

徐钟麟：1980年3月，我同国际书店的杨云逵、汪德健组成三人书展小组对南美四国进行了为期110天的考察与访问。此行首要任务是参加阿根廷第六届布宜诺斯艾利斯国际图书博览会，其次是顺访秘鲁、哥伦比亚和委内瑞拉，与三国的同业就书刊发行举行业务会谈。

赴阿书展可称为"破冰之旅"。由于阿当局对我书刊进口长期限制，所以此次参展的主要目的是：调查研究、摸清情况、扩大影响并酌情探讨书刊贸易发行。阿根廷书展期间还设立了"中国馆日"，中国展台始终吸引着众多

1993 年至 1995 年徐钟麟出任我国驻厄瓜多尔使馆文化专员，此间曾在该国多明戈市组织过中国美术
工艺品展览

1995 年 12 月，徐钟麟（右一）与夫人看望厄瓜多尔艺术大师瓜亚萨明，并在其工作室合影留念

观众，阿根廷人民非常渴望了解新中国。他们对我国能出版西文、英文等各
类图书甚为惊讶，如《中国概况》《中国地理》《鲁迅小说选》以及西文儿童
读物等基本销售一空。最受参观者欢迎并且争先抢购的是中国的工艺美术作
品，如剪纸、书签、邮票、明信片和小型张的国画。

在阿根廷，我们还探访了曾经在外文出版社工作过的阿根廷作家胡里奥·埃伦纳·德拉索塔。到了他家，我们才得知胡里奥晚年定居西班牙，当时已去世。他的儿子小胡里奥接待了我们。他说："回国已十多年了，原来在友谊宾馆小学读过两三年，名字叫胡里多，至今中文没有忘。"在阿期间，我们还看望了另一位友人，即当时尚在《中国建设》西文版工作的阿根廷剧作家何塞·马努埃尔·托马斯及其夫人。他们夫妇两家的子女一起请我们品尝了所谓阿式饺子"empanada"。

当时杂志在拉美的主要发行渠道是左派人士推荐的发行代理人。这些代理人还算不上是书商，因此发行量受到较大限制。我们当时是想探讨我们的书刊杂志能不能打入他们国家的发行网，或者通过某个大的书商、书店，以便纳入当地的发行渠道。

我们刚到秘鲁，Nuestra América 和 Ateo 两家书店的经理就到我方使馆与我们会谈。此后，在秘鲁友人奥贝戈索的陪同下我们走访了三家书店：第一家是 Librería Studium，规模很大，三层楼，前厅还有座喷水池。该店建于

1980 年，徐钟麟（左一）在中国展台接待了 20 世纪60 年代初原在外文出版社西文组工作的阿根廷作家胡里奥的儿子小胡里奥及其夫人王秀君

1980 年徐钟麟（右一）在阿根廷第六届布宜诺斯艾利斯国际书展的中国展台售书

1936 年，有员工 120 人，在全国各地设有分店，它主要经销从阿根廷、墨西哥与西班牙进口的各类书籍，但老板思想保守，不愿代销共产党国家的书刊。第二家 Librería Cosmos y Siglo XX 是苏联出资开办的书店，店中 80% 为苏联的书刊，其中我们看到有西文版的《拉丁美洲》（苏联科学院主编）、苏联画报、苏联妇女和儿童读物。第三家 Librería La Familia 规模较小，主要经销生活与消费用书。

通过走访书店并与当地同业座谈，我们总的印象是：我们发行能力有限、投资甚微，在各大书店很难看到我国的书刊，相反外国出版的有关中国的书籍却显而易见；我们主要出版政治图书，比较单一，在选题与内容上不对路，同业反映发行中国书刊只是为了宣传而不好展开贸易；书价过高也需要调整，因我们的读者对象一般在经济上都比较困难。正如一位秘鲁书商所讲：按一本《人民画报》的新定价在当地可买 10 个面包，读者自然首先想到的是买面包给孩子吃而不是要看画报。

在哥伦比亚，我们得到了哥中友协的亲切关怀和多方协助。一踏上哥伦比亚的国土，我就想借此行见一见原在《中国建设》西文版工作近三年的老朋友费尔南多·格兰达。拜会哥中友协主席贝贝·戈麦斯时，我就托他代为查询并转告。6 月初的一天上午，格兰达果然来到旅馆同我会面，令人惊喜的是他还带来了自己的新婚妻子玛尔塔。我和老友相拥，万分激动。

在委内瑞拉，我们拜访了维克多·奥乔亚先生。他是中国人民的好朋友，20 世纪 60 年代初曾举家来华在新华社工作多年，回国后即在加拉加斯代销我国书刊，积极宣传与介绍新中国。这位故友当然是我们此次访委首先要去拜会的主要同业。

奥乔亚约请我们到他家中会晤，因大家是老朋友，故见面时彼此都显得格外亲切与热情。就餐时，奥乔亚夫妇回忆起他们全家在华度过的难忘岁月。当时中国正处于社会主义改造后大规模经济建设的时期，所以他们才把孩子带到中国好接受良好的教育并进行文化学习。他们的三个儿子从小就在中国学习中文，长子毕业于清华大学建筑系，此时仍留在中国工作；次子虽

20世纪60年代中期墨西哥贝尼托（左三）与哥伦比亚格兰达（右一）两位专家与《中国建设》西文组同事一起工作

然在委内瑞拉学习建筑，但也准备到中国实践自己所学的专业；最小的儿子计划将来学中医，以便掌握针灸技能。经研究决定，我们抽了两天时间陪奥乔亚一起到他的书店上班，亲身尝试了一下代销中国书刊。书店位于市中心的一座办公大厦，环境整洁优美，但顾客稀少。

回顾110天的南美之行，我的感受颇深，这是我工作20年后第一次走出国门探访对象国的奥秘。通过对南美四国的考察与访问，我不仅对南美书业市场和这些国家的基本国情有了初步认识，而且也亲身体验到拉美人民普遍对新中国充满了无限的热爱与渴望；或者确切地说，他们是想了解社会主义制度下，我国人民的生活是否幸福，社会是否公平和国家是否安定。

采访人：经历创刊初期之后，这本杂志后续的发展怎么样？

徐钟麟：《中国建设》，也就是《今日中国》西文版 60 年的发展大致可以分为三个阶段：1960 年至 1983 年属于创刊初期，杂志的西文名字叫 *China Reconstruye*。它的外文意思是"中国重建"，这符合我国当时的时代背景，也就是国家正处在恢复阶段，各方面百业待兴，人民开启新生活。1983 年至 1990 年是第二个阶段，名为 *China Construye*，这个阶段我们把刊名中"建设"一词的前缀"re"去掉了，因为当时中国提出要建设四个现代化，已经不再是恢复与重建的阶段了。外国友人认为这样的修改也是非常合理的，符合当时中国的发展现状。第三个阶段是 1990 年之后，杂志改名为《今日中国》(*China Hoy*)，这也是着重探索并逐步实现本土化的一个阶段。

创刊初期的杂志内容我刚才已经讲到了，在发行方面，杂志的主要对象国是五个国家：古巴、秘鲁、哥伦比亚、墨西哥和委内瑞拉，尤其是古巴。中国和古巴建交之后，根据中古两国文化协定，那时每期曾在古巴发售 1 万多份。从 1960 年一直到"文化大革命"，西文版的印数差不多是每月 2 万份左右。就期刊来说，我们不太考虑经济方面的收入，所以印刷量比较大。到了讲究市场经济的时期，又非常追求经济效益了，以至于后来有些刊物因为发行量小、完全是赔钱、报不了账，就干脆把这些刊物砍掉了。例如早在 1954 年就创刊的《人民画报》西班牙文版，以及后来创办的以时事政治内容为主的《北京周报》西班牙文版都一起被撤销了。这使得现在我们的杂志不得不拿出一定的篇幅进行时事新闻的报道。

杂志的第二阶段是 1983 年到 1990 年，这个阶段的中心问题是改版。1983 年，领导依据形势的发展下达了一个指示，要求把《中国建设》西班牙文版制作为拉美版，要进一步加强文版的地区针对性，在内容的组成与选题上主要是针对拉美读者。根据这个精神，整个杂志的结构就发生了较大变化，不再像原来那样和英文版大同小异。为此我们就成立了一个专稿组。

当时专稿组由两三个人组成，我也参与其中。我们的具体任务是编写和采访涉及拉美方面的文章和报道，使此类稿件逐渐发展到占整本杂志的三分之一以上。另一方面，我们还进一步打捞拉美地区读者感兴趣的选题，如开辟了"中国与拉丁美洲""中国 ABC""中国文学作品节选""中国功夫""成语故事"等一系列专栏。这些专稿与专栏，主要希望反映我国同拉美各国开展文化交流和民间往来的情况，同时也有计划、有步骤地向读者介绍有关中国文化与历史的基本知识。

这三分之一的内容并非全部涉及中国与拉美地区的双边关系或人民之间的友好往来。我们所谓的拉美针对性，是针对拉美地区读者的某些特殊需要设置相关的内容，满足拉美读者的求知愿望和特殊兴趣。比如"中国 ABC"这个专栏，讲的是关于中国的基本知识。这个专栏约了中国国际广播电台的编辑柴玉玲撰写，因为他们对外广播也有这一部分的内容，积累了很丰富的材料。"中国功夫"邀请天津外国语学院西班牙语系教授马云桢来写，他本身就经常练习中国的功夫。这样就请他把自己掌握的太极拳、太极剑、八段锦、气功等中国功夫作为连载的教材刊登在杂志上。这一专栏持续了好多年，很受拉美青少年读者的欢迎，他们看到杂志的书面教材后都想学习中国的功夫。此外，还有一个专栏是探讨和研究中国跟拉美之间在人类起源上的相互关系。这属于考古和历史研究的范畴，虽然许多命题还有待进一步求证，但中拉双方的有关学者都颇感兴趣。"中国与拉丁美洲"这个专栏就是直接报道或论述中国与拉美之间的关系，它在杂志的版面上占了很大篇幅，是我们西文版的主体内容，也是我们改版的重点项目。

改版后的杂志在广大读者中引起了很好的反响。许多在华工作的拉美专家和朋友都认为西文版有了很明显的改观，选题更加多样化，专栏设置也比较新颖活泼。墨西哥、哥伦比亚、厄瓜多尔等国的读者都纷纷来信赞扬西文版所发生的变化和进步。

除了改版，这段时期杂志也有意识地关注中外人员的交流，即采用"请进来，走出去"的方式。比如 1985 年我们派部门的李德明到西班牙《ABC》报实习，1986 年我去西班牙学习与考察。而"请进来"是指我们请《ABC》报的记者过来，担任改稿专家，从而建立人员交换的关系。那时候我们也开始派同事到墨西哥轮流留学，因为改版需要我们有更多的人员到外面去学习进修提高外语水平，同时还可借此机会亲身了解一下对象国的实际情况。我在 1980 年才第一次去拉美四国进行考察与访问。这是本人在参加工作 20 年之后获此机会出国的，实际上已经很晚了，但从此之后，我们的其他同事也跟我一样，陆续出国到拉美去参加书展或考察访问。

1990 年之后，杂志进入了发展的第三个时期，这时期的中心议题是实现本土化。对于常年搞杂志的人来说，这几乎是一个梦想。我们应该到国外去办杂志，既然对象国在拉美，就应该到拉美去办。因为这样的话，从提高文字质量、体现针对性、便于发行和对外交流来说都是非常需要的。但是这样的设想长期得不到解决。虽然在 1983 年就提出来制作拉美版，但是就当时中国的国力来说，拿不出这批经费来。但从杂志发展的第二阶段开始，我们一共派了三批人到拉美探索解决就地出版印刷的问题。第一次派去的是我们部门的一名老同志汪珂，他所考察的地方是墨西哥。我们在墨西哥就地印刷出版的设想在当地很受欢迎，从程序来讲，跟我们现在到国外去办一个企业是一样的。那时我们在墨西哥做了试版，还拿回了样书，大家看了都很满意，可惜因为经费所限，无法继续进行。第二次考察是由外文局派出了两名代表，他们在墨西哥考察了有大半年，同时他们也到拉美其他国家探讨如何解决扩大发行的问题。但是等他们回来之后，得出的却是相反的结论，原因是认为按此计划实行经费开支过大，难以负担。第三次考察时我已经退休了，是由西文部的李德明再次到墨西哥研究在当地印刷出版的问题，而且也联系到了合适的合作单位，但回来以后同样没有解决。

这三次考察没有成功的原因主要是经费所限。后来宫喜祥社长到任，在他的积极奔走与努力争取之下突破了这一难题，最终在 2004 年实现了杂志本土化，在墨西哥建立了拉美分社，实现了就地印刷发行，从而大大增强了西文版的针对性和时效性。这一突破的关键还是由于国家的经济实力增强了，领导才下决心提供经费，实现了我们多年来梦寐以求的设想。另外，就我个人的观察与看法，我们之所以能顺利在墨西哥实现本土化和我刊原驻墨分社社长吴永恒的积极配合与全身心的努力是分不开的。吴永恒退休前曾任新华社驻拉美分社社长，他对拉美的情况非常了解，而且对墨西哥一些新闻单位和上层人士也都熟悉，故在他退休后就聘请他主管《今日中国》拉美分社。最后他是在工作岗位上去世的。我跟他之间没有直接接触过，但是根据各方面的反映，我认为他是一名非常得力的干部。

采访人：您在退休之后，除了继续关心《今日中国》之外，是否还有其他和中拉交流有关的故事？

徐钟麟：退休之后，我虽然离开了原来的工作岗位，但是在思想和情感上依旧关心《今日中国》西文版的命运与发展。每当西文部来了新人，我就会向他们介绍西文版的历史、工作特点以及如何掌握从对外报道的角度去进行翻译与写稿。1996年退下来以后，我还被聘为西文版的顾问和审读员。审读员的工作很费精力，因为要逐字逐句看完整本杂志，此后还要写出审读报告，如果发现差错或感到有些提法不妥就不客气地提出来。一般来讲，写出审读报告交到外文局有关部门以后就算可以了，但我常常会跑到办公室和大家面对面地交流，互相切磋。我已退休了，但似乎像是没退休一样。如果自己的身体状况还好，有时就陪新来的同事一起外出采访、共同写稿。

2004年央视西语频道开播以后，缺乏书面材料的翻译人才。应西语频道总监野露露的邀请，我便把一批离退休的老同志组织起来，从2004年11月开始承担起《走遍中国》等节目解说词的中译西任务。参加此项笔译的都是曾在我国宣传或相关部门工作多年的老同志，来自外文局、编译局、新华社、国际台、外交部等单位，年龄在65岁至78岁，这些人员均为各个部门的业务骨干，大都享有资深翻译家、译审或教授的称号。这项工作一直持续到2013年左右，其实当时的稿酬标准并不高，大家之所以乐于接受这样的工作，一方面是出于对对外传播事业的忠诚与热爱，另一方面也是为中国能开辟西班牙语电视频道而感到高兴，愿为此做出自己一点微薄的努力与奉献。

退休之后，我也参加了一些接待工作，算是临时抓差吧。2000年墨西哥

2000 年 9 月受墨西哥驻华使馆委托，徐钟麟（右一）陪该国艺术大师胡安·索里亚诺参观长城

使馆接待著名的现代艺术家胡安·索里亚诺访华，当时他们就请我陪同这位画家在京参观游览。此间还举行了题为"门槛上的画——从窗户射进光亮中的胡安·索里亚诺"的展览，展出了画家的一些油画和雕塑作品。在一本中西文对照介绍索里亚诺作品的画册中，我还把其中一篇评论译成西文。索里亚诺在华期间一直渴望游览长城，于是在墨西哥驻华使馆的安排下，我就陪画家参观了长城。面对雄伟的长城，画家万分激动，立即拿出画笔将这一壮观的图景素描在自己的画本上。

采访人：2020 年即将迎来《今日中国》西文版问世 60 周年，您也陪伴着这本杂志走过了一个甲子，您对现在的这本杂志有什么建议？

徐钟麟：到目前为止，我觉得《今日中国》西文版在内容安排上比较符合我们原来的设想。在当前对外没有《北京周报》西文版的情况下，我们加强了对拉美地区与西语世界有关的时事新闻报道，而且对我国政治生活中的大事也作了及时与正面的报道。同时每期还有重点地介绍我国的经济与文化

徐钟麟在家中，身后墙上挂着瓜亚萨明送他的作品《向日葵》

发展的现状和问题。此外，特别是针对目前我国出现的新事物、新发明、新说法和新词汇，还开辟了专栏进行专门的解释，这种便于读者理解做法，我觉得很好。另外，顺便说一下，现在杂志的文字量太大，显得版面有些拥挤。文字量增加了，字体就得缩小，结果阅读起来就有点不太舒服，希望对文章的字数加以控制并在编排上进行适当的调整。

我觉得在组稿、约稿方面，也符合我们原来的设想。比如很多文章都是请外国人来写，其中有驻华的外交官、访问我国的外国友人、拉美的知名人士、留学生等，他们写的稿件所占的比例比较大，有几期几乎占到了一半之多。这种结构与内容更容易接近读者，使我们与拉美各界人士在版面上就能进行交流，从而加深了彼此的了解与友谊，我很赞赏这一做法。

五　放飞中智友谊的"和平"鸽

口述人：［智利］和平·万徒勒里

采访一

采访人：郑胜天

时　间：2013 年 12 月 23 日

地　点：智利圣地亚哥万徒勒里基金会

采访二

采访人：杨探骊

时　间：2019 年 3 月 8 日

地　点：智利圣地亚哥万徒勒里基金会

　　和平·万徒勒里 1951 年出生，1952 年随父母来中国，在中国受教育，后回智利学医。她的父亲何塞·万徒勒里是中华人民共和国成立后第一位访华的拉美知名艺术家，后作为亚洲—太平洋和平大会秘书处副秘书长在中国定居。其间，他与周恩来总理，艺术家徐悲鸿、齐白石，诗人艾青等人建立了深厚友谊，并成功地推动智利和中国建交。她的母亲戴丽娅·巴拉翁娜于 20 世纪 50 年代中期在北京外国语大学教授西班牙文，是我国第一位西班牙文外籍教员。何塞·万徒勒里于 1988 年病逝于北京。

　　和平·万徒勒里女士现定居于智利圣地亚哥，她们一家一直保持着与中国的友谊。中国的艺术界、研究界人士和媒体也始终在记录他们一家和中国的故事。知名艺术家、学者及策展人郑胜天和中央电视台驻巴西记者杨探骊分别于 2013 年和 2019 年对和平女士进行专访。
为完整体现万徒勒里一家和中国的厚重故事，我们将这两次专访进行
了编辑整理，以飨读者。

采访一

郑胜天：非常高兴有机会见到您。多年来我都想进一步了解您的父亲万
徒勒里先生和您家庭的故事，很希望有一天能够和您见面，今天终于见到
了。我们是否可以从您刚到中国的时候谈起？

和平·万徒勒里：我到中国的时候才一岁半，不记得什么事。

郑胜天：我知道您有一个很美丽的中文名字叫"和平"，为什么会起这个
名字？

和平·万徒勒里：这不光是我的中文名字，也是我的西班牙文名字
（Paz）。我出生在德国，当时柏林正在召开一个世界青年和平大会。我父母都
参加了这次大会，有各个国家的代表。当时中国文化部对外联络局局长萧三
也在。在当时的情况下，他请我父亲到中国去，认识中国。我正好是在那时
出生的。智利诗人聂鲁达曾讲过，如果我在和平大会时出生，就给我起名叫
"和平"。

郑胜天：我读过一篇报道，说这个名字和毕加索有关系。是这样
的吗？

和平·万徒勒里：这很有意思。当时毕加索也在柏林，他的妻子也在，

万徒勒里（左一）和中国著名画家齐白石、著名诗人艾青、著名诗人萧三

而且也怀孕了。聂鲁达就说：如果出生的是女儿，第一个就叫"帕萝玛"（西文为 Paloma，意为鸽子），第二个就起名"和平"。后来是毕加索的女儿先出世的。当然，我并不认识帕萝玛·毕加索，她也不认识我。

郑胜天：所以您出生比她晚？

和平·万徒勒里：对。因为"和平鸽"在西班牙文中的语序是倒装的，不是"和平鸽"，而是"鸽和平"（La Paloma de la Paz）。所以第一个叫"帕萝玛"（鸽子），第二个叫"和平"。

郑胜天：您一岁半到北京，那时您父亲已经在亚太和平理事会工作了吗？

和平·万徒勒里：不，我出生后是我奶奶先去欧洲，把我带到智利来。这时我父母亲就去中国了。他们原来的计划是待三个礼拜就回来，后来是三个月，再后来是三年。因为那时中国革命对于全世界是很大很大的事情。

万徒勒里和夫人戴丽娅·巴拉翁娜

万徒勒里和他的女儿和平

郑胜天：您去了北京之后，一直待到几岁？

和平·万徒勒里：到四岁。但我们是时来时去的。差不多每年都会去中国。我记得一共住了16年。到我九岁家里才找了老师教我西班牙文。因为中文的很多发音在西班牙文里没有，我得从头学。我在北京上的是东交民巷小学，离我们家不远。这是一个普通的中国小学，小孩都是中国人。我在那里待了一段时间，后来我从古巴回来以后，就在北大附中学习。

郑胜天：然后您念到什么时候呢？

和平·万徒勒里：我不是连着读的，因为我父母经常旅行。他们参加世界和平大会（和大），经常在亚洲、拉丁美洲来来去去，搞他们的工作。有时候我陪着他们，有时候我就留在北京。有个非常可爱的老太太管我，她不打扫、不做饭，就光是管我。我记得她唱中国的戏，唱得非常好。她跟我们一起待了好多年，是一个很可爱的人，教了我好多东西。好几年之后，我们还有过联系。我爸爸去世的时候，她也陪着我们，那时她已经九十多岁了。

郑胜天：我曾与一些在 20 世纪 60 年代见过您父亲、听过他的课或者看过他展览的艺术家交谈，他们都认为您父亲当时在北京对中国美术界的影响非常大。那时您已经是十来岁了，对那一段时间您能回忆起什么？

和平·万徒勒里：从 1960 年到 1963 年，我们住在古巴。

郑胜天：就是您父亲创作《卡米洛·西恩富戈斯》壁画的时候？

和平·万徒勒里：对。我爸爸在画最后的那幅大壁画。有一天，他在很高的地方画画，我在下面。门突然打开了，谁进来了？是切·格瓦拉。我爸爸就说，这是我女儿。我是第一次见他，觉得我应该非常尊敬他，就给了他一个很大的鞠躬礼。他看着我，想这个小孩是什么意思呀。他就拉起我的手。他的手很大，使劲地握着我，说"朋友应该是这样"！

郑胜天：他教您怎么握手。

和平·万徒勒里：是呀！因为我只知道鞠躬，是中国式的。

郑胜天：两年前我曾经去过哈瓦那，想找到这幅壁画。但可能因为信息不准确，我们到医学院礼堂和卫生部去问，都没有人知道。您记得壁画是在哪里吗？

和平·万徒勒里：在卫生部大楼的第二层。那是非常大的壁画。另外还有一幅关于拉丁美洲革命的壁画是在哈瓦那希尔顿旅馆，在 23 街和 M 街，也是在第二层。旁边有个酒吧，还有游泳池。

郑胜天：那时您父亲是受古巴政府邀请去作壁画的吗？

和平·万徒勒里：不，是格瓦拉要求的，他代表了古巴政府。

郑胜天：他们以前认识吗？

和平·万徒勒里：在智利认识的。格瓦拉很年轻的时候走遍了全拉丁美洲，去认识这些国家，也到过智利。在古巴，因为工作关系，他经常到我们家去。他有哮喘病，我爸爸也有哮喘病。我爸爸经常到伦敦去买药，那是当时治哮喘病最先进的药。这两个人就在我们家里坐着，一起吸药。吸完了，格瓦拉就拿出来一盒长的雪茄，给我爸爸一支，他也抽一支。他们刚刚吸完了药，马上又抽上了雪茄。

郑胜天：他们两人有合影留下来吗？

和平·万徒勒里：有很多。可是我们的很多照片，在古巴的、北京的、圣地亚哥的，都被烧掉了。

郑胜天：那是在智利军事政变的时候吧。当时您父亲回到智利了吗？

和平·万徒勒里：我们是 1968 年回到智利的。

郑胜天：1968 年回到智利以后，您父亲在做什么？有没有担任什么职务？

和平·万徒勒里：他一辈子其实都是当艺术家，加上在拉丁美洲、亚洲等地参加一些政治活动。他去古巴见到格瓦拉以后，了解了古巴革命，他的想法就是：在拉丁美洲只有一个办法解决问题，就是通过每个国家的革命。他一般画画比较多。在智利，他也常去外地，到农村、矿区去看看那里的情况，了解工人的工作条件，他支持那些运动。

郑胜天：1962年他完成在古巴的壁画之后，回到北京，曾经在帅府园的中央美院展览馆举办了一个展览。您那个时候在吗？

和平·万徒勒里：在。那时候我在北大附中，住在学校里。每星期六、星期天出来看我的父母亲。我记得我去过这个展览，但没有很深的印象。

郑胜天：那年在北京中国美协还举办了一个座谈会，请您父亲介绍这幅壁画《卡米洛·西恩富戈斯》，当时的报刊上有详细的记录。他介绍了他的创作过程，谈到他为什么把壁画分为三个部分。画面的第一部分是古巴山区，第二部分是走向平原，第三部分就是把革命推向拉丁美洲。他描绘了一些身穿智利和南美服装的人去迎接一位象征革命的妇女形象。整个构思和您刚才所讲的革命观念是非常吻合的。这张画当时在北京影响非常大。很多艺术家看到这件作品都十分激动，觉得这正是中国艺术家应该学习的榜样，中国的艺术应该走这样的道路。

和平·万徒勒里：这不光是拉丁美洲的历史，也是中国的历史。

郑胜天：那段时间您父亲还在"和大"工作吗？

和平·万徒勒里：我不记得那时还有没有"和大"，1966年我们就在智利了。我和老万的关系非常好，他教了我好多东西，那时他还教我怎么搞革命。

郑胜天：您叫您的父亲"老万"吗？

和平·万徒勒里：对。很有意思。我父母结婚40年，只有我一个女儿。

郑胜天：他和您交流是用西班牙语吧？他会不会说中文？

和平·万徒勒里：他一般都能听懂。在北京有时候和人谈话时，他不相信翻译，就拉着我去。我还是个小孩，可爸爸说："你要注意他翻译得对不对。"

郑胜天：据说周恩来总理对您父亲很关心。您记得什么有关的事吗？

和平·万徒勒里：有一张照片，父亲和周总理像兄弟一样亲密拥抱。大约1973年，有一次驻智利的中国大使对我说："你要了我的命呀，和平。"我以前在北京就认识他。他说："智利政变的时候，周总理知道你父母亲在英国，但不知道你在哪里。有人说你在智利，总理就要我们到圣地亚哥所有的地方去找你，一定要把你找到。"其实那时候我就在北京。

我爸爸在智利时组织、领导了推动智利与中国建立外交关系的活动。智利是拉丁美洲第一个与中国建交的国家（编者按：应是南美洲），这都是老万做的工作。我记得来智利的第一个中国代表团是由楚图南率领的。我爸爸是阿连德的朋友，他曾经对阿连德说："你当上智利总统之后要做的第一件事情，就是要打开与中国的外交关系。"阿连德在当总统以前，有一次到我们家来，我妈妈不在，我们三个人坐着谈话。阿连德对我爸爸说："我到这儿来是要求你做我的第一任驻中国的大使。"我那时已经18岁了。我爸爸就问我："你觉得这好吗？"我说："你要是当政府的大使，我再也不理你了。"（笑）

郑胜天：为什么？

和平·万徒勒里：阿连德也问："你怎么啦？"我父亲说："我们完全赞成你政府的目标；可是我不相信你们要用的办法。因为革命不能只通过讲话来解决问题。政变是一定会发生的。作为多年的朋友，你愿意让我代表你个人到哪里都可以。但我不能代表我不相信的政府。"后来阿连德就选了另外一个人。

郑胜天：所以他一直没有担任过智利政府的职务？

和平·万徒勒里：没有。我们上街活动，到工厂和农村工作，可是没有参加阿连德政府的事务。后来有一次我陪智利总统到中国旅行，智利政府的代表团有五十多个人，都住在钓鱼台国宾馆。我住在另一个饭店，他们要我一起去住我不去。我那次去是要带我父亲的画去展览，是因为老万和中国的关系。这是在政府的关系之外的。我不是智利政府的人。

郑胜天：皮诺切特军事政变时您一家都不在智利？

和平·万徒勒里：很巧，1973 年 7 月我先去了北京，8 月份我父母也到了，还随身带了这么大好几包东西，打开一看都是老万最后 20 年画的画。他们都卷起来带到中国，还有一些材料。在北京开了一个很大的展览会，还出版了画册。

郑胜天：所以正好躲过了政变。作品也没有被损毁。

和平·万徒勒里：如果留在圣地亚哥，肯定就没有了。

郑胜天：在军事政变期间，家里有没有受到什么破坏？

和平·万徒勒里：政变军队查抄了所有他们认为与共产党和古巴有过关系的人，他们把我家的东西都扔到了院子里去。我爸爸正好去了北京一个月，就发生了这次政变。

郑胜天：政变以后您父亲是被通缉的吗？他只能流亡在国外？

和平·万徒勒里：我们全家都不能回来。后来我父母觉得住在北京太远了。那时的联系不像今天这样方便，就决定到欧洲去住。为什么到日内瓦呢？因为在日内瓦有一家很好的朋友，他们给了我们很多帮助。他们一家是哥伦比亚人。他们给我们住的地方，给我们吃的，帮我父母考虑怎么办、怎么安排。

郑胜天：以后就一直住在日内瓦吗？

和平·万徒勒里：对，但也去过好几次中国。也是来来去去的，但是不能回智利。

郑胜天：您父亲和聂鲁达是很好的朋友吗？

和平·万徒勒里：不算很好，当然是朋友。他们有区别。老万比聂鲁达小三四岁。聂鲁达是个很复杂的人，他自己有很多女朋友，还要给朋友介绍女朋友。他喜欢请好多人到他家吃饭。他工作上非常有激情，很会说。写的诗非常好，但自己的为人不是那么好，爱追求时髦。不过老万和他一起工作时相处得很好。

万徒勒里（右一）和
智利诗人巴勃罗·聂
鲁达

郑胜天：您开始学医是什么时候？

和平·万徒勒里：在智利。针灸是在中国学的。有一次吃饭时周总理坐
在我旁边，问我是学什么的，我说学医。后来我在智利突然接到中国大使馆
的通知，让我去中国学针灸。那就是总理安排的。后来我又回到日内瓦学
医，最后在哈瓦那完成医学学业。

我记得 1980 年时我在古巴工作，我女儿玛尔娃还很小。有一天接到一
个电话，是我的一个表哥打来的，他也是医生。他说你怎么还不来？你爸爸
快要死了。我一个月以前还和我父母在巴拿马见过面，我们在一起相聚了一
个星期，我父亲还说要到厄瓜多尔去。怎么会突然病了？我赶紧带着我女儿
飞到日内瓦去。我表哥说，我们要你父亲等你来告别，所以给他插了很多管
子。表哥陪着我到医院，我站在爸爸的床前，看他全身插了十个管子，不能
说话。但我看到他的眼睛里都是生命，不像一个要死的人的样子。我就开始
骂他，中文、西班牙文骂人的话我都会说。最后我说："你要我带着玛尔娃从
古巴来，是要和你告别吗？你不是跟我讲过'无论如何都要活，用怎么样的
方法都要活'吗？所以我不能来跟你告别。"这时他把手抬起来，表示再见

的意思。眼睛里也流出眼泪。我说："你别哭！你还没有到哭的时候。你还要等一段时间才能哭。"我说："这些人把所有在西方能给你的药和治疗办法都用过了，可是还有一个办法没用过——针灸。"他睁大了眼睛。我说："我要赶快去那里的中国大使馆，给大使讲你的情况，看看中国政府能不能派一个针灸大夫来。"我很快回家告诉我妈妈，又立刻去了大使馆和大使讲，也和瑞士外交部联系。18个小时过去以后，针灸大夫就到了日内瓦，开始抢救治疗。他们在那里待了一个月，就是这样，我父亲又活了九年多。

郑胜天：他患的是什么病？

和平·万徒勒里：他很年轻的时候去巴西搞展览，就染上了肺病。那时候的肺病没法治，就如同现在的癌症。他在医院里住了四年，他们认为空气好，吃得好，还做了肺切除手术，能控制这个病。老万是个很高大的人，需要更多氧气。但他只有一个肺。有一天他从日内瓦打电话跟我说："我得了气管炎，但不知道该怎么办。在这个城市的医院里，不知道谁是好人，谁是坏人。"我就说，"你先到北京治疗。在北京很多大夫认识你，知道你四十多年的病历。"他后来就去北京了。去北京一个月前我曾经和他谈话，那时我的母亲刚过世。我问他将来你想把你的画放在哪儿？他说："你知道我是为谁画的？我是为智利人画的。你就把我的画带回圣地亚哥，让人们能看到我的画。我死了以后，你给我穿上很漂亮的衣服。在白色的棺材上，你要放上很多漂亮的花，把我埋在智利，和我父母埋葬在一起。"他很仔细地把小事情都交代清楚。所以他去世后，我心里很清楚应该干什么。后来他陪我去飞机场，这是我们最后一次见面。他说我有一件重要的事情："你要把我画室的东西都包好，运到圣地亚哥去。"他偷偷地在我耳朵边上说："只有对你，我能提出这样的要求。没有别人能帮助我。"我就问他为什么？他说："因为我要回智利去住。"我告诉他："你先去北京，再从北京到智利来。"这是我们最后一次见面。

郑胜天：那是1988年。那次他去了北京就在那里去世了。

和平·万徒勒里：可是很奇怪，他只给我留了好几个小字条，都编了号码。还有好几张纸，没有留给别人。他去北京之后，这些东西就交给了我。我想，他是很想活着，但也知道自己可能活不久。为什么给我留下这些字条？还有各种各样的名字和号码。

郑胜天：您那时已经回到智利住了？

和平·万徒勒里：对。他到北京后仅一个星期就去世了。我到北京的时候他已经不在了。

郑胜天：您父亲过世以后，他的画作是怎么运回来的？

和平·万徒勒里：他的作品都在瑞士。他去世后，我到日内瓦。但有一个问题：我认识的两个人偷走了不少的画。后来我找到其他的作品带了回来，建立了这个基金会。把他的画寄回国运费是很贵的，为了运画，我把父亲和我的积蓄都花光了。现在留下来的画都在这里。

郑胜天：智利的美术馆有没有收藏？

和平·万徒勒里：我爸爸一辈子说自己都是智利人，他的画是为智利人民画的。有一次我在墨西哥和西盖罗斯的女儿谈话，她问我："你爸爸的画现在怎么样了？"我告诉她我爸爸说的话。她说："我的爸爸还要疯。他把所有的画留给了墨西哥人民，现在我没法去管这些画。"我的爸爸比他爸爸聪明。他也说要把画留给智利人民，但是他让我来决定谁是智利人民，而不是给这个政府或那个政府。从1989年到现在，我们几乎每年都搞他的展览。

郑胜天：2005 年在北京举行的展览也是万徒勒里基金会办的吗？

和平·万徒勒里：是的，也得到智利外交部和中国外交部的支持。

郑胜天：那应该是一个很好的机会，能把您父亲的作品介绍给年轻一代。因为很多青年既不知道您父亲的名字，也不知道这段历史。虽然当时也出版过画册，媒体也有一些报道，但都还只是比较表面的了解。我们开始时讲到关于您父亲对中国艺术所起的作用，许多人还是不了解。我很希望能把这段历史进一步介绍出来，以展览的方式或者纪录片的方式来呈现。因为现在学术界许多人都认为：这种跨文化的对话是非常重要的，历史是由像您父亲这样的人写成的。

和平·万徒勒里：每个国家的文化都是它的历史。

郑胜天：您对现在的中国印象怎样？

和平·万徒勒里：现在的中国我不知道。我只是通过看报纸电视来了解。我认识的中国是一个非常大的国家，是一个非常伟大但也非常贫穷的国家。我是通过我小时候的生活、我的同学、我们的大院来认识的。现在我不知道中国是什么样子，最后一次去中国是 2005 年。有很多事情我不懂，需要别人给我讲。

郑胜天：您觉得自己对中国的感情是不是仍然很密切？

和平·万徒勒里：我告诉你，好多中国朋友和智利朋友都对我说过："你是半个中国人。"所以我对中国的感情是不能改变的。

采访二

杨探骊：您父亲第一次去中国是什么时候？

和平·万徒勒里：1951 年的时候，我父亲到维也纳参加世界和平大会。当时在大会上结识了一位新中国政府的代表，这位代表邀请我父亲访问中国，于是第二年也就是 1952 年我父亲就去了中国，参加在那里举办的亚太地区和平会议。那是他第一次受邀前往中国，他去了以后就爱上了中国。本来说待上三周，后来又延长到三个月，再后来又延长到三年……那时候，中华人民共和国的成立对世界来说是一件非常非常重要的事。

杨探骊：在当时的交通条件下，您父亲如何从拉美或是欧洲来中国呢？

和平·万徒勒里：我父亲从世界各国往返中国近四十次。因为距离都非常远，路上至少要一个月的时间。有时候他先飞到莫斯科，然后坐火车穿过西伯利亚和东北地区到北京；他也从云南入境过，然后一路沿着长江穿越中国，最后到达北京。

杨探骊：您一家人当时在中国的生活怎么样，有没有什么让您印象深刻的事情？

和平·万徒勒里：我们一家大部分时间都住在中国人民对外友好协会的大院儿里。冬天北京特别冷的时候，照顾到父亲的肺结核病，我们就移居到中国南方住一段时间。我们住过广东、上海，还有南方的一个岛，名字我不记得了。我们还在内蒙古和新疆住过一段时间，我的长相跟维吾尔族姑娘很像，在新疆的时候大家都以为我是当地人。我还在北京读过小学和中学，我是学校里唯一的一个外国学生，老师和同学对我都非常照顾。

父亲和母亲在中国都从事过教育工作，父亲在中央美术学院教过美术，他引进了人体模特教学；然后当时为了培养中国西班牙语人才，周恩来总理还托父亲寻找西班牙语"外教"，而我的母亲就这样成了北京外国语学院的西班牙语教员，她也是西班牙语系的第一位外籍女教员。

杨探骊：当时您父亲参与了哪些推动中智交往的活动？

和平·万徒勒里：父亲和中国政府的领导人，包括毛泽东主席、周恩来总理等关系很近。这也让父亲肩负着重要的责任，那就是促进中国和智利两国的交流往来。1953年，父亲在智利首都圣地亚哥推动创办了拉美地区第一个对华友好组织——智利—中国文化协会（后文简称智中文协），这个协会聚集了智利诗人聂鲁达、智利前总统萨尔瓦多·阿连德等父亲的好友，他们组织了一系列的交流活动。当时，父亲带领着智利以及拉美其他国家的知识分子、政治家、艺术家等到中国的各个省市进行访问，其中包括墨西哥著名画家、壁画家戴维·阿尔法罗·西盖罗斯和阿根廷著名画家、建筑师、壁画家胡安·卡洛斯·卡斯塔尼诺等。这些人成了拉美第一批见证新中国巨大变化的人，智中文协也成了当时连接中国与拉丁美洲的桥梁。

在同一时期，父亲还被周恩来总理任命为非洲及亚太国家和平委员会大使，成为第一位在中国任职的拉美外交官。担任这一职务后，父亲往返于亚洲、非洲和拉丁美洲，频繁出席各种和平活动，从文化、政治和意识形态等多领域推进这些地区之间的互动与交往，为在冷战期间令人担忧的核武器威胁奔走。

智中文协直到今天依然存在，依然在运行。当年中国的外交格局正面临美国的封锁，我父亲和萨尔瓦多·阿连德，还有巴勃罗·聂鲁达，就一起讨论要帮助中国打破外交封锁的困境。1970年的时候，萨尔瓦多·阿连德成功当选智利总统，父亲凭借着自己和他多年的私人友谊，向他建议进一步加强中智两国的友谊。结果是，萨尔瓦多当选总统一个月后智利就与中国建交

中国第一个西班牙语外教——万徒勒里夫人戴丽娅·巴拉翁娜和她的学生们在一起

万徒勒里教授中央美院的学生作画

万徒勒里和学生们在一起

了，也是第一个与中国建立外交关系的南美国家。

杨探骊：我在万徒勒里基金会收藏的档案中看到您父亲有很多和中国领导人的合影，这些照片的背后有什么有趣的故事吗？

和平·万徒勒里：父亲有很多和周恩来总理的照片，我们一家人都和周恩来总理很亲近。记得 1970 年的时候，周恩来总理邀请我们一家人在人民大会堂吃饭，当时我就坐在他的左手边。我不到一岁就来到中国，先学的中文，后学的西班牙语，中文就好像我的母语一样，所以当时我就给父亲和周总理当翻译。周总理和父亲聊完后，忽然转过头问我："和平，你最近都在干什么呢？"我回答说我正在智利学医。他就问我对中医针灸有没有兴趣，我说我很感兴趣。于是他就邀请我在中国学习针灸。这也使我成为第一个在中国学习针灸的智利女性。20世纪80年代，我在智利开办了针灸诊所，因为我是万徒勒里的女儿，所以诊所吸引了很多智利政治家前来诊疗，智利媒体也因此进行了大篇幅的报道。

周总理对我们一家人非常关心和照顾，智利发生军事政变后，周总理特别担心我们的安全，还专门派人到处打听我们的下落。周总理去世的时候，我们一家人已经移居瑞士，我父亲就带着我到瑞士的中国大使馆为周总理哀悼。

杨探骊：您是最早在智利宣传和推广中医针灸的当地人，您父亲也有接受过针灸治疗，现在针灸疗法在智利的发展如何？

和平·万徒勒里：父亲生前一直受肺结核的困扰，1980年的时候，父亲住在瑞士，病情恶化，已经快不行了。我就特别坚定地跟他说要用针灸疗法试一试。后来在我们的请求下，中国专门派出了针灸专家来到瑞士为父亲会诊，经过治疗，父亲的病情有了很大的好转，生命也得到延续。还有一次是我亲自对父亲进行针灸治疗，再次挽救了他的生命。再之后，父亲就回到中国养病了，直到1988年病逝。

在智利，最开始是有一些中国移民开办了针灸诊所，但他们都是没有资质的。智利的一些医学院甚至把针灸定义为是"巫术"。但是一些思想开明的人渐渐改变了这样的状况，特别是智利卫生部和中国合作，组织了一些在针灸方面的交流和培训。我自己也会参加这些培训，了解针灸疗法的最新动向。这些培训学费还挺贵的，最早都是一些经济条件殷实的男性医师专程赴中国参加。现在针灸课程越来越普及了，在智利也有培训项目。

针灸在智利已经成为一种被认可的辅助医疗手段。智利有专门的针灸管理委员会，他们制定了针灸的从业标准，会对培训及考核合格的人颁发针灸执照。

杨探骊：我留意到您家里摆放了很多应该是从中国带回来的纪念品。

和平·万徒勒里：是的，这个是我从北京带回来的铜锅火锅，老北京涮羊肉是真好吃啊。所以我特意把这个锅带回来放在家里当装饰品。还有这个手榴弹，当然它肯定是不会爆炸了，这是我在北京上学的时候，老师发给我们练习用的。当时的时局，大家也不上课了，都被拉去训练要上战场，支援越南战争。我那时候还是小孩儿，练习扔手榴弹很起劲，父亲看我这样不学习一天到晚要上战场还挺生气的。

杨探骊：您家墙上的这幅画也很有意思，看起来是一个中国小姑娘。

和平·万徒勒里：这是父亲笔下的我。您看我这两个扎着蝴蝶结的小辫子，是我母亲给我扎的。我手里拿着的是老北京的玩具，现在在北京应该很难再看到了。

杨探骊：您经常是以中国小姑娘的打扮出现在您父亲的

万徒勒里笔下的女儿和平

画作当中，其实您父亲的其他绘画作品当中中国元素也是非常多。

和平·万徒勒里：1955年的时候，父亲在北京民族文化宫举办过一次艺术展，当时他的现实表现主义给中国绘画界带来很大的震撼。他也是首位在民族文化宫举办展览的外国艺术家。之后，父亲在中国生活的过程中，也受到了中国水墨画的感染。中国水墨画的绘画技巧以及中国的景观和人物，在他之后的创作当中也留下了印记。我前面说过，冬天北京很冷的时候，为了照顾父亲的肺结核病，我们会到中国南方去住一段时间。那时候，父亲以南方风景为主题创作了很多画作，比如有一幅画的是庐山，那是我们住所窗外的景色，就是一幅中国水墨画。父亲和中国著名画家齐白石、李可染等都是好朋友，在创作当中也受到了他们的影响。因为当时我还小，他们很多具体的交往细节我都不记得了。但是有一件事很有意思，齐白石送过父亲一件礼物，是女生用来画睫毛的刷子，还是鼠毛做的呢。

杨探骊：从1955年至今，您父亲的作品多次在中国展出，而且似乎每一次都有特殊的意义。

万徒勒里作品《庐山》

万徒勒里作品《长江》

和平·万徒勒里：1995 年，当时的智利总统爱德华多·弗雷访华，我父亲的画展同时在北京的美术馆举办；2005 年，为庆祝中国与智利建交 35 周年，父亲的画展再次在北京开展。可以说每一次展览其实都是中智两国友谊发展的见证。

杨探骊：最近一次是在 2016 年，这次展览您有什么不一样的感受吗？

和平·万徒勒里：2016 年，何塞·万徒勒里作品展在北京、上海和南京

万徒勒里作品《茶礼》

2016年万徒勒里中国巡回展（红衣为万徒勒里孙女玛尔娃和曾孙女微雷塔）

三个城市举办。我的女儿玛尔娃，也是万徒勒里基金会的副主席策划并亲自到中国三地参加了展览。对，还带上了我的外孙女微雷塔。微雷塔已经能说上几句简单的中文了。从我父亲到我的女儿、外孙女，我们一家四代人都在为中智的交往努力着，从未间断。

万徒勒里基金会为巡展准备了40件父亲的作品，包括他在智利和瑞士期间创作的25幅绘画，以及20世纪五六十年代他在中国创作的15幅素描、水彩和版画。从很多画作中你都可以感受到父亲从中国艺术传统中受到的影响，包括中国绘画技巧的运动，还有对中国文化特征的一些解读。

值得一提的是，巡展北京站是在中央美术学院美术馆举办的，这也有特殊的意义，因为父亲曾在中央美术学院任教。父亲当年的学生也来参加了展览。在开幕式活动当中，在中央美院还举办了一场研讨会。很多中国艺术领域和学术领域的著名人士还有中央美术学院的教员都参加了，他们一起回顾了父亲和中国的故事。

杨探骊：今年 APEC 会议将在智利举办，万徒勒里基金会是否也会参加相关活动？

和平·万徒勒里：其实最近我们非常忙碌，就是为了准备迎接在智利举办的 APEC 会议。万徒勒里基金会正在中国驻智利大使馆的协助下，策划中国艺术家冯少协与何塞·万徒勒里的共展。这场展览一方面是欢迎中国国家领导人来智利参加会议，另一方面也是为了庆祝中国与智利几十年来的友好往来。

展览将在智利最重要的文化中心加夫列拉·米斯特拉尔文化中心举办，从11月15号一直到12月22号。我们基金会准备了40幅作品参加展览，很多都是万徒勒里在中国期间创作的，从这些作品中，可以看到他的艺术创作如何受到了中国传统的影响。

六 一个有颗中国心的巴西人

口述人：[巴西]卡洛斯·塔瓦雷斯
采访人：乔建珍
时　间：2018年1月23日
地　点：里约热内卢卡洛斯·塔瓦雷斯家中

卡洛斯·塔瓦雷斯，是巴西著名记者、国际贸易专家和中国问题专家，关注中国近五十年，见证了近半个世纪中巴两国关系的发展。塔瓦雷斯自1971年发表第一篇介绍中国的文章《中国的对外贸易》以来，在三十余年中已撰写有关中国的文章五百余篇，全面、系统地向巴西读者介绍中国的情况。出版了8部关于中国的专著，如《中国：需要了解什么》。他在巴西最大和最有影响的报纸《环球报》开辟专栏，其中发表的绝大部分文章都与中国有关。目前，塔瓦雷斯年事已高，但仍在孜孜不倦地研究和了解中国。他每天都要用两小时的时间阅读新华社的新闻及其他介绍中国现状的文章。

采访人：塔瓦雷斯先生，我们在做一个中拉人文交流口述史的项目。希望您能跟我们聊聊您和中国之间的故事。您是从何时开始对中国感兴趣的？

塔瓦雷斯：我最早知道中国是在20世纪70年代。当我从美国商务部的一份官方杂志上，看到美国商务部对中国的评价很高，因此我就对中国产生了很浓的兴趣，非常非常浓厚的兴趣。随后美国政府邀请我赴美访问。我也去访问了美国商务部。令人吃惊的是，那里有整整一层楼都是关于中国研究的部门，看得出他们对中国的发展抱有足够的信心。美国商务部负责人跟我说，尽管当时的中国只是一个处于上升中的大国，但21世纪的中国一定会是世界第一大国。

那次美国之行给我留下了极其深刻的印象。作为记者，回到巴西后我也做了一个关于那次美国之行的报道。在美期间，我看到了美国人对中国研究的专注程度以及对中国表现出来的尊重。这点让我十分难忘，因此我开始阅读有关中国的杂志和书籍。美国官方也给我寄来了有关中国的杂志。那还是1971年，中美是在此之后的1979年才建交的。

而当时的巴西政府严禁谈论和中国相关的话题，因为中国是一个社会主义国家。我当时写的报道取材于美国的官方杂志，我将美国官方杂志的内容放在了报道的开头部分。那时候巴西有严格的新闻审查制度，为了逃避审查，我在报道中声明来源。我这样写道："为了让巴西企业家对世界贸易的开放有个清晰概念，我，卡洛斯·塔瓦雷斯，作为巴西商业联合会助理，翻译并编写了下述关于当前与中国交往过程中的一些内容。这些材料来自美国商务部7月份出版的官方杂志。我说这些是为了让你了解在翻译美国官方杂志内容的过程中，有诸多内容引发了我的思考。"确实，我在翻译过程中删减了一些原有内容，增加了新的我要表达的内容。我写的第一篇关于中国的报道《中国的对外贸易》就这么在《环球报》发表了。这篇报道在巴西企业界引起了巨大的轰动，报道中有五页关于中国战略的内容，而所有这一切都是基于美国官方出版的关于中国策略研究的报道。

采访人：您讲的这段经历很有趣。您和中国的缘分居然源于您的一次美国之行。

卡洛斯·塔瓦雷斯与其
1971 年发表的文章《中国
的对外贸易》

塔瓦雷斯：对呀，我在《环球报》上发表了这些内容，但主要内容是来自美国的信息，写明了美国对中国的研究及对中国企业的兴趣。

采访人：您为什么对一个和巴西相隔如此遥远的国度产生如此浓厚的兴趣呢？

塔瓦雷斯：因为中国是世界上人口最多的国家，当时中国的人口达到了8亿。因此我开始研究中国历史，而我对中国的兴趣与日俱增，一发不可收拾。我去过五十多个国家，所到之处也都受到了热烈的欢迎，我去过中国、意大利、荷兰和秘鲁，在这四个国家我受到了非常特别的重视。1976 年我去了巴黎，从 1976 年到 1980 年在那里待了四年。在法国的吉美博物馆和卢浮宫，我见到很多来自中国的文物。对我来说，这些文物代表中国，它们引起了我极大的好奇心。吉美博物馆是一个私人博物馆，门票 5 欧元。那里有很多关于中国的展品，甚至有专门关于北京市的展览，也有很多图片资料。巴黎有许多关于中国的信息，我开始专门做跟中国相关的研究。如果不是专门

卡洛斯·塔瓦雷斯在电脑前
阅读与中国相关的新闻

卡洛斯·塔瓦雷斯（右二）
在北京

研究，你很难了解一个国家。

其实，当时世界范围内已经有很多关于中国的出版物，但在巴西我们却什么也看不到。巴黎有很多，不只是在吉美博物馆里，在一个有关亚洲、有关中国博物馆里也有很多和中国相关的展品。就这样，我在巴黎开始了对中国的学习和研究。当时也有另外一个名叫李约瑟的记者写到了中国，他是英语圈的一个大学问家，著有《中国科学技术史》一书。我们甚至还通过电话。

采访人：您对中国的第一印象是什么？

塔瓦雷斯：第一印象就是好奇，对中国几千年的历史感到十分好奇。然后我就开始学习研究中国历史。今天，我敢说我通晓中国历史。我是在里约从商业领域开始了解中国，而到了巴黎则是通过博物馆更多地了解中国的文化和历史，因为那里有很多的博物馆。自此之后我开始购买和中国相关的书籍，我收藏了很多关于中国、中国文化的图书。

采访人：那当时巴西民众对中国的兴趣如何？巴西民众对中国的了解又有几何？

塔瓦雷斯：在巴西企业界我接触最多的是企业家奥拉西奥·科因布拉。他是第一个和中国做生意的巴西企业家，当时主要是做咖啡生意，我给他帮了很多忙。1971 年他去了中国，我十分关注他当时在中国的情况。后来我们成了好朋友，因为他对中国产生了浓厚的兴趣，而且认为中国会成为巴西的一个巨大市场。当时他是企业家，而我是个专业人士。鉴于中国的人口总量，当时我很快就意识到并坚信，中国一定会是巴西食品领域的巨大商品进口国，比如在咖啡、玉米、蔗糖等原材料领域，这些都是我有研究兴趣的领域。我因为工作关系认识了很多企业家，又通过这些企业家和中国的业务，继续了解一些相关的信息。

采访人：您跟中国人的第一次直接接触源于何时？

塔瓦雷斯：1972 年一个中国代表团来巴西，当时我参与了接待工作。20世纪 70 年代中国和巴西还没有建立外交关系，我协助中国代表团完成了在巴西的整个访问过程。我和中国人的直接接触就这么开始了。

采访人：那通过这次接触，您对他们印象如何呢？

塔瓦雷斯：通过此次接触，我对中国人产生了很好的印象，中国人十分敬业。因为我是巴西商业联合会的助理，接触过很多其他国家的人，如来自美国、法国、德国、意大利等，但中国人的敬业精神、中国人的良好教养给我留下了非常深刻的印象。我开始意识到相比而言，中国人非常友善、有教养。我对中国文化的兴趣就更浓了，通过读书，我发现中国是世界上最古老的国家之一，有五千多年的历史，我开始阅读中国历史，研究中国文明。因此时至今日，我通晓中国历史，知道中国人在公元前 3000 年就开始注重学习。中国有文字记载的历史长达三千年之久。我深深地爱上了中国文化。

采访人：至今为止，您已经从事涉华写作接近半个世纪，您写了很多和中国相关的书籍。在您的印象中，在这段时间里中国最大的变化是什么？

塔瓦雷斯：中国经历了种种变迁，但最近的这次变化令人惊叹。1978 年12 月邓小平在中国共产党十一届三中全会上提出 "从 1979 年起，把全党工作重点转移到社会主义现代化建设上来"。1979 年他出访了美国，在华盛顿将自己在十一届三中全会上的提议向美方进行了陈述，也得到了美方的赞成。最重要的是，邓小平将教育、文化放在头等重要的位置。巴西需要向中国学习的就是要重视教育，巴西人头脑中得有这个意识，巴西治安、贫穷、医疗卫生等一切问题的源头就是没有重视教育。如果重视了教育，巴西贫民窟问题就会有人重视，黄热病也就会得到解决。没有教育的保障，就无法解决巴西的现状。

邓小平提出重视教育，当今的中国已基本消灭了文盲。我一直在跟踪中国这些年的发展。我从新闻中了解到，中国 2017 年的出生人口为 1723 万，中国现在男女比例失衡，男性比女性多出近 3000 万。但中国人很尊重妇女，这也是中国文化的一部分。我真的是热爱中国的文化，觉得邓小平真的是个

卡洛斯·塔瓦雷斯阅读葡文版习近平主席著作，2019 年摄于塔瓦雷斯家中

了不起的人物。现在的领导人习近平也是位非常了不起的领导人，我也有他的《习近平谈治国理政》一书的葡文版，为了解他的治国理念，我随时翻阅这本书。我们要了解中国各领域的变迁，尤其是教育和市场的变化。中国真是让我着迷。

采访人：那同样在这段时间里，中巴关系的变化又是怎样的呢？

塔瓦雷斯：谈到两国关系的变化，主要是巴西不了解中国，脑子里有一些对亚洲国家的固有概念。20 世纪初，巴西对日本也不太了解。巴西人经常搞不清楚中国和日本的差异，常常混为一谈。以前的巴西根本不了解中国，缺乏对中国的基本认知。大学里，老师、专家讲课谈的更多的是中国台湾，他们把台湾地区和中国内地看成是分割开的两部分。说到台湾地区，巴西文字中更多是用葡萄牙语 "Formosa（福尔摩沙）" 一词来称呼，这也是我最大的担忧。其实时至今日，巴西对中国的了解也不是很多，而且对中国还是有些偏见的，主要是缺乏对中国的政治、宗教、文化等方面的了解。巴西人总觉得中国和苏联一样是个共产主义国家，而这种印象还继续深深地印在巴西人的头脑中。宗教也是如此，巴西人很多有宗教信仰，有很多自己的观点。因此，得向巴西人民解释有关中国的种种，这是我面临的巨大挑战。我要努力宣传中国，让巴西人明白中国到底是什么样的。

采访人：您认为这些年的中巴关系有很大变化吗？

塔瓦雷斯：毫无疑问，有变化，且变化很大。中国驻巴西使馆的外交官都非常敬业，如陈笃庆大使。他担任过里约总领事，后来到巴西利亚担任中国驻巴西大使。他在巴西13年，做大使3年，在很努力地宣传中国，扩大中国的影响力，这不仅对中国有利，也对中巴关系的改善起到了非常好的作用。后来的李金章大使通过各种讲座等活动，也大大地促进了中国形象在巴西的传播。中巴关系在日渐好转中，尤其是在经济领域。目前中国已经是巴西最大的贸易伙伴，也是最大的投资国。

采访人：您被称为"一个有颗中国心的巴西人"。对您而言，"中国心"

卡洛斯·塔瓦雷斯（右二）
与时任中国驻巴西大使陈
笃庆

有着怎样的内涵？

塔瓦雷斯：这个比喻其实不是我说的，是有一次我做有关中国题目的讲座时一位中国记者对我的赞誉，说我是"一个有颗中国心的巴西人"。然后这个称号就传开了，我也就欣然接受了。在巴西，这一表述的内涵远不止是友谊，更是一种特殊的爱 A。我对中国真的是这种感情，中国的历史、中国所展示出来的人性、中国的农场、中国的纸和各种金器皿，都让我着迷，我们应该感恩中国。

采访人：除了以上所谈，我们很想进一步了解您作为记者的职业经历，能再和我们谈谈您关于中国的早期报道吗？

塔瓦雷斯：我是《环球报》的经济顾问，所以我的报道大多都是跟经济相关的。我第一次作为记者去中国前，当时《环球报》的老板问了我一个问题："你觉得中国对巴西很重要吗？"我当时的回答是"中国对巴西很重要。"接着他跟我说"好，我负责你去中国的机票。"因此，我分别于 1990 年和 1992 年两次赴华。我对中国的报道在巴西引起了巨大反响。当时我就知道，中国对巴西极其重要。中国的土地只有 9% 可用于耕种 B，是一个粮食进口大国，而巴西则是粮食出口大国，二者之间应该是个完美的"联姻"。所以显而易见，中巴关系非常重要。

采访人：我们是否可以认为这篇报道是巴西主流媒体的第一篇有关中国的直接报道？

A　正式采访前，塔瓦雷斯先生对我们说，他现在每天坚持阅读和中国相关的文章，每天至少有两个小时在电脑上阅读人民网、新华社、中国国际广播电台的有关报道。采访结束后，他向我们展示了当天正在电脑上阅读的有关"第十九届全国人民代表大会"的新闻。
B　中国耕地面积占国土面积的 12% 左右——编者注

塔瓦雷斯：对，确实是第一篇报道，因为当时在巴西没有人了解中国，巴西人脑子里有的只是一些对中国的偏见。

采访人：这篇报道对于当时的巴西社会和知识阶层产生了怎样的影响？

塔瓦雷斯：我不敢说产生了巨大影响，但是至少引起了巴西人对中国经济发展的巨大兴趣。巴西商业联合会是个官方组织，也是个在运行中的企业组织，因为用到的一些数据都来自美国，这就极大地增加了报道在巴西的可信度。

采访人：我注意到，您不愿意被称作 correspondente。那 jornalista 和 correspondente 有什么区别呢？

塔瓦雷斯：correspondente 指的是在海外代表所在媒体的常驻记者；我当过记者，但不属于海外常驻记者。

采访人：作为国内记者，您在近半个世纪前选择以中国作为主要报道领域，是出于怎样的一种考量？

塔瓦雷斯：这是一个很有趣的问题。对年轻人来说这是个值得考虑的建议。我的学习研究中涉及好几个重要国家，但我们只能真正搞明白一个领域，而不可能精通多个领域。因此，我选择专注做和中国相关的研究，因为中国对我的祖国很重要。此外，我喜欢中国人民，所以我选择专注中国研究。迄今为止，我坚持每天去研究中国，了解相关的知识，因为中国国土辽阔，历史悠久，我不可能在研究中国的同时再去研究美国、德国等其他国家。其实非常巧合的是中国对巴西很重要，而中国人民热情善良，这点我说过很多次了。我现在有很多中国朋友，比如中国国际广播电台葡语部的负责人。其实重要的是我们得学有所长。我读过很多国家的历史，但最痴迷的还是中国历史。我是中国问题专家，因为那是我所专注去做的。

采访人：那您能否谈谈在这几十年里，作为专业记者和中国问题专家，您对于中国的兴趣集中在哪些领域？

塔瓦雷斯：作为专业记者和中国问题专家，我确实耕耘了很多年。我从1971年开始，专注做中国研究，将近五十年。刚开始时我是做经济研究，研究中国政府的态度，以及那个阶段周恩来、邓小平表现出来的姿态。但为了更好地了解中国人民，我开始认真研究起中国文化。

采访人：我们都知道至今为止，您依然保持着关于中国问题的研究和写作。在您看来，对于您和巴西社会最重要的、有关中国的作品有哪些呢？

塔瓦雷斯：说到这个，对我和巴西最重要的，我觉得是孔子的书，因为孔子专注于教育。

确实，至今为止，我依然保持着对中国问题的研究和写作。在我所写的十几本书中，我觉得最重要的是我写的第一本书——《中国的觉醒》，这是关于我第一次赴华之旅的书。此外，我觉得《人类之根》也是很重要的一部作品。你看，我的书架上有很多我写的有关中国的书。

采访人：在您众多作品中，哪本书对巴西社会影响最大呢？

塔瓦雷斯：对巴西社会影响最大的应该是《中国的觉醒》吧。但我最近写的一本书也挺有影响的，那就是《中国：新世纪的超级强国》。还有这本《中国：世界的领导者》，讲的是邓小平。

采访人：我们知道，作为记者，您获得过许多奖状和奖章。其中有哪几次是与涉华报道相关？您能否给我们讲述一下相关的故事呢？

塔瓦雷斯：其实获奖一事我不太爱说，都是一些外交研讨头衔。我获得过很多不同国家授予的奖，例如获得过中国拉丁美洲友好协会颁发的"中拉友谊奖章"、圣保罗商会颁发的奖章和里约中巴商会授予的奖项。

采访人：能跟我们分享一下其中的一些故事吗？

塔瓦雷斯：其实我从未写过我获奖的事，我觉得是水到渠成，再自然不过的事情。我也确实获得了一些很有分量的奖，其中有来自法国、意大利、荷兰等国的，当然作为中国人民的老朋友，我在两国商业交往领域也做了些贡献，获得了一些奖[A]。

采访人：作为巴西中国报道领域最权威的媒体人，您对于中巴关系发展

2010 年卡洛斯·塔瓦雷斯获"中拉友谊奖"

2018 年卡洛斯·塔瓦雷斯获"中巴友谊证书"

A　正式采访前，塔瓦雷斯先生给我们看了他获得的各种奖项，其中有 2010 年 6 月 24 日全国人大常委会副委员长成思危签发的中拉友好协会颁发给他的表彰证书和奖章，内容如下：卡洛斯·塔瓦雷斯先生：您为中国和拉丁美洲友好事业做出了杰出贡献，特授予"中拉友谊奖"。此外，还有一封当时中国驻里约总领事李绍玉签字的通知获奖的公函。

的历史、现状和未来走势有着怎样的判断和期待呢?

塔瓦雷斯:在卢拉总统 2009 年、2012 年访华期间,我有幸随团到了北京。现在随着中国成为巴西最大的贸易伙伴、最大的投资国,两国商业关系得到了极大的巩固。重要的是,中国、中国人民关注巴西,不是关注巴西的政治和宗教,而是关注巴西人民。尽管迪尔玛遭到弹劾,中国也一如既往地和巴西保持友好关系,甚至还增加了从巴西的进口、增加了在巴西投资。所以我坚信,中巴关系会继续友好下去。

采访人:那您对中巴关系的未来有何期待呢?

塔瓦雷斯:未来两国关系会越来越牢固,主要原因是中资企业积极参与了巴西的基础设施建设,无论是港口建设还是地铁、铁路建设,中国都积极地参与其中,做出了贡献。我认为,未来中国在基础设施领域的参与规模会继续增加。对此,我们不会有任何损失的。

采访人:最后一个问题,巴西人对中国有哪些批评意见,您本人怎样看待这些批评意见?

塔瓦雷斯:其实巴西对中国的偏见还是存在的。偏见是基于无知,因为不了解,所以会有偏见,但这种偏见在逐渐减少、消失。巴西人对中国的了解多增加一分,对中国的偏见就会减少一点。这一点对巴西来说很重要。有一些巴西人,比如我,这些年一直到各个地方、各种场合义务去做一些有关中国的讲座,因为我希望帮助宣传中国,让巴西人了解真实的中国,这也很重要。我明白,随着我在会议、讲座中的答疑解惑,这些偏见在日渐消失。巴西是个宗教国家,巴西人慢慢开始知道,中国信奉天主教的人并不多。巴西人对共产主义的偏见其实是源自苏联,但现在这些好像跟我们关系不大了。如今，大家对社会主义已经没有了原来的偏见，对中国的了解在不断增加。相对而言，无论是政治还是宗教方面，巴西对中国的了解还不是那么多，但我们在越来越多地了解中国。对我来说，这也是一种挑战，我热切地期待着巴西对中国增加了解，因为巴西只有做到这一点，进而提高教育质量才能往前发展。孔子思想的一个主要理念就是教育，而邓小平也很重视教育。巴西人民如果不学习、不了解中国文化，巴西就不可能进步。我们现在正在努力改变。

采访人：非常感谢回答我们的问题。

塔瓦雷斯：喜欢我的回答吗?

采访人：很享受跟您的这次谈话。很希望能有机会再跟您聊，很希望知道更多您与中国的故事。

塔瓦雷斯：我非常感动，非常兴奋，因为很多人不了解我对中国的挚爱。

2019 年采访人乔建珍为卡洛斯·塔瓦雷斯（右一）庆祝 95 周岁生日

我跟你说个你可能不相信的事吧：我结过两次婚，两任夫人都非常好，第二任夫人过世后，我目前独身一人。我有一些财产，但我没有子孙。因此，我在遗嘱中写明将一半的财产留给中国。其实我大约有10万雷亚尔吧，希望通过中国大使馆将5万雷亚尔留给孔子学院，这是我财产的一半。这个遗嘱是2011年公证过的。我把从1964年在巴西银行接收工资的账户，通过联邦司法公证，将其中50%的经费用于在里约创建一个中巴中心。现在有了孔子学院，这50%通过中国驻巴西使馆捐给里约孔子学院。

采访手记

和卡洛斯·塔瓦雷斯先生相识是我来里约孔子学院工作后不久。为庆祝孔子学院第一个生日，我们举办了"中国文化周"活动，邀请了几位热爱中国、热爱中国文化的巴西学者和在巴西访问的中国学者做了几场讲座。年近90岁高龄的塔瓦雷斯先生欣然接受了我们的邀请，为孔院师生献上了一场生动的讲座，之后还签名赠书。虽然我与他刚认识不久，但被老人家对中国的挚爱所感动。

之后，老人家曾找到使馆，提出希望将其毕生所藏捐赠给孔子学院，前提是孔院有独立的空间收藏。可惜这个我们一直未能做到。2016年，孔子学院四周年时我们再次邀请塔瓦雷斯先生来做讲座。他爽快地答应，并申明不要讲课费。

2017年，当我们开始计划做中拉人文口述史项目，寻找巴西部分人选时，经过各种考虑后，他在我们的单子上名列采访对象第一人。给他发去邮件后，他很快便给了肯定的回复。在塔瓦雷斯先生的家里，他很自豪地向我们一一介绍每一件来自中国的物品。他自己身上从鞋子、裤子到上衣无不来自中国，书架上摆满有关中国的书籍，打开的电脑上红红的第十九届全国人民代表大会的葡语报道。这位老人身上处处透着一种中国情怀。

（乔建珍）

七 我这一辈子：心系拉美，一往无前

口述人：徐世澄
采访人：万 戴
日 期：2019 年 1 月 23 日
地 点：中国社会科学院拉丁美洲研究所

  徐世澄是中国社会科学院荣誉学部委员、拉丁美洲研究所研究员，察哈尔学会国际咨询委员会委员、拉丁美洲研究中心主任。他从事拉美研究半个多世纪，拉美情结始于 1960 年在北京大学西班牙语系学习西班牙语，后曾在古巴哈瓦那大学留学。他曾三次下放劳动，曾被派到中国驻阿尔巴尼亚使馆做联络工作。中国社科院拉美所恢复后，他先后担任拉美所南美研究室、拉美经济和国际关系研究室主任，科研处处长，副所长等职，并参与创建中国拉丁美洲学会。他的著述甚多，涉及面广，包括拉美政治、经济、社会、文化、国际关系和古巴、墨西哥、委内瑞拉等国别研究等。他虽然已退休多年，但仍笔耕不辍，积极参加与拉美和中拉关系相关的研讨会和活动，并认真向拉美的友人和官员宣讲中国的方针政策。

  采访人：您是中国最早几批学习西班牙语且从事拉美研究的学者之一，而且您当时还是北京大学定向培养的学生。您是在什么背景下学习这门陌生的语言的？又是怎样走上拉美研究道路的呢？

徐世澄：1959 年我在上海高中毕业后，首先被选送到留苏预备部，准备派往苏联留学。当时我们这一批准备派往苏联学习文科专业的学生，主要目的是学习外语，学习国内没有开设的外语语种。1960 年，由于中苏关系恶化，苏联削减了我们的公派留学生名额。当时我们五百多人，最后顺利成行赴苏联留学的大约有十分之一，五六十个人。我们没有成行的文科学生，当时基本是被中国科学院的哲学社会科学学部（今中国社会科学院）定向培养了。我没去成苏联，被组织上分配到北京大学学习西班牙语。当时北大刚刚开设西班牙语，是第一个班。还有几个人留在了北京外国语学院（今北京外国语大学）西班牙语系学习，像中联部现已退休的游长江。我和苏振兴（后任中国社会科学院拉丁美洲研究所所长）、石瑞元一起被分到了北大。第二年，即 1961 年，拉美所成立，我们被告知就算作中国科学院哲学社会科学部在北大的代培生，从北大完成学习后会到中国科学院下辖的哲学社会科学部拉美所工作。

在北大的学习条件还是比较艰苦的。20 世纪 60 年代初，学习条件跟现在没法比。第一，头两年没有西班牙语字典，也没什么课外读物。当时北大西语系只有一本西班牙语的杂志《中国建设》（后更名为《今日中国》），放在教师阅览室。那时候一般学生还不让进，我都想办法到教师阅览室去看《中国建设》。另外，当时教师阅览室有一本日本出版的西日字典。尽管我不懂日文，但日本不是有好多汉字嘛，所以我就看看字典里的一些西班牙语短语。到了第三年国内才出了第一本西汉字典，是由周恩来总理题词的西汉字典。当时个人也没有录音机，西方语言文学系有个录音室，老式的磁带录音，系里各班轮流去录音室听录音。我们也是到了三年级才有的外教。我的西班牙语启蒙老师是一位菲律宾华侨，叫周素莲。周老师是厦门大学英语系毕业的。菲律宾原来是西班牙殖民地，所以她懂一点西班牙语，就教我们西班牙语发音。后来教我们西班牙语语法的是两个原来教法语的老师，他们一边在北外听西班牙语课，一边教我们。我们就是这么个学习条件。

到了三年级（或者二年级下学期），来了一些拉美的外教，有阿根廷的，巴拉圭的，后来还有乌拉圭的。所以当时我们开玩笑，我们班上18个同学，有18种发音。我当时是班长，记得二年级还是三年级的时候，我们跟北外同一届的西班牙语班联欢，就是沈根发和盛力所在的那个班，盛力是学习委员，沈根发好像是生活委员。好在我们班上有几个还是有文艺天赋的，像吕龙根会弹吉他，还有的同学会唱西班牙语歌。实际上，从某种意义上来讲这次联欢也是一个比赛，就是看是北大的教学质量好，还是北外的教学质量好。我记得当时印象最深的是盛力，她西班牙语很流利，讲了一番话，具体什么内容记不得了。我代表我们北大的班讲了几句。

1964年1月，我被中国科学院通过教育部作为公派留学生派到古巴留学。当我去古巴留学的时候，我就知道回来以后我就要搞拉美研究了。20世纪60年代，非洲的民族解放运动风起云涌，而我们对非洲缺乏了解。当时非洲国家一个接一个和我们中国建交，尤其是1956年周总理参加万隆会议后，有好多取得独立的非洲国家寻求与中国建交。当时毛主席有一个批示说，需要建立一个非洲研究所。而拉丁美洲和加勒比地区的古巴则是到1959年革命胜利之后的1960年和我们建交的。我们几个之所以会被分配到北大去学习西班牙语，也是因为古巴革命的胜利，需要懂西班牙语的干部、翻译和研究古巴和拉美的研究人员。根据毛主席的批示，我们既要研究非洲，也要覆盖整个亚非拉，于是中国科学院同时成立了拉美所、西亚非洲研究所、苏联东欧研究所、东南亚研究所。这四个所均属于中国科学院哲学社会科学部。到了1964年5月，我去古巴留学后不久，拉美所一位副所长王箴西到古巴访问。他告诉我，拉美所和其他三个地区研究所被划归中共中央对外联络部了。

我在古巴学习的目的比较明确，选修课程时，也比较有针对性。第一年，首先要提高自己的西班牙语水平。尽管我在北大已经学习了将近四年，但是提高西班牙语依然是我的主要任务。因为我将来要从事拉美研究，所以第一年我除了选修西班牙语课程之外，还选了与古巴有关的所有课程，如古巴外交、古巴历史、古巴文学甚至古巴地理等。第二年我主要选的是与西班牙有关的课程，因为了解拉美，必须先了解西班牙。我选了西班牙历史、西班牙文学等课程。第三年我选了与拉美有关的课程，包括拉美历史，由时任古巴外交部副部长开设的课程"拉丁美洲的不发达和殖民主义"，以及拉美政治、拉美文学等，只要是在哈瓦那大学开设的关于拉美的课程，我基本都去听了。当时古巴处于革命胜利初期，好多拉美进步人士在古巴避难。像当时给我们讲拉美古代史和玛雅文明的老师，是1954年阿本斯民主政府时曾任危地马拉外长，也是"美洲之家"的首任主席曼努埃尔·加利奇，20世纪60年代他曾到中国访问过。他的玛雅文明课讲得很生动，因为危地马拉是玛雅文明的发源地之一，这门课给我的印象特别深。此外，给我们讲拉美现代史的老师是当时古巴驻联合国代表，后来历任古巴副外长、古巴外长、古巴全国人大主席的里卡多·阿拉尔孔·德克萨达，现在已经退休了；教我们拉美文学史的是多米尼加一位很有名的女教授，名叫卡米拉·恩利克斯·乌雷妮娅。

我当时是在哈瓦那大学文学和历史学院就读，现在已更名为文学艺术系。和我同一年级的，还有切·格瓦拉的第二任妻子阿莱达·马奇。在哈瓦那大学的三年，我收获很大，我们不光学习书本知识。在古巴三年，每到暑假甘蔗季节（古巴称之为"糖季"，西班牙语是 Zafra）我们就会去砍甘蔗。第一年是在一个小农的农庄帮他砍甘蔗。事实上小农也不小，土地也很多。古巴在土地改革之后，规定小农拥有五个卡瓦耶里亚（古巴土地计量单位，合13.43公顷），加起来有上百亩土地。第二年是在合作社，第三年则是在国

1964年7月，徐世澄在古巴农村砍甘蔗

营农场。当时我还写了一个调研报告，研究古巴土地改革之后土地所有制状况，小农、合作社社员和农场工人的收入情况等。这个报告由中国驻古巴使馆发给教育部，教育部在内部通讯上还刊登了。由于1965年之后中古关系恶化，使馆调研室的同志走不出去。我们下去劳动之前，时任调研室主任、后来曾任驻秘鲁大使的杨迈和我们讲，希望我们帮助使馆进行一个调查、写一个调查报告，来介绍古巴的农村到底怎么样，小农、合作社和国营农场到底是怎么回事。于是我在闲暇时候，就去找古巴的农民、合作社社员、学生等去聊天。

当时的留学生有两批，一批是高中毕业来到古巴留学的，我们称之为"小同学"，单独住在古巴一个区。另外一批包括黄志良大使（他曾给毛主席做过翻译）这样有许多工作经验的同志，还有我们几个刚毕业的大学生。在他们这些老同志帮助下，我们在古巴这些年不仅是学书本，也了解古巴革命，了解古巴农村的情况，进行一些社会调查。1964年古巴与美国关系紧张，我们也和古巴大学生一起进了军营，在古巴西部部队待了三个礼拜，帮忙挖战壕。在古巴革命初期，还有各种各样的声援活动，美洲之家则会请来多位拉美著名作家，每年搞文学比赛，喝着咖啡听报告。那时做报告的有专职作家，也有拉美政界的知名人士，像危地马拉、委内瑞拉等国的游击队司令等。我那时对这些都很感兴趣，常常到美洲之家去听讲座，或者到哪个部去参加会议或活动。

这些会议或活动一般都是通过电视台或报纸发预告，预告哪天晚上有什么活动，欢迎大家参加。我们喜欢参加会议和活动，以增加对古巴和拉美的了解。有一次我跟北外的崔鸿儒老师到工业部，参加声援越南的会，这个会是切·格瓦拉主持的，我跟崔鸿儒坐在后排。会议结束时，格瓦拉以为我们是越南留学生，把我们叫到跟前聊了一会儿。我们说我们是中国学生，他因为两次访问中国，所以对我们很友好，聊了他访问中国的感想。后来我到古巴访问，去一对学者伉俪家做客。这对夫妇是古巴著名的格瓦拉问题专家，他们家像是个格瓦拉博物馆，有好多格瓦拉的画作和书籍。他们和我讲，说虽然他们研究格瓦拉，但因为年龄的关系都没见过格瓦拉。但我却有幸见过格瓦拉本人，所以我在古巴的三年是一段难得的经历。

此外，在我们住的公费生楼里，有很多拉美各国的年轻学生。后来有一些学生到中国访问，我在中国还见过他们。我后来到墨西哥国立自治大学经济研究所，也碰到过当年跟我们住在公费生楼的一个墨西哥留学生。尽管他在古巴的时候跟我不是一个系，虽然不是很熟，但是互相都认识。我刚到墨自大经济所的时候，在楼梯上遇见他时我还叫得出他的名字路易斯，他也感到很高兴。后来在墨西哥我们一直保持着交往。再后来，我在1996年、1997年，以及后来2000年、2001年在墨西哥访学期间，也经常到他家做客，他也经常到我的住所做客。后来他儿子也是大学生了，到北京来，我还陪他儿子去吃饭、参观。我当时在古巴认识的留学生除了拉美的，还有来自非洲的。跟我一个寝室的有一个几内亚的留学生，也有一个来自牙买加的。在古巴的那三年，我二十多岁，我觉得那段经历对我后来一辈子研究拉美打下一个比较好的基础。后来，我也写了好多关于古巴的书。

采访人：您既是中国拉美研究的开拓者，也是见证人。您能给我们讲讲您从事的涉及拉美的外交和研究工作吗？

徐世澄：我是1967年2月回国的。回国后，我被派去陪同西班牙左派访华代表团，陪了四个多月。后来我又被派到广东牛田洋军队农场锻炼。之后从农场又到了位于河南的中联部五七干校，但我待的时间不长，只待了半年。我从河南五七干校回中联部后，被分配到中联部拉美局工作。当时耿飚担任中联部部长。他在任中联部部长之前，在阿尔巴尼亚当过大使，所以了解当地的情况。耿部长说阿尔巴尼亚使馆需要一名懂西班牙语的干部，于是中联部及拉美局领导，就安排我到中国驻阿尔巴尼亚使馆工作。我在中国驻阿尔巴尼亚使馆工作了四年多，从1972年2月一直到1976年7月，在唐山

1975 年，徐世澄在阿尔巴尼亚首都地拉那

大地震的前一天回到家。

　　我的主要工作任务，就是在阿尔巴尼亚接待到阿访问的拉美和西班牙的左派人士。原来使馆没有人会西班牙语，所以有来自西语国家的左派人士造访时，要通过两道翻译，等于要请阿尔巴尼亚劳动党国际部懂西班牙语的翻译陪着他们来，来了以后，把外宾的西班牙语翻成阿语，我们使馆的阿语翻译再给翻译成中文，然后再由大使出面接待。我去了以后，阿尔巴尼亚劳动党接待拉美左派的人士就可以直接到使馆来了，因为有懂西班牙语的翻译。

　　我从阿尔巴尼亚回国后，正好拉美所要筹备恢复。当时因为唐山地震，我们都住在外面的地震棚。拉美所领导王康到地震棚看望我。他告诉我说，你是我们拉美所恢复筹备小组的领导班子成员。1976 年，拉美所正式恢复成立，我成为拉美所的领导班子成员，同时兼南美研究室主任。后来苏振兴从阿根廷使馆回来以后，我们原来的南美研究室（当时还叫南美研究组）一分为二。我负责研究安第斯这几个国家，也可以说是上南美，苏老师负责下南美，阿根廷、巴西、巴拉圭、乌拉圭，所以他是下南美组的组长。后来我又担任拉美经济和国际关系研究室主任，再后来我被调到科研处，1985年被提升为副所长，一直到1995年。1995年我出国，先去了西班牙三个月，后来又到古巴访问；1996年我又到墨西哥进修，1996年、1997年都在墨西哥度过。1997年回国以后，由于工作需要，拉美所恢复了我的副所长职务。

我是当时拉美所到访拉美国家次数和国家比较多的研究员。1998年我又到阿根廷访问了两次，1990年在阿根廷拉美社会科学学院待了三个月。我从事拉美研究，最初是从安第斯国家开始的。后来，我和苏振兴老师等人接受了中国人民大学李春辉教授的请求。李春辉教授写了一部拉丁美洲历史，但是只写到二战后拉美民族解放运动前后。后来他希望我们能够写拉美的现代史。随后，由李春辉挂帅，加上苏振兴和我，我们三个人主编了《拉丁美洲史稿》的现代部分，现在成为《拉丁美洲史稿》的第二册，第二册一共分两本。当时，我在这个书里写了安第斯四个国家，后来又加上了尼加拉瓜，写了五个国家的现代史。

1979年，我跟随中国人民对外友好协会代表团访问了哥伦比亚、墨西哥和委内瑞拉，当时哥伦比亚还没有和中国建交。在这次访问中，给我印象最深的是访问哥伦比亚的三周。哥伦比亚的哥中友协在推动两国建交方面起了很大的作用。时任哥伦比亚总统胡利奥·塞萨尔·图尔瓦伊·阿亚拉接见了我们代表团。我当时问总统，哥伦比亚准备什么时候跟中国建交？总统也是半开玩笑、半正式地说，等你们中国购买我们哥伦比亚的咖啡，我们就和中国建交。我们友协代表团访问哥伦比亚后半年，即1980年，总统兑现了他的承诺：哥伦比亚跟中国建交，而我们中国也开始购买哥伦比亚的咖啡。你看现在北京的星巴克、超市里都有哥伦比亚咖啡。当然，现在除了哥伦比亚咖啡还有巴西的咖啡，还有中美洲如萨尔瓦多的和别的拉美国家的咖啡。

我们是改革开放以后对外友协第一个访问拉美的代表团。因此，我回国后，应约在《中国建设》西班牙文版上写了一篇《拉美三国访问记》，这是该杂志第一篇西班牙文专稿。自1979年开始，《中国建设》开辟了一个针对拉美读者的专栏。这个专栏的内容不再是所有外文版统一使用的稿件，而是专门面向拉美读者撰写的文章。我写的《拉美三国访问记》就是这个栏目的第一篇，后来每年也陆陆续续在这本杂志上发表一两篇文章。

我在拉美所担任安第斯研究室主任期间，主要是研究安第斯国家。我当时写了《安第斯条约组织》。因为我在秘鲁访问的时候，曾到安第斯条约组织（现在叫安第斯共同体）访问。我可能是到访安第斯条约组织的第一个中国人，他们还专门在刊物上发布了有关我访问的报道。我撰写了一些有关安第斯条约组织的文章，还写了安第斯四个国家的历史。同时，我还写了其他一些有关安第斯国家的文章，比方说智利为什么退出安第斯条约组织，还有玻利维亚的出海口问题等。

后来我调到经济室。20世纪80年代初拉美爆发债务危机，所以我专门研究80年代债务危机和拉美经济问题。我当时购买了很多专业书籍。我在大学不是学经济专业的，所以我觉得应该补补课，特别是关于西方的一些经济理论的书，包括美国人萨缪尔森写的《经济学》等。另外还有国际关系，因为我所在的研究室全称是经济和国际关系研究室。就这样，我对拉美的研究开始延伸至多个领域。

1981年起，拉美所划归中国社会科学院领导，主要搞学术研究。当时，国内已经成立了一个西班牙、葡萄牙、拉丁美洲文学研究会，还成立了一个拉丁美洲历史研究会。因此，我和苏振兴也酝酿成立中国拉丁美洲学会。后来组织上让我从经济研究室主任到科研处当处长。在科研处的工作也是很杂，当然主要任务是协助所长抓所的科研工作；另外负责外事，就是出国访问、接待等工作。还有一个任务就是筹备成立中国拉丁美洲学会。因为拉丁美洲学会不光是我们拉美所本身，还需要协调我们国内其他一些搞拉美研究的机构，所以当时开始筹备，也做了不少工作。

当时，关于邀请谁出任拉丁美洲学会会长也费了不少周折。一开始想请原外交部国际问题研究所（现在叫国际问题研究院）所长、原驻阿根廷大使郑为之出任，但他没有接受。后来我们又到外交部干部司，干部司推荐了原驻古巴大使张德群。当时他同意我们通过外交部干部司聘他为新成立的中国拉丁美洲学会的会长。从筹备到成立拉丁美洲学会我做了一些工作。1984年，中国拉美学会成立以后，所做的工作对推动全国拉丁美洲研究还是起了一定的作用。我也参加了其他几个学会的活动，包括西葡拉美文学会和拉美史研究会的活动，后来也被推荐为拉美史学会的副会长，现在是顾问了。直到我退休前，我一直是中国拉美学会的秘书长。拉美学会也接待拉美的外宾，其中比较重要的外宾，除了用拉美所的名义，也会用拉美学会的名义，像古巴外长、乌拉圭副总统等。我们也组织了不少重要活动，组织研讨何塞·卡洛斯·马里亚特吉思想的会议，组织声援古巴革命的研讨会等。

中国拉美学会的成立也推动了拉美所跟我们国内学术界，包括大学、外交部、中联部、现代院等其他拉美研究同行的联系。

我在拉美所的研究也可以分成几个阶段：一开始是搞安第斯国家研究，后来又研究拉美经济，再之后我到了科研处。我也开始关注世界各国研究拉美的机构，我注意拉美研究在欧洲、亚洲的成长。我通过研究这些机构的背景、活动的场所、一年活动的频次、成员有多少人等，了解了全世界各国研究拉美机构的一些情况。

1986年，美国新闻署邀请我到美国访问，我到了美国好几个主要城市，还访问了美洲国家组织、美洲开发银行总部、美国著名的外交学院、约翰·霍普金斯大学高级国际问题研究生院、华盛顿的美国乔治城大学等。我参观了美国国会，跟他们图书馆馆长聊天，了解一下国会图书馆的拉美藏书情况。我拜访了美国一些主要研究拉美的机构，有的在大学，有的在政府部门，也跟美国国务院主管拉美的助理国务卿以及其他六个处的主管拉美小地区的处长进行面对面交谈。出访美国后，我跟所里另外两个同志写了《美拉关系史》，算是出访成果。我个人当时专门写了一本叫《冲撞：古巴卡斯特罗与美国总统》。因为卡斯特罗还健在时，美国已经更换了十个国家领导人，但是菲德尔·卡斯特罗还是稳坐钓鱼台。

1990 年，徐世澄在巴西首都巴西利亚

1990 年，徐世澄在巴西萨尔瓦多市

1990年，徐世澄（右一）于阿根廷首都布宜诺斯艾利斯， 1990年，徐世澄在阿根廷与智利交界处
在杜琴斯基夫妇（1962~1963年任北京大学西班牙语系教
师）家做客

2000年，我再次访问墨西哥。当时我完全辞去了所里的行政职务。我两次去墨西哥，主要成果是写了四本关于墨西哥的书：《列国志·墨西哥》、《墨西哥政治经济改革及模式转换》、《墨西哥革命制度党的兴衰》和《一往无前的墨西哥人》。最后一本是比较通俗性的、介绍墨西哥方方面面情况的书。当然也写了不少关于墨西哥的论文。虽然所里并没有分配我研究墨西哥，我还是对墨西哥问题非常关注。

我也写了好几本书关于古巴的书，有《卡斯特罗评传》，《列国志·古巴》以及前面提到的《冲撞：卡斯特罗与美国总统》。2008年退休那一年我写了《卡斯特罗评传》。当然有的书是退休以后写的，有的是退休以前写的。我正式退休是2008年。2009年我大病一场，做了8次化疗，住了11次院，到现在正好已10年。应该说能够活到现在也不容易，因为一般癌症存活率五年就算最好了，我已经是第十年了。

2011年，我当选为中国社科院的荣誉学部委员。尽管我在职的时候没有分管过委内瑞拉的相关事务，但2011年我写了本《查韦斯传》，由人民出版社出版。委内瑞拉政府对此书的出版很重视，特别是委内瑞拉驻华大使。此后，他们于2015~2018年连续四年邀请我到委内瑞拉访问。

我退休以后，委内瑞拉使馆也找我，让我组织翻译了西蒙·玻利瓦尔的导师西蒙·罗德里格斯的三部主要代表作，后来正式出版了。习主席访问委内瑞拉时候，委内瑞拉总统马杜罗将这三部中西对照的译著作为国家礼物送给习主席。这三本书我翻译了一本，拉美所的宋晓平翻译了一本，还有

2000年8月，徐世澄在上海国际问题研究院参加中国世界民族研究学会研讨会

一本由拉美所的白凤森和世界历史所的郝名玮合译。另外，我还翻译了委内瑞拉统一社会主义党的党纲党章，翻译了他们的五年计划。这几年间，我也写了不少关于委内瑞拉的文章。

2006年卡斯特罗身体抱恙，开始是暂时把权力交给劳尔；后来到了2011年，古共"六大"，卡斯特罗卸任古巴第一书记和国务委员会主席，把权力都交给了劳尔。我写了一本《古巴模式的"更新"与拉美左派的崛起》。还翻译了好几本古巴的书，有的是我一个人翻译的，像《蒙卡达审判》，还有劳尔·卡斯特罗儿子写的《恐怖帝国》；有的是跟宋晓平合译的，像《卡斯特罗：时代游击队员》正好两本，我们一人翻译一本。在这段时间里，我翻译和撰写了许多有关古巴的著作和文章。

另一方面，我还是中国社科院研究生院的博士导师。当时我们拉美系没有教材，刚好赶上研究生院动员各个系的老师写教材，实际上也都是研究人

2011年9月28日，徐世澄（左一）在古巴驻华使馆接受古巴友协主席凯尼亚授予的"国际友谊奖"

员写教材，我写了一本《拉丁美洲政治》的教材，正式出版了。现在这本书是北外、北大考西班牙语研究生的必读书目。我在不当副所长之后到退休的这段时间里，主要是从事拉美政治的研究，包括对拉美左派的研究，当前网上能看到的不少关于拉美左派文章是我写的。我也出了好几本书，一本叫《拉丁美洲思潮》，是国家社科基金项目，还有一本叫《拉丁美洲的社会主义》。我跟拉美所袁东振合作，写了一本《拉丁美洲的政治制度》，是世界知识出版社出版的。我退休后，在浙江外国语学院拉美所当了四年所长。期间，我完成了浙江外国语学院申报的国家社科基金项目"拉丁美洲社会主义理论思潮"课题，出版了相关书籍。

我研究涉及领域比较广，从拉美政治、经济、国际关系到文化。尽管我没真正在社会文化室工作过，但我写过一些拉美文化方面的书。过去国内很少有人研究拉美文化，正好中国社科院原来的副院长汝信牵头组织中国社科院和少数社科院以外的人出了一套"世界文明大系"丛书，1990年由中国社会科学出版社出版。其中有一本是有关拉美的，是我跟世界历史所的郝名玮合写的《拉丁美洲文明》。这可以说是国内比较早的关于拉美文明和文化的书。后来福建教育出版社又出了《拉丁美洲文明》的新版和修改版。应该说，这本书对介绍拉丁美洲文明起到了很好的作用，因为我们国内研究拉美文学的人很多，但是研究拉美文明，包括古代文明和现代文明出的书相对来说很少。原文化部驻拉美使馆的文化参赞王世申写过《秘鲁文化》，原驻巴西的文化参赞写过《巴西文化》。但是比较全面，又比较通俗地介绍整个拉美文明的书还是比较少见的。复旦大学刘文龙也出版过一本有关拉美文明的书。

2017年我还写了本《绚丽多彩的现代拉丁美洲文化》，由云南大学出版社出版。这本书就算是2016年中拉文化交流年的成果吧。严格来讲，不是什么学术著作，没有什么注释，不搞很多学术性比较强的内容，更为通俗、更好普及。这本书去年又修改了一下，和其他五六本介绍世界文明的书一起面世了。这些书将来会是一套丛书，主要面向中学生。

我在北大的时候学的是西班牙语语言文学，但不光是西班牙这个国家，也包括拉美地区等使用西班牙语的国家。我的同学赵德明翻了好多拉美的小说，也写了书，也发表了文学评论的文章；赵振江也翻译了很多西班牙和拉美诗人的作品，最著名的是阿根廷的《马丁·菲耶罗》。我在北大，按理应该研究文学和语言。我对文学也很感兴趣，说来没那么多时间，要研究拉美的现状已经很累，没有更多的时间去翻译文学的作品，但是我还算是业余爱好者。我也是西葡拉美文学会创始会员，参加了文学会在天津召开的第一届年会，也担任过文学会的理事。文学作品我翻译的不多，主要是和毛金里合译了《何塞·马蒂诗文选》。另外严格来讲，我们翻译了《玻利瓦尔文选》。玻利瓦尔是南美解放者，他的文笔也很好。玻利瓦尔的著作可以看作文学作品，也可以看作历史。我们翻译的西蒙·罗德里格斯的书也可以算作文学的一部分。

此外，我还在多所大学授课，特别是在我卸任拉美所副所长之后。我先后在对外经济贸易大学、北京外国语大学和北京语言大学授课，给他们的研究生讲课。最近这几年我的一项主要的任务就到国家行政学院、商务部国际商务官员研修学院、国防大学防务学院、北京国际汉语学院、总工会、友协、发改委、外交学院等高校和机构，给来自拉美的公务员和技术官员讲课，向他们介绍中国。我从"三个代表"、"科学发展观"，一直讲到"中国梦"，习近平新时代的新理念、新思想、新战略。这两年又主要讲"一带一路"，如"一带一路"与拉美、"一带一路"与中国外交、中国的改革开放、中国的宏观经济、中国的教育等。总之，就是给应邀来华的各类拉美官员，包括拉美国会的议员，还有拉美一些技术公司的老总，介绍中国的情况，涵盖政治、经济、社会和文化等。介绍中国、讲中国故事，成了我退休以后的一项主要任务。

采访人：您真可以说是退而不休啊！除了之前提到的研究、翻译、出版和讲学，您还参与中拉各领域的交流工作吧？

徐世澄：退休后我曾担任过一些社会职务，比如欧美同学会拉美分会副会长。徐宜林秘书长到墨西哥使馆工作后，我还兼任了几年拉美分会的秘书长。另外，去年察哈尔学会又聘我当拉美研究中心主任。这么多年，除了讲英语的国家以外，拉美讲西语的国家我基本都访问过，参加了各种各样的研讨会，有经济的，也有文化的有政治的。像2013年到哥伦比亚的塔德奥大学孔子学院参加他们举办的"中国文化周"，做了三场演讲；2015年到哥伦比亚国立大学举办的"中国节"，做了三场讲座；2015年第一次中国—墨西哥研究国际研讨会，我也去参加了。2016年我参加了墨西哥当时民主革命党搞的世界左派会见，主要是拉美和世界左翼政党的会议。在这个会上，我专门发言介绍了中国的改革开放，后来在他们刊物上刊登了这篇演讲。2012年受多米尼加共和国驻华代表吴玫瑰邀请，我在墨西哥开完研讨会，从墨西哥到多米尼加，拜访了多米尼加的全球民主与发展基金会。2012年中国跟多米尼加还没有建交，这个基金会的名誉主席兼创始人是多米尼加前总统莱昂内

2012 年 5 月，徐世澄在多米尼加共和国首都圣多明各"全球民主与发展基金会"做"中国发展模式"讲座，总统费尔南德斯及夫人出席

尔·费尔南德斯。应这个基金会的邀请，我到多米尼加访问了五天，做了五场讲座。其中有两场讲座就在他的基金会做的。当时我去的时候，莱昂内尔还是总统，所以当时总统跟他的夫人接见了我，也听了我的讲座。莱昂内尔总统卸任后，马杜罗邀请他当国际观察员，我也是国际观察员，所以我在委内瑞拉又见到了莱昂内尔前总统。

2017 年 12 月习主席访问秘鲁之后，国际儒联在秘鲁圣马丁大学联合召开了一个中国和拉美文化交流的研讨会。我参加了会议，不仅提交了中文和西班牙文的论文，最后我还和阿根廷的爱德华多·奥维多教授一起，把所有与会的中外学者的论文编成书，在巴塞罗那正式出版。我也应邀在拉美和西班牙的一些刊物上写过一些文章，虽然不是很多，但是每年也发表几篇。西班牙的《先锋报》有一个专刊，2016 年刊登了我写的一篇《"一带一路"与拉丁美洲》。

这就是我最近几年的工作和个人经历，反正拉美研究搞了一辈子了，从 1960 年踏入北大至今，我已经在这个领域快 60 年了。我一个季度写的文章数量相当于一个在职学者一年的工作量乃至更多，所以人家经常对我说："老徐，注意身体啊！"当然，人家都是出于好心。但是对我来说，研究拉美、写关于拉美的文章，并不是一个负担。这些就是我的本职工作，也不是说哪个领导布置什么任务，就像搞自然科学的、研究原子弹的那些老专家，他觉得我活着就是干这个的。

应该说研究拉美，是我毕生的事业，尽管我退休了，但是并没闲着，还在搞拉美研究。所以你看我这几年还是频繁地参加各类学术活动。因为身体原因，今年国外会议邀请我可能就不去了，而国内开会，跑得动的就参加，宣传宣传对拉美的研究。这几年我主要研究古巴、委内瑞拉和墨西哥这三个重点国家，此外就是拉美政治，特别是紧跟拉美发生的事件。如果你关注我的社交媒体，你就能看到，不管是改革或是大选，拉美地区每一天发生的每一件重要的事情我都在持续关注。

总结我从事拉美研究几十年的体会是：从事拉美问题研究，需要的是对

徐世澄在中国社科院拉美所

拉美研究的热忱，对拉美研究魅力的感受和追求。从事拉美研究就像耕种土地一样，谁洒的汗水多，谁的收获也就丰硕。"春蚕到死丝方尽"，我愿意为我所钟爱的拉美研究事业贡献我的余生！

八 两代人镜头里的中国记忆

口述人：[哥伦比亚] 安德烈斯·莫拉

采访人：楼　宇

时　间：2018 年 3 月 24 日

地　点：北京三里屯外交公寓

　　安德烈斯·莫拉，出生于哥伦比亚电视世家，2002 年就读于北京电影学院，自此旅居北京，目前供职于一家影视制作公司。他的父亲埃科托·莫拉（1940~2017）是哥伦比亚著名纪录片导演、制片人兼记者，哥伦比亚各大媒体称其为"那个时代的 google 旅行地图""帮助哥伦比亚睁眼看世界的人"。1977 年至 2001 年，埃科托·莫拉共访问了 107 个国家，拍摄 1250 部纪录片，其中 52 部与中国有关。他曾经 12 次访问中国，不仅见证和记录了中国的改革开放进程，更为哥伦比亚甚至拉丁美洲打开了一扇东方之窗。

　　采访人：我想先谈谈您的父亲。据我们所知，您父亲埃科托·莫拉是哥伦比亚著名记者和主持人，同时还是一位精力旺盛的旅行家。他曾多次游历中国，那么，您能跟我们讲讲他和中国的故事吗？他是在何种情况下来到中国的？

　　莫拉：首先非常感谢您对我们的故事感兴趣。1976 年，我父亲埃科托·莫拉开始在哥伦比亚做一档周播电视节目，聚焦世界万象。最初，他关注的主要是新闻事件，寻找一些国际热点话题，并对此进行深入打捞和拍摄，然后在哥伦比亚播出。所以，我父亲曾去摩洛哥拍摄"绿色进军"，去法国拍摄卢尔德朝圣活动，去玻利维亚拍摄奥鲁罗狂欢节等。

我父亲的做法在那个时代是独一无二的，加上他一直致力于以哥伦比亚视角进行客观报道、讲述世界，这使他制作的电视节目《旅行的镜头》成为同类节目的范本。

大约在 1979 年，这个周播节目做到 150 期时，有人以中国政府的名义与我父亲取得联系，希望他到中国一些城市进行拍摄，通过《旅行的镜头》向哥伦比亚讲述中国。当时，中国和哥伦比亚还未建立外交关系，中国和大多数拉美国家都还没建交。所以，中国政府这项提议对我父亲来说是一个挑战。父亲得先去日本东京领取签证，内心充满惶恐，因为那时还不确定签证手续是否准备就绪。但是，这又是一个对任何记者来说都极具吸引力的邀请——有机会成为去中国报道的第一个拉美人。此外，这也是一个打破对中国偏见的好机会。当时，哥伦比亚和许多南美国家都是亲美的，我们眼中的中国是一个"反美国家"的形象。

在此，我想和您分享一段他的旅行日记，以此结束这部分的回答。在日记里，他记录了四十年前初次抵达北京时的情景：

来到北京就像来到另一个星球。机场狭小，天气阴冷，寒风阵阵，灯光稀微。机场人员身着军装，一脸严肃。每周只有四五条航线的航班抵达这里，所以这里几乎没人会讲英文。

几小时后，他写道：

我的第一次冒险：傍晚，我去了长安街。那天不是节假日，所有店铺都已关门，因为这里的营业时间是到晚上七点。中国人的习惯是晚上六七点吃晚饭，所以七点之后，街上寂静无声，到处一片昏暗。街上到处是没上牌照的自行车，没有一辆私家轿车。公家车行驶在平行道上，车窗用窗帘遮住，看不见里面的乘客，正对面就是巨大的天安门广场。

采访人：这些故事太有意思了。您父亲总共来过几次中国？去过哪些省份和城市？您知道他最喜欢哪座城市和喜欢它的原因吗？

莫拉：从 1979 年到 2013 年，我父亲到过中国 12 次。拍摄节目主要集中在 1979 年到 2008 年，在这期间他来过 9 次，几乎每次都是在新中国成立的重要周年，1979 年、1989 年、1999 年他都来了。这三十年间，中国发生了翻天覆地的变化，许多人都经历过，但很少有人记录下来，更别说是以如此自然、无意识的方式拍摄下来。不久前我父亲去世，我们整理了一下他的作品，才真正意识到，他是如何一步步记录下中国的时代变迁的。

他每次去中国的行程都差不多，必去北京、上海、广州或西安，有时去

1997 年安德烈斯（左一）与父亲
埃科托在北京合影留念

内蒙古、深圳、桂林等地。特别是在 20 世纪 90 年代，中国允许他们进入西藏拍摄后，他在 1991 年、1997 年和 1999 年去那里拍摄了数周。在那十年间，他陆陆续续拍摄、构思、研究西藏的主要城市，最终制成一部关于西藏的纪录片。

西藏，尤其是拉萨，让他印象很深，也让他尤为钟情。他特别喜欢 20 世纪 90 年代那里独特的生活氛围。世界上最高的山峰，矗立在一个神秘而特殊的环境中。2014 年 11 月，我父亲因工作突出获得哥伦比亚国会授予的荣誉勋章，以下是他当时讲话的一部分内容：

我们是旅游电视节目的先锋。23 年来，我们制作并播出了涉及 107 个国家的 1250 期节目。这些年来，我的足迹从南到北，游历了许多地方，我去过西藏扎什伦布寺圣殿，我一步步用脚丈量神奇的布达拉宫，我触摸过贝加尔湖寒冷的冰块，我爱上了波拉波拉岛清澈的海水和白色的沙滩。

1997 年安德烈斯（右一）与父亲埃科托（左一）在西安拍摄纪录片

1997 年安德烈斯（右二）与父亲埃科托（右一）在拉萨拍摄纪录片

　　我父亲回忆起二十多年来的职业生涯，提到了四个令他终生难忘的地方，其中有两个是关于西藏的，西藏在他心中地位由此可见一斑。

　　采访人：我想，在 20 世纪 70~90 年代，中国在哥伦比亚人眼中，应该还是一个非常遥远、极其陌生的国度。所以，您父亲拍摄的那些纪录片，应该是最早向哥伦比亚介绍中国的节目吧？

　　莫拉：是的，毫无疑问。他的节目不仅在哥伦比亚，甚至在整个南美洲，都是最早介绍中国的。我还记得，1999 年 10 月 1 日，我和父亲去天安门广场拍摄中华人民共和国成立五十周年阅兵。当时，我们是仅有的二十几家外国媒体之一。这二十多家外国媒体中，西语国家的媒体有三家：一家是哥伦比亚电视台，派了我父亲埃科托·莫拉，他带着摄像记者毛里西奥·比达尔和我；一家是西班牙国家电视台，派了罗莎·玛丽亚·卡拉夫和一名摄像记者，他们是从香港过来的，香港有他们的远东工作室；还有一位巴拿马摄像记者，人非常友善。我们哥伦比亚电视台也就三人，却是这三家西语媒体中规模最大的了。年复一年，父亲的团队共制作了四十多期关于中国的节目，展示了中国的文化和风土人情，介绍了中国的社会经济发展和重大事件等。

我提到的"重大事件"包括1997年，我们参与报道了香港回归庆典等重要活动。香港回归时，我们是唯一一家到现场报道的拉美媒体。当时墨西哥、阿根廷等拉美国家的电视台曾考虑购买我们节目的播放版权，但一直无法敲定，主要原因是这些国家对中国缺乏了解，电视台担心这么陌生的话题播出后收视率会很低。

在新华社2017年12月发表的一篇文章中，记者塞萨尔·桑托斯写道："在埃科托·莫拉制作的1250期节目中，有相当一部分是以中国作为报道对象，其中一些尤为珍贵。比如，他所拍摄的1989年政治风波，客观直接，报道真实，不像其他国外媒体那样刻意地过滤一些信息。此外，还有他历经十年拍摄的西藏纪录片，以及他所记录的1997年香港回归等。"

采访人：可以说，您父亲见证了近四十年来中国的发展。他有没有跟您说过，他对不同时期的中国有何看法？中国的哪些变化让他印象尤为深刻？

莫拉：我小时候，父亲每次从中国回来，都会跟我们分享他的所见所闻，给我们看照片，说以后要一家人一起去看看。在20世纪八九十年代，大家不太可能会去思考中国的阶段性变化，或以发展的眼光看待这些变化，但父亲当时就认为，中国的未来不可估量，他相信，三四十年之后，中国必将受到全世界人民的瞩目。

关于我父亲眼中的中国变化，我想在此分享他在2016年撰写的文章《昨日的中国》的开头部分：

80年代的中国，魔幻、神秘、遥远、纷乱。

如今的人们很难想象那昔日的中国——当时哥伦比亚和中国尚未建立外交或经贸关系，要办理中国的签证，还得去利马或东京。

事实上，很难去描述这个千年大国所经历的社会、政治、经济变化。尽管这些变化发生的同时，这个国家还保留着根深蒂固的传统，但中国人、中国社会、中国建筑的风貌却是全新的、不同以往的。这是一种全新的视觉体验，见证两种截然不同的现象如何共生于同一片土地，如何并存于急剧的变化之中。

采访人：您是否还记得您最早对中国的印象？是小时候听您父亲描述的吗？另外，您最早跟中国有真正的接触是在什么时候？

莫拉：我对中国最早的记忆是，我父亲第一次去中国那年的万圣节，家人把我装扮成功夫大师的模样。中国成了我们家那一年的年度话题。

第二个关于中国的记忆是在 1991 年，那次我印象很深。我父亲从中国回来，家人都去机场接他，把我独自留在家里睡觉，因为我发着高烧。我醒来时，脸颊边摆着一个白面寿星模样的工艺品，包在一个玻璃罩里。由于长时间放在机舱，它摸起来冰凉冰凉的。这个礼物给我带来极大的快乐和安慰。我那时并不明白"寿星"到底是什么，只是觉得那个工艺品很漂亮，很珍贵。

这两次关于中国的记忆可能不够直观，那我说说我与中国的第一次直接接触吧。那是 1997 年夏天，我和父亲一起来中国拍摄香港回归庆典，接着又在中国待了三周，去了深圳、广州、上海、西安、北京、呼和浩特和包头，和一些政府机构合作拍摄了好几部纪录片。那次中国之旅对我而言极其重要，我们看到了多彩斑斓的中国，但感触最深的，是这个亚洲巨人的成长让人悸动。这不是人们盲目乐观，而是一种决心和自豪。这是 20 世纪 90 年代中国发展的写照，这种感觉在今天的成都、长沙等城市仍能感受到。我与中国的第一次接触为我之后在中国的发展埋下了伏笔。中国仍在不断发展，并以自己的标准和目标调整着发展的节奏。

采访人：据我们所知，您毕业于北京电影学院。那么，您来北京求学是出于您的个人意愿还是您父亲的决定呢？

莫拉：实际上，我是在中国驻哥伦比亚使馆文化参赞赵柯军的鼓励下做出的决定。20 世纪末，我还在安第斯大学念人类学专业，有一回赵先生跟我提到，中国政府有一个研究生奖学金项目。大学毕业后，我问他奖学金的事，想了解有没有考古学专业的奖学金。赵先生给我看一本北京电影学院的宣传册，提到张艺谋、巩俐、陈凯歌等人的名字，还特别强调，北京电影学院的奖学金机会很珍贵，知道的人也不多。当时，中国电影摄影考究、灯光精美、叙事角度独特、制作成本较低，已经开始在国际舞台上大放异彩。于是，我就考虑去中国学点不一样的东西。同时，我通过朋友了解到，像纽约电影学院、布宜诺斯艾利斯电影学院、古巴圣安东尼奥国际电影学院、巴黎国际电影学院、马德里电影学院等国际知名院校邀请的一些老师，北京电影

2005 年安德烈斯在波哥大国际电影节上致辞，陈凯歌等中国导演出席

学院也经常邀请他们授课，而且与那些学校相比，北京电影学院的学费要低很多。所以，我就选择了去北京电影学院留学。

采访人：您太太是日本人，但你们是在中国认识的。如今你们又在北京生活，还有个可爱的儿子。能和我们讲讲您的爱情故事吗？

莫拉：我得先问问我太太（哈哈哈）。开个玩笑，我这么说是因为她的记忆力比我好。

当时我们都在北京电影学院读书，两人都在学汉语，但分在不同级别的班里，我在初级班，她在高级班。当时各个班级的学生人数不多，我们自然也就认识了。我俩都喜欢在空闲时坐公交车到终点站，买瓶水，再步行回学校。这种不花什么钱就可以游览北京的方式，让我们慢慢走到一起。尽管我们之间存在文化差异，但我们以一种简单的方式相处，慢慢了解彼此，发现对方身上有许多可爱之处。

采访人：为什么你们选择在北京生活，而不是回哥伦比亚或日本呢？

莫拉：我们从一开始就清楚地认识到北京这座城市在世界上的重要性。在北京，以中国为首的东方的强大力量与西方文化融合后营造出一种完美的氛围。我们非常喜欢这种氛围。北京是中国的首都，仍在不断发展，不停建设，能在这样的北京生活，是一种独一无二的珍贵体验。此外，北京的治安状况很好，我又会汉语，工作机会也很多，这些对我这样的一家之长来说都是得天独厚的条件，所以我们选择在北京生活。

采访人：听说您儿子跟您讲西班牙语，跟您太太讲日语，跟你俩在一起时又讲汉语，这真是一件有趣的事。他会不会对自己的身份产生困惑？他有没有感受到什么文化冲击？

2018 年安德烈斯全家福

莫拉：我们的孩子还小，目前还没有这种语言和身份认同的问题。他还喜欢讲英语，所以有时他甚至说自己属于四种文化。从他出生开始，我们就给他营造空间，让他在日常生活中能接触到这四种语言。他绝大部分时间在北京生活，他的许多童年回忆都与北京相关，所以他对北京有一种归属感。

采访人：您现在主要从事什么工作？

莫拉：我的个人成长和职业生涯都已进入成熟期，在中国，我已经从单纯的拍摄影片，发展到同时提供从拍摄到播放的各项服务，包括选题、策划、执行等。也就是说，在一周时间里，我可以在华北地区同时跟进体育赛事转播、拍摄企业宣传片、制作商业广告、给中国电影产业提供其他服务等。任何一个项目在任何一个阶段（策划、执行、转播、收尾），我都可以完成。

　　目前，我正在指导一些年轻人组成拍摄团队，同时进一步完善我们的服务结构，力求在中国扩大服务覆盖面、更有效率地开展工作。现在，我切身体会到，我在中国十五年来学到的东西都派上了用场。工作之余，我喜欢和孩子、太太在一起。我很享受我们在北京的日常生活，有邻居，有朋友，感觉他们就像我的同胞那么亲切。

　　采访人：真有趣！您能不能再分享一个难忘或特殊的工作经历？

　　莫拉：只说一个的话，很难做出选择。我可以讲三个故事。

　　整体而言，中国经济的飞速增长，反映在电影电视产业中，就是提供了许多让人非常感兴趣的机会，这些机会稍纵即逝，因此我们这一行对工作效率要求非常高。2006 年秋天，一个周四的晚上，在北京胡同里，我和一个电

2006 年安德烈斯（后排左一）和朋友们在新疆

影制片人朋友聚会。他问我："你这周末有什么安排？"我说："没什么安排，怎么了？"他告诉我，他们需要一个助理导演，去新疆喀什拍一部电影，要拍 60 天，说着就笑了起来。第二天一早，我就出现在中影的办公室里，看剧本、了解整部电影的分段。这部电影是《追风筝的人》，由好莱坞和中国合作拍摄，故事背景在阿富汗。这 60 天的拍摄，对于学习电影制作、学习国际团队合作而言都是独一无二的经验。我现在许多非常要好的朋友都是在那次合作中结识的。由于拍摄团队能力突出，《追风筝的人》时至今日仍是中外联合制作电影的一个里程碑。

　　几年后，在 2011 年一个周三的晚上，我从香港收工回北京，航班因下雨延误，飞机降落时已将近凌晨 1 点，我打开手机看到一连串未接来电，出于好奇就拨了回去，接电话的是博柏利公司，他们正着急找人在一周内为英国基音乐队拍摄他们在长城上的现场演出。由于时间紧迫，没人愿意接下这个

2018 年安德烈斯（右三）和他的同事

活，好在当时我已经办理过各种上长城录制节目的许可证。几个小时之内，我就给录音师杨豫辉装好了拍摄设备。杨豫辉不仅需要专业的工作搭档，更喜欢可以长期合作的朋友，他如今已经是中国殿堂级录音师了。接着，我们开始为乐队准备乐器，不用说，这些乐器必须是最一流的，其中还包括一架钢琴（哈哈）。我们从 4 月 11 日凌晨 4 点开始，先把钢琴运到长城，固定在斜坡上，然后调弦。完成后，乐队进场，开始全神贯注地录制。45 分钟内，我们共录了 7 首歌，非常完美。刚录时，我感觉到一股春天的气息，还有一个小细节：那天正好是我父亲埃科托·莫拉的 71 岁生日。

还有一次非常美好也更有计划性的经历，同时也是对我导演职业的一大考验。2015 年，为向 105 岁高龄的著名书画家、国学大师文怀沙先生致敬，敦煌市种植了一片树林，还修建了一座广场。我当时受邀为树林和广场的落成仪式拍摄一段致敬文怀沙的视频。为了拍摄这个片子，我阅读了关于他的故事，也在北京见到了他，还和他一起赶凌晨 5 点的飞机，并在敦煌这样一个象征着中国文化的城市和他共同生活了一周时间。这是走近他内心、向他学习的一个很好的体验。我内心充满敬意，同时在工作中有很大的自由度，我想把这部致敬片拍成纪录片的形式。拍摄纪录片也是我的强项，但最重要的是，我可以和一个跨国家、跨文化的团队一起工作。我再一次将最大的信任寄予当时的录音师乔明子女士，她是唐山人，我和她的合作过程非常顺利。

怎么样，你觉得我说的这三次经历有意思吗？请你注意一个非常特殊的大背景：在 21 世纪头十年里，在中国，各行各业都向有活力、适应力强、了解中国的人提供了源源不断的工作机会。不论是在报纸上，还是日常生活中，我们都能感受到中国市场欢迎不同的想法和创意，并且愿意与外界接触。我在中国生活的时间超过十五年，已经累积了不少生活阅历，但我相信，今后还会有更多有趣的经历在等待着我。

采访人：在您看来，现在的中国跟您第一次来时有何不同？对您而言，中国意味着什么？

莫拉：不同之处在于，中国城市日趋成熟。1997 年我第一次来中国时，上海浦东、深圳市中心甚至北京四环都刚被规划为未来的发展中心，当时还是一片荒草地和一些新建街道，还很难想象这些地方将如何落实大规模的规划。现如今，上述区域不仅成为外来人口的活动中心，同时也逐渐融为这些城市的一部分。

至于中国对我的意义，我会说，中国为我的个人生活和职业发展创造了一片天地。说"个人生活"，是因为我在这里建立起自己的家庭，我对几种语言的掌握在这里的日常生活中得到了极好的锻炼；说"职业发展"，是因为我从小就看到家人每天拍摄关于不同文化的电视节目，后来我成为人类学者，试图理解每一种文化，再后来，我在中国攻读导演专业。我把这二十多年间所学到的知识几乎应用在每天的工作中，我所有的拍摄机会都是对我所学知识的一种考验。可以说，活到老，学到老。

采访人：您父亲用相机记录了中国的许多瞬间，并用纪录片的方式向哥伦比亚人讲述中国故事。而您又追随父亲的脚步，拍摄纪录片展示中国当代社会。你们两代人共同建立起中国和哥伦比亚之间的沟通桥梁。近年来，拉丁美洲和中国之间的文化交流日益频繁，您就推动中拉文化交流有何计划？对增进中拉民众互相了解有何建议？

莫拉：增进中拉之间的互相了解是一个漫长的过程，这个过程将被不同的"个体光芒"所点亮，由于中国和拉美都有意愿促进对话、营造沟通空间，这些"个体光芒"将持续照亮整个过程。例如，不久前中国政府将文化部和旅游局合并，成立文化和旅游部。对了解一个国家而言，文化和旅游是两个具有重要战略意义的领域。中国在这两大领域所拥有的资源、潜力和能力，必将在短期内打开一扇面向世界的文化交流之窗。

如今通信技术发展很快，中国更是在这一领域突飞猛进。通信技术发展带来的最重要的结果，就是对内容的持续更新提出了很高的需求。对我而言，这就要求建立更多服务渠道，打通中国和拉美，同时使这些内容在移动设备上播放。这类服务就像一扇窗户，通过纪录片和电影互相了解对方。总而言之，我想做的，是一个拥有独立分销能力的纪录片制片公司，是一个将个人才能展示在公共空间从而带动长期运营的项目。讲汉语和西班牙语的人占到世界人口的三分之一，因此这个项目具有一定影响力。我在北京、波哥大和香港都有拍摄基地，同时在视听领域拥有几十年的拍摄经验，对信息技术变革也十分了解。目前唯一需要做的事，就是汇聚更多的支持力量，从而点亮那束光芒。

九 我的西语人生，无怨无悔

口述人：郑书九
采访人：万　戴、安薪竹
时　间：2019 年 1 月 10 日
地　点：北京外国语大学西院郑书九家中

　　郑书九，文学博士、北京外国语大学教授、博士生导师；中国外国文学学会西葡拉美文学研究分会会长、中国高等教育学会外语教学研究分会副会长、国家人社部外语职称等级考试西语专家组组长。1951 年生于河北安新县，1964 年在北京外国语学院附中开始学习西班牙语，1975 年毕业于北京外国语大学西语系并留校任教，1990 年于哥伦比亚哈维利亚纳教廷大学获文学博士学位。1995 年至 1996 年在马德里自治大学任教，被授予名誉教授称号。著有《拉丁美洲"文学爆炸"后的小说研究》《当代外国文学纪事 1980~2000：拉丁美洲卷》等专著 5 部，主编《现代西班牙语阅读教程》《拉丁美洲文学教程》等 6 部教材，主持编写《高校西班牙语专业四级水平测试大纲》等教学及考试大纲 4 部，主持研究《我国高等院校西班牙语教育研究》。

　　采访人：您从 13 岁就开始学习西班牙语，在当时可能是比较罕见的。您是怎么走上学习西班牙语道路的呢？

郑书九：我这一生中，经常会被人问到两个问题：一个问题是为什么学习了西班牙语；一个问题是为什么一直在研究胡安·鲁尔福。

第一个问题，其实带有很大的偶然性。我小学数学很好，升初中时我准备报考清华附中。"文革"以前，北京的中学里理科清华附中最好，文科是北京四中最好，我希望能够进清华附中读书。1964 年我小学毕业，第一志愿报了清华附中，第二志愿报了北京二中，第三志愿是朝阳区的八十中，现在都是北京的重点中学，我当时觉得可以考上其中的任意一所。但是那一年，北京外国语学院附中（也就是今天的北京外国语大学附属外国语学校）没有招够初中男生（男女招生比例为三比一），北京市主管部门要求附中在北京各重点小学增招男生。这时，我们小升初考试已经结束，入附中只需要口试及面试。我记得是 1964 年暑假，我就读的朝阳门外下三条中心小学作为区重点小学，推荐了 9 个人，最终考上了 3 个人。我曾问过当时主考西班牙语的冯燕萍老师，在英、俄、西、法四个语种中为什么我被西语录取了。冯老师的回答，我至今记忆犹新：一是我口齿比较清楚，这对学习外语来说很重要；二是我模仿能力比较强。她还特别强调了我当时能够发好卷舌音。这一点很奇怪，我好像很小就会发卷舌音，因此模仿西班牙语的卷舌音没有问题。当时考试，是朗诵一篇文章、读五个绕口令、唱一首歌。我现在虽然嗓子比较哑，但小时候嗓子很好，曾经是区少年宫合唱团的，附中就这样要了我。

我学习西班牙语不是自己主动选择的，而是被选择的。我进入附中开始学习西班牙语的第一个月，基本上没学进去。在 20 世纪 60 年代，很少有人从小就接触外语。对我而言，西班牙语到底是怎么回事儿，一概不知。那时候，我就萌生了退学的想法，想看看能不能转到北京二中或者清华附中读书，想放弃外语学习。国庆节刚过，我们班里来了一位外籍老师。我们至今都不知道他的全名，只知道他的昵称叫佩佩，是西班牙共产党的一位老党员，曾经参加过西班牙内战，后来被弗朗哥抓进了集中营。他从集中营逃出来之后到了法国打工，后又从法国到了苏联，1964 年辗转来到中国。我们后来得到消息：20 世纪 80 年代后期他回到西班牙之后，因为生活无着自杀了。他在中国生活、工作了二十多年。我们非常喜欢这位老先生，我当时个子小坐在第一排。他一句中文都不会讲，但是教学非常生动，比如讲到猫时，他会学猫叫，让我们知道他在讲什么。我当时还是个孩子，由于好奇心慢慢就喜欢上了西语，对语言的疏离感逐渐消失了。佩佩和另一位中国老师金二青成为我的启蒙老师，把我带到了西语世界，到今年已经 55 年了。

我常常半开玩笑地说，我这辈子没有什么出息，就学了一个西班牙语，但我希望把这门语言学得好一点。我从学习这门语言开始，就抱定了这么一个态度。但是我的西班牙语学习后来中断了：我入附中学习后两年，"文化大革命"开始，学校停课"闹革命"。到了 1969 年初，我们到山西插队。就是说，西班牙语学习了两年，中断了五年，1971 年我回到北京外国语学院继续学习西语。

关于插队的经历，我想讲几句。插队，对我一生来讲，都是一段很重要的经历。孟子说过，"故天将降大任于斯人也，必先苦其心志，劳其筋骨……"我不是被降大任的人，但是我确实有"苦其筋骨"的历练，经历了繁重的体力劳动。那时最主要的问题就是吃不饱饭，但是我们并不抱怨，因为那时候在农村大家普遍吃不饱。20 世纪 70 年代末国家提出农村家庭联产承包责任制，大家对这一新政策议论纷纷。那时我已经大学毕业留校成为教师，我明确表示赞成这个制度。因为这个制度能够让老百姓吃饱肚子，解决种田人吃不饱饭的问题。当我离开农村准备去上大学时，当时公社和村里的几个主要干部为我们送行，点了一个小煤油灯，大家盘腿坐在小炕桌旁。老支书问我的一句话，距离现在已经 48 年了，我仍记忆犹新："书九，将来你们发达了，你们会怎么看我们受苦人（西北很多地区的农民称自己为'受苦人'）？"我毫不犹豫地回答："老支书，不管以后我到哪里、做什么工作，我永远都不敢看不起咱受苦人。"事实上，我之前从来没想过我能够回到北京读大学。我们当时插队叫"在农村扎根"，没有想过能够离开那里。我是家中唯一的男孩，父亲已经准备退休后也到农村去，和我一起生活，我为他

后泉插队知青50年后聚会（后排右一为郑书九）

们养老。这不到三年的农村插队的经历，我一辈子都不会忘记。之后我上大学、留校工作，也到过国内、国外很多地方，但我始终记得我曾经认识的中国农村最困苦的人，我也曾经是这个群体的一分子。我觉得，这一点是我们插队知青最为珍视的经历。

我读大学也是一个机遇。1966年"文革"开始后，高校停止招生，直到1970年各院校才开始逐渐恢复招生。我是作为第一批"工农兵学员"（经工厂、农村及部队推荐，并经过考核上大学的学员）进入北外学习的，所以非常珍惜这个机会。进入北外后，西语系领导希望我到附中班（曾经在北外附中或北京外国语学校读过西班牙语的学生组成的高起点班）学习。当时我感到比较勉强，因为我只学习了两年西语，又丢掉五年时间。当时系里组织了口试，老师问的问题我都听得懂，我用西语已经回答不出来了。最终我还是被分入了附中班，主要原因是我是班上唯一的党员。入学以后，我就知道自己的弱点。附中班一共9个学生，我的同学中还有从北外附小三年级就开始学习西语的6个"小孩"，我们班从小学高起点到大学回炉的学生都有。我觉得自己在这个班里与其他人相比各方面都存在不小的差距，就想一点点地补回来。我首先希望自己在语法方面赶上来，因为我在附中学习时是"听说领先法"，很少阅读西语原文，在语法方面比较薄弱。进入大学时，我已经20岁，觉得成年人学外语语法不过关就很难提高自己的水平，所以我花了一年的时间集中攻语法。

一年以后考试时，我们的老师也没有想到，我的语法考试成绩全班最高。当时百分制，我记得得了93分。后来我们班的主课老师是吴守琳（吴老师是我大学三年半的老师，西语专业很少有一个老师把一个班从大学一年级带到毕业。吴老师对我的一生影响很大。她业务水平高、治学严谨、教学认真，这种一丝不苟的态度对我及我们整个班的同学，都有很大的影响），当时，她也觉得很奇怪，询问我语法上怎么进步这么大。我告诉吴老师，这一年别的方面我都没有花精力狠抓，但是语法我是下了功夫的。正因为如此，在20世纪80年代初我们系里没有人教语法时，我提出愿意教语法。这门课我从1982年一直教到2008年，先后教过25届学生。上大学的第一年，我先基本解决了语法问题，后来再解决口语和听力问题。我觉得我口语差，我比班上不少人的年龄大，人家只有16岁，我总是与他们有差距的。在大学的这几年时间里，我努力一点点补回自己的不足，连滚带爬也要跟上大家。这些就是我从中学到大学的学习经历。

除去我自己的外语学习，我还想提一下我插队时的同学魏光奇。魏光奇在附中也是读西语，比我高一个年级。他的成绩很好，但他先是在农村插队，后又进工厂做工人，没能进入高中、大学学习。直到1978年全国恢复研究生考试，他才考入山西大学历史系，他是全省研究生考试成绩第一名（是所有的专业，并不只是历史专业）。他不是学历史出身，但完全靠自学在山西考了第一名。后来他到河北大学当了老师，做了副教授；20世纪90年代又被首师大聘用，做了教授，当了博导。我没能读高中，但是大学是读了；他连本科都没机会读，靠自己的奋斗成为知名学者。我常常拿他的例子对我的学生们讲：人做事是需要有点儿精神、有点儿志气的。在那种艰苦的环境中，他有一个很明确的目标：在艰苦的劳动中要奋斗，要读书。

说到这一点，我想谈谈读书的问题。我出生在一个工人家庭，家中 4 个孩子，还有我爷爷，我父亲一个人要养活 7 口人。我从小喜欢读书，但是家里条件不好，没有什么书可读，所以如果借到一本书，我不一口气把它读完是不会吃饭的。后来上了大学，对我来讲是一个很好的读书时间，我读了一大批书。

我记得刚刚进入大学时，中文老师让我们写一篇作文，题目大致是"一件难忘的事"。我就写了告别农村上大学那天早上发生的事情。后来中文老师李方（我不知道现在是否还在世，在世的话应该九十多岁了）和我讲，说我的文章感情非常真挚，但他觉得文笔还差一些。其实老师也很清楚，我们这些工农兵学员，在基础教育层面是有很大欠缺的。他建议我好好读一点书，先读点古汉语，介绍我读北大王力先生编写的四卷本《中国古代汉语》，我照做了。然后他说你再读一点中国古代文学，从先秦文学读起，然后到两汉、唐宋诗词、元曲、明清小说等。李老师非常平和，告诉我读书过程中遇到问题可以随时找他答疑。读这些书对我很有帮助。我于 1979 年考研究生时，在所有的考生中我的中国文史知识这一项得了最高分 14 分（满分 15分）。后来李老师对我说：判卷老师说文史这方面你掌握得不错。

"文革"期间，很多世界经典著作都以"封资修"的理由被封了。可是我想读一点东西，我上大学期间也确实读到了一批当时的"禁书"，这要归功于曾在北外图书馆工作的一位老师。大学第一年，我们是在湖北沙洋的干校度过的，上了大学仍然需要干农活，我们 800 个工农兵学员，还有一些老师，一共种着 3000 亩地。劳动对我们来讲并非难事，因为很多人都在农村或在兵团里干过农活。

我就是在沙洋认识了图书馆的王老师（如果今天仍健在，也有九十多岁了），他看我喜欢读书，对我印象挺好。回北京以后我去找他，告诉他我想读一点书，想读一点世界名著。他说现在这些东西都不让读，全都封起来了。我一直和他磨，后来他出了个主意：他每借我一本书，我就承诺写一篇批判稿，批判这本书，否则的话风险会很大。用这种方法，我在两年多的时间里大概读了 100 本书，但是所谓的批判文章一篇没写。我们之间心照不宣，一旦被人发现他把"封资修"的东西借给一个学生、"腐蚀"我的时候，我就写一篇文章，证明他不是要腐蚀我，而是让我读后批判这些作品。

我后来经常跟学生讲，人的一生中大概需要有几个大的读书时间，可以称为"读书季"。其实不是一个季节，而是一段两年到三年或者更长一些的时间。人一生中需要有这么几个集中、大量读书的时间，这点我认为很重要。大学期间努力提高自己的汉语水平，并且阅读了一些文学名著，使我后来做教师、搞文学研究就不是很发怵了。上大学前我接受的汉语教育只有初中水平。我很清醒地认识到自己的不足，先天不足后天来补，有针对性地努力提高自己的汉语。

我去哥伦比亚哈维利亚纳教廷大学读博士时，有一门叙事实践课是文学系主任讲授的，他是耶稣会教士。这门课是博士课程的三门主课之一，难度很高。上课的第一天，他拿出一个百部世界名著书单，要求每当他读出一部名著的书名，读过这本书的同学举手示意并自己记录下来，他最后要做统计。我大概是 100 部里读了 70 部左右，在 19 名同学中排在第二位。系主任很诧异，不相信我读过这么多的名著。我没有办法，只能和老师说，他可以随便挑一本书，我来讲讲故事梗概。最后我们师生之间用几句玩笑以避免尴尬，我的这种胆量正是源于我在大学及读硕士研究生期间两个"读书季"的积累。当然，后来因为要编写教材，需要阅读大量的书籍及文献，那时也看了不少东西，比如编写《拉丁美洲文学教程》时读的参考文献不下 100 部，当然这时读书是带有一些"功利性"的了。

大学毕业以后，我留校当了两年多的辅导员。毕业前，党总支副书记和我谈，希望我先当一段时间的辅导员，然后再转成教师。我当时并不想留校工作，因为那时候"文革"还没有结束，北外的派系闹得很厉害，我不大愿意参与这种争斗。我的想法是学外语的最好出路应该去搞外事。进外交部当外交官，在当时不是一件难事，我们年级三分之一以上的同学毕业后都分配到了外交部。以我当时的学习成绩应该没什么问题，但是系里在和我沟通后，还是把我给留下了。我在1973级工作了两年多，一边当辅导员一边教书，他们毕业后我转成了教师。国内恢复研究生考试后，我报名参加考试，选择继续深造西班牙语。我们那一批研究生1979年入学，1981年毕业。1982年我们的毕业典礼是在人民大会堂举行的，是给北京市的硕士及全国的博士举行的。我印象很清楚，"文革"后毕业的第一届博士一共是14名，此外还有北京市所有的硕士毕业生。当时的国务院副总理、政治局委员方毅参加了这个毕业典礼。

上了研究生后，我开始考虑读什么专业，我觉得自己对文学感兴趣。这就牵扯到我刚才说的第二个问题，就是为什么研究鲁尔福，其实这也是一个意外。我的一个同学也是好朋友，被分配到外交部工作，他到墨西哥留学时读了鲁尔福的作品《佩德罗·巴拉莫》。他觉得这本小说很有意思，回国后就把这本书送给我了，我在研究生考试之前读了这本小说。这本书只有一百多页，但是坦率地讲，我没有读懂，而且我至今还觉得这是很难读懂的一本书。

研究生考试的前一天晚上，我还在猜测会有什么类型的试题。我最担心的就是用外文写书评，因为当时读不到什么原文书籍。但是怕什么就来什么。第二天看到试卷的最后一项，就是要求对读过的一本文学作品写一个书评。当时我就懵了，想了半天最后只好写了小说《佩德罗·巴拉莫》的书评。研究生的西班牙语试题大概是董燕生老师出的，也是他判的卷子。之前刚好他问我借了这本书去读，他判完卷子后对我讲："那本书你基本没看懂。"好在当时大家读的原文书籍都很少，这个题目大家的成绩都比较差，我也就勉强过关了。现在想起来我还是有些"后悔"：为什么当时把这本书借给董老师看呢？

鲁尔福的小说没有读懂，几乎影响到我研究生能否入学。但是性格使然，考试结束后，我决心好好读懂它。后来我读了四五遍，基本读懂了，最后以这部作品为研究对象撰写了我的硕士论文。就这样，我和鲁尔福及其作品结

1989 年 6 月，郑书九在墨西哥城拜访鲁尔福家人，图为郑书九拍摄的鲁尔福家人照片

1990 年，郑书九（左一）在哥伦比亚哈维利亚纳教廷大学进行博士论文答辩

下了一生的缘分。为了写硕士论文，我曾经找过北大的段若川老师，她之前写过一篇有关鲁尔福作品的文章。她把文章的手稿借给我看，我记得很清楚，那是 1979 年的事情，已经过去了 40 年，段老师也早已离开了我们。

研究《佩德罗·巴拉莫》的论文在 1981 年 6 月答辩通过，次年我拿到了硕士学位。我当时的导师是墨西哥学者，由于她回国日程很紧，跟她读研究生写的论文，比其他同学的进度要快一些。1986 年，我借调到教育部（当时叫作国家教委）外事局美大处工作。当时董燕生老师任系主任，他知道上外的徐瑞华老师已经在哥伦比亚读博了，就希望我也去读一个博士，因为北外还没有攻读博士学位的教师。我原来是 1986 年教育部公派去墨西哥留学的，但当年恰逢墨西哥经济危机和墨西哥城大地震，我们这一批 16 个候选人全部被拒绝了。我只好等待下一个留学机会（我们当时都是互换留学生，享受对方政府的奖学金），1987 年 2 月国家教委刚好与哥伦比亚互换奖学金学生，我就去了哥伦比亚。

采访人：这样看来，哥伦比亚也是您的一个重要经历，您在哥伦比亚的留学生活是什么样的呢?

郑书九:我第一次到哥伦比亚是 1986 年跟随国家教委的一个代表团,当时是作为代表团的成员兼翻译。因为去墨西哥留学已经不可能了,我就随身带了简历。我们代表团团长是当时国家教委外事局副局长李顺兴。出访前我就提前跟他汇报过,说我准备出国读博士,并且带了个人的学历资料。我们拜会了哥伦比亚国家奖学金委员会,这个委员会既给本国学生提供奖学金,也给国外有合作关系的机构或者国家提供奖学金或者互换奖学金。拜访时,李副局长将我的情况介绍给对方,并说我准备来哥伦比亚的大学攻读博士,希望得到他们的帮助。对方表示没有问题。那时,哥伦比亚与中国之间每年有三个互换奖学金学生名额,我就成了享受哥伦比亚政府奖学金的中国留学生。

经过一系列考核,我进入了哥伦比亚哈维利亚纳教廷大学博士班。我自己有一个计划,要竭尽全力在三年之内完成全部课程和论文答辩,因为北外及国家给的时间非常严苛。上外的徐瑞华老师是我们国家西班牙语界的第一个博士,我应该算第二个,我比他晚一年,他是 1989 年 9 月左右回国的,我是 1990 年 8 月答辩通过后回国的。

进了博士班首先就是选修课程,而所有人选课都必须经过系主任同意并签字才有效。徐瑞华老师对我讲:想要完成自己的计划,我必须每个学期修五门课程,要在三个学期内修完全部规定课程,但是一般来说系主任不会允许每个学期修这么多课。徐老师让我考虑充分,恳求并说服系主任允许我一个学期修这么多的课程。

我拿着选修课程的单子找系主任谈。他说:哥伦比亚本国的学生一般每个学期选两门到三门课程,最多选四门课程,你作为母语不是西语的外国人,怎么可能选五门课程呢?他强调,在哈维利亚纳大学录取我进入博士班后,就给中国驻哥使馆发出了照会,告知使馆我需要用四个到五个学期时间修完课程,之后才能进行研究和博士论文的撰写。我和系主任反复强调,我在中国工作的学校及家庭的情况都不允许我在国外耽搁更长的时间，我需要一个更快的学习进度。他最终同意让我试试看，第一个学期如果不能顺利完成五门课程，以后就不要再谈了。

当时参加博士班考试的有四十多个候选人，最终录取了20人。系里将录取者分为高低起点不同的两个班，低起点班需要补一些硕士课程。当我选课时，系主任发现我居然被分到了高起点班，很是诧异，不大同意将非母语的学生分入高起点班。最后他要求我补一门硕士班的语法课程，我暗暗窃喜，因为我在国内已经做过多年的语法老师，这样比较轻松地完成了这个附加课程。

一个学期下来我的五门课程全部通过了，但是过得非常艰苦。我原来在国内学的那点东西，到了国外发觉好多知识衔接不上，还有好多知识根本没有学过。我记得很清楚，进入博士班最初的半个月时间，语法以外的四门课上我没敢说一句话。半个月以后，一个老师（他也是我们系的学术委员会主席）在课上讲到了胡安·鲁尔福的作品。我们博士班的课程需要学生与老师互动，学生要参与课堂讨论。当时我就想，今天我要是再不说一句话，恐怕以后永远也张不开嘴了。犹豫再三后我就举了手，讲了一点我的想法。开始发言以后，觉得自己还能再讲一些，我就把我知道的、想到的尽可能多讲一点。我估计讲了十几分钟的时间，老师就觉得很奇怪，对我讲：你说得很好，看来你读过鲁尔福的作品，你知道得不少。我当时没有敢说我的硕士论文就是研究这个作家的，因为觉得我的硕士论文太肤浅了。

我们博士班的课程大致分为主干课程与一般课程，如叙事实践课，就是主干课程。每门课程一个学期要写三个作业，平时的两个作业要写十几页，期末作业要30页以上，每个学期要完成五个30页以上的小论文。也就是说，每个期末至少需要写150页以上的小论文，每篇论文的参考文献不得少于10本书。

第一个学期期末，我提交了最后一篇作业后到使馆文化处开会，在路上就觉得头重脚轻，特别难受。到了文化处，我和在哥伦比亚医疗组的刘大夫讲了一下我的状态，她把脉时发现我血压很高，后来在使馆量血压，低压115，高压达到165水银汞柱。在问我有没有家族病史之后，刘大夫告诉我这是由于过于紧张所致，她要我半个月之内不读书不看报，争取把血压降下来。我问她："那我干吗去？"她说和朋友瞎扯，去散步，就是把自己放松下来，这样才能恢复到比较正常的血压。那半个月，我真的是不读书不看报，血压也确实下来了。可惜的是，半个月之后就又开始了新的学期，我又要选五门新的课程。就这样高血压陪伴了我一生；还有一个学习带来的疾病是腰部椎间盘突出。到了学习的最后阶段，我无论是站、坐或躺，每个姿势都撑不过半小时，腰部酸痛难忍。但是学业不允许我休息，我只好用宽宽的背包带把自己捆在高背椅子上，两个小时松开一次。

就这样，我用了三个学期修完了博士全部课程，其中的艰辛现在都难以想象。我从1979年上研究生就养成了一个习惯，12点之前不睡觉。到了哥伦比亚以后，我是2点之前不睡觉，论文写到最后变成了凌晨4点之前不会睡觉。到4点的时候，我的大脑一片空白，实在写不下去了，才去睡觉。我的留学经历，常常让我联想起我在农村的插队生活。我常跟别人讲我这一生插过两次队："土插队"在山西，"洋插队"在哥伦比亚、在墨西哥。恐怕很少有人能够理解我们当时在国外学习，而且真正意义上认真学习的人的那种艰辛。

我还想讲一个真实的事情：徐瑞华老师是中国西语界的第一个博士。他答辩的时候我在墨西哥搞研究，听说他的论文答辩得了最高分4.6分。我们那时答辩成绩达到4分就是高分，我最终得了4.3分。我在去墨西哥搞研究之前看到他写论文很艰苦，就跟他讲："徐老师，论文写得差不多就可以了，别那么较真了，老婆孩子都在国内等你回去呢。"他在国外读了五年，五年中没有回过国，没有打过一个电话。徐老师当时跟我说："我来这儿读书，希望写一篇论文五年到十年没有遗憾。做不到这一点，我宁愿死在这里。"这是1988年的事情，三十多年过去了，徐老师的话言犹在耳，当时的情景历历在目。

听了他的话我不敢再多劝，但我当时认为徐老师要求太高了，一篇文学研究的论文五年到十年没有遗憾，我觉得太难了，是不可能的。后来我才意识到，即使是文学研究也有可能在较长时间内保持其独特的学术研究价值。2015年恰逢鲁尔福的中篇小说《佩德罗·巴拉莫》发表六十周年。当年在北外举办了学术纪念活动，我和受邀的墨西哥国立自治大学的鲁尔福研究专家阿尔维多·维达尔教授做了两个讲座。同年我的研究鲁尔福的博士论文（西班牙文版）正式出版，墨西哥驻华大使主持了新书发布仪式。作为点评嘉宾，维达尔教授对我的论文做了详细介绍与评论（他来华前认真阅读了我的论文的电子版）。他认为，我的论文对鲁尔福作品研究有重要的贡献，其中几点研究成果至今没有人突破。现在距离这篇论文答辩通过已经过去了25年，但他对于我博士论文的学术评价，让我完全没有想到。学界的这种评价意味着这篇旧文依然有其学术价值，这让我当时有点小小的激动。

但是在写论文时我是不敢想结果的，那时候只是想尽快完成，争取写得好一点。研究鲁尔福，实际上困难还是挺大的。我刚进博士班，系主任问我希望研究的作家、作品时，我和他讲希望研究鲁尔福，研究他的小说《佩德罗·巴拉莫》。系主任提出异议，认为这部作品已经出版多年，学界的评论和研究成果已经汗牛充栋。他说："你单单读完这些评论和研究就要花掉一整年时间。"我当时决心已定，表示准备花上一年时间去钻研文献。在反复沟通之后，系主任勉强同意我研究鲁尔福的想法，并建议我去墨西哥做一段时间的调研。

到了墨西哥后，我才真正理解了这项研究的难度。在整个读研初期的两年多时间里，我可以说穷尽了当时有关鲁尔福研究的所有的文献、论文与专著，但还是没有找到适当的研究思路及突破口。这个问题的解决，反倒是一个偶然的契机。在墨西哥时，我和上海外国语大学的于长法老师住在一起，他是研究墨西哥文化的，尤其是前哥伦布时期的传统文化。那时我发现所有能够想到的视角都有人研究过了，而且研究得很透彻。我感到山穷水尽，找不到一条出路。一篇博士论文在国外，尤其像在美洲这些国家，如果没有原创性的学术贡献，很难通过答辩。我在反复阅读鲁尔福作品的文本时，觉得他的小说中似乎隐藏着印第安传统文化的影子。我请教于老师，问他在印第安人的传统文化中，有没有一种向死而生、生死轮回的观念。他说阿兹特克人就有这样的传统，认为人类在生的世界中不过是一个匆匆过客，只有通过死亡进入的世界里才可能达到永生。墨西哥人类学博物馆中有一幅绘画，那是一棵象征着阿兹特克人的多重生命与死亡世界大树，就隐藏着这种生死轮回的传统内涵。

于老师借给我三本书，我一口气读了三天三夜。我想鲁尔福会不会通过他的作品，来表达这种向死而生、在死亡中寻找新的出路的理念。如果这种假说成立的话，鲁尔福的作品中表现出的就不是完全彻底的悲观主义态度，而是还具有某种乐观主义的因素。这三本书读完后我感到豁然开朗，所谓山重水复疑无路，柳暗花明又一村。我把这些想法整理出来，讲给我在墨西哥学院的一位辅导老师，她是一位鲁尔福作品研究专家。可她认为，鲁尔福受到的更多是犹太教、基督教的影响，不存在其他的影响动因，基本上否定了我的想法。我只好又找到了一位在墨西哥国立自治大学研究文学的德国教授，她的看法有所不同。她虽然不是鲁尔福的研究者，但觉得我的想法有一定道理。她建议我尽快回到哥伦比亚，把我的想法与导师认真沟通（当时既打不起国际长途电话，更没有电子邮箱或是微信）。

由于墨西哥学者间对我的设想或假说持不同意见，我没办法按原计划在墨西哥完成论文初稿，只好在1989年圣诞节后赶回了哥伦比亚。我的导师塞萨尔·瓦伦西亚教授请我去他家里吃晚饭，之后我们进行了8个小时的长谈，从晚上11点一直到第二天早上7点。基本上是我说他听，他不时地打断一下、澄清一下，然后我接着说。我用几张纸列了一个详尽的提纲，我将论文分成两部分五章，向导师解释各章之间的逻辑关系。最后我的想法获得了导师认可，他表示我不用每章汇报，而希望我一气呵成。我的博士论文第一稿300多页用了大约六个月，第二稿三个月；第三稿实际上是终稿，第四稿则是检查校对。整个论文四稿写作花了十个月时间。

现在看来，如果说后来我在科研上有点成果，做出点事情的话，和我两次读书经历有很大关系，尤其是读博士。我觉得读博对我来讲，最重要的成果不是论文本身，而是我通过学习基本上掌握了研究的方法，让我知道什么叫文学批评，如何做文学研究。研究方法的掌握，对我后来的科研有很大帮助。研究方法的掌握是最重要的事情，这种理念对我的学生也有很大的影响与帮助。我始终认为，研究生首先要掌握的是研究的方法，所以我在2003年开始给北外西葡语系的研究生开了一门课，叫研究方法论。这门课一共开了15年，是系里研究生的通开课，无论是西语、葡语、博士、硕士都要修的一门课程。我在授课中，试图把我认为行之有效的研究的方法，整个研究的过程，以及我自己在研究中、在带研究生中的心得体会告诉学生，希望这些研究方法对他们未来的学习和研究有所帮助。

采访人：再之后您就学成归国。您在国内的工作和研究主要有哪些呢？

郑书九：回国以后我基本的想法就是继续在高校工作。那个时候出去留学，心里想的还是教学，出国学习只是想提高自己的西班牙语水平和能力。当然，我觉得另一个后来能够体现出来的能力，就是研究的能力。回国以后，我陆续给本科生、硕士生和博士生教授有关拉美文学的课程，先后开设的课程应该有六七门：文学、文学批评、20世纪叙事文学等，还有一些专题讲座。当然，讲座涉及的都是我比较熟悉的作家作品：如鲁尔福、加西亚·马尔克斯、巴尔加斯·略萨等。

除此之外，我在20世纪90年代，也就是我回来的前十年——那个时候没有太大的科研压力——也有时间做一些拉美作家及作品的译介工作。我特别强调"介"字，是因为我没有进行任何长篇著作的翻译，而是翻译一些短篇或诗歌作品，把一些作家介绍到中国来。比如哥伦比亚诗人阿尔瓦罗·穆蒂斯，在20世纪90年代有一两期的《外国文学》，还有《世界文学》《译林》等杂志上，我翻译了一些他的诗歌和评论文章。另一位是危地马拉作家奥古斯托·蒙特罗素，他以短篇小说而闻名，他最短的一篇小说只有七个单词，翻成中文就是"当他醒来时，恐龙依旧还在那里"。我在哥伦比亚读书时，有一位老师给我们上了一门课叫"拉丁美洲离经叛道作家"，其中就提到并分析了蒙特罗素和他的黑色幽默小说，我是在《外国文学》上把他介绍过来的。我还将哥伦比亚读书时的一些研究成果，比如关于埃内斯托·萨瓦托的经典作品《英雄与坟墓》的相关研究，翻译成中文在国内发表。那时我的重心还是放在教学上，一部分时间在拉美文学和西班牙语语法的教学；而另一方面，则是开始指导研究生进行拉美文学研究。当时国内高校中接受过拉美文学专业教育与研究的教师相对较少，所以也算是一种开拓性的工作。

到了 1996 年，当时的北外副校长何其莘教授想编纂一套原文的、不同国别的外国文学教材，这是王佐良先生生前的一个愿望。何其莘找到了我和常世儒老师，让我们一起编纂了《拉丁美洲文学选集》，也就是西语学生们俗称的"大砖头"，有将近 1000 页。那是我第一次编写教材，严格来说这部文集属于文学选读，但在西语教学上充当了教材的作用。在这部文学选集中，我负责叙事文学（长篇和短篇小说）与诗歌部分。后来在我编写《拉丁美洲文学教程》之前，从 1997 年文学选集出版到 2017 年这 20 年间，国内在这个领域始终没有其他的外文教材。

我是 20 世纪 90 年代末评上教授的，那是我职业生涯的一个节点。那时我已经开始考虑自己要在科研上下一点功夫。如果把我的职业生涯分成两段，前一半或者一半多一点的时间，大概有二十几年，重点是在教学上；后十几年我觉得是教学和科研比重差不多。但是就成果而言，我科研上的努力集中在后十几年。我记得我对我爱人讲了几句话："我现在 55 岁了，我想了以后做事情的三个原则：第一，干我应该干的事。我是教师，我应该干好教师这点事，也就是教好书、带好研究生，这是我应该做的；第二，干一点我想干的事。那时候我想多做一点科研方面的东西，尤其对拉美方面的研究想多做一点。总的来讲，我觉得我们科研方面还比较弱，尤其对拉美文学的研究，我想在这方面多做一点事情；第三，我说基本上不干那些不想干的事，比如说应酬的、出头露面的事情，尤其不想做那些应景的事情。"我觉得十几年来，这一点我基本上做到了。许多应酬性或社交性的场合，我有意疏远，参加的活动越来越少了。

还有一句话，我当时没讲，我想说70岁之前基本上不搞文学翻译。关于这一点我只破了一次例：那是2006年的事情，应我的好朋友胡真才之邀翻译了一本西班牙的女性系列小说《塞壬的沉默》。说心里话，我还是想搞点文学翻译，我想如果将来身体状况允许，在完成我的科研及教材编写任务后，我希望能够翻译一些东西。

就这样我退休前一直在教课，然后开始带硕士，最后带博士。2017年我把最后一个博士带完，就彻底退休了。我用了二十几年时间，一共招了30个研究生，24个硕士，6个博士。谈起在研究生培养方面的努力，我聊以自慰。我以我的努力培养了这些学生，其中也有一些学生在学术上有一点成就。我

博士论文首发式上，郑书九（左三）和墨西哥驻华大使温立安（左四）、北外副校长闫国华（右四）等人合影

现在已经退休了，不会在学术上再有什么更大的成就。但是对于我自己学生学术上的成就和进步，我会感到由衷的高兴，我替他们高兴。他们现在写了论文或专著来找我，我还是愿意帮他们看看，帮他们改改。我作为一个教师，仍然把他们看作自己的学生，在学术上愿意推他们一把，这是一件乐事。

在我对研究生尤其是博士生的教学中，我对他们的要求是：你们既然攻读博士学位，我希望你们通过这段时间对某一个作家、某一个作品，或者某一个流派、某一个文学现象，做一个深入的研究。深入到什么地步，我的希望是你们努力在中国成为这个领域研究的专家。比如我的学生楼宇，她的博士论文入选 2018 年"中国社会科学博士论文文库"，据说一年只有 20 篇博士论文入选。她是研究阿根廷作家皮格利亚的作品的，2015 年她的论文外审，三位专家打分均超过 90 分，答辩委员会、系学位委员会全票通过向学校推荐她的论文为优秀论文。她大概是北外西语招收博士以后第一个，也是到现

郑书九（右一）与楼宇一起接受央视西语频道有关拉美文学的采访

在为止唯一获得校级优秀论文的人。

我始终希望学术研究上要"后继有人"。按照这个想法，我在 2005 年下半年申请了一个校级科研项目："拉丁美洲'文学爆炸'后小说研究"；而 2016 年上半年，北外主管科研的副校长金莉教授申请到国家社科基金重点项目"外国文学纪事：1980~2000"，准备依照不同的地区或国别编写 14~15 卷。经过学校科研处等机构和我沟通，我和我的项目组最终接下了该丛书拉美卷的编写工作。这部书我们整整做了 9 年，初稿写了 180 万字，我和好友胡真才修改时删掉几十万字，余下的 123 万字最终由商务印书馆出版了两卷精装本。我们拉美卷也是丛书之中完成最早的一卷，后来该书获得北京市人文社会科学研究成果奖。

再说回前一个项目"拉丁美洲'文学爆炸'后小说研究"。因为我们两个项目同时做，那时候压力特别大。最后学校通知我，"拉丁美洲'文学爆炸'后小说研究"的期限还有两个月。我们最终加班加点完成了这项研究。后来在金莉副校长的建议下，我们申请了国家社科基金后期资助项目。项目获批后，我们又花了十几个月时间认真修改这个稿子，最终用 8 年时间完成了这个任务，该书于 2013 年由商务印书馆出版。

我曾担任全国西葡教学研究分会会长，所以在 2008 年组织了全国高等院校西班牙语教育研究，这个项目 2015 年完成并出版。当时是几个项目几乎同时推进，2005 年一个，2006 年一个，2008 年一个。之后 2013 年完成一个，2015 年完成文学纪实拉美卷，从 2012 年到 2014 年我还完成了四本《现代西班牙语阅读教程》的编写与出版工作。长时间高强度的教学与科研工作使身体严重透支，到了 2015 年我大病一场，肠胃功能均出现严重问题，一年内体重骤降 25 斤。

我觉得在自己职业生涯的最后十几年，身体在走下坡路。与此同时，科研能力和专业知识也积累到一定程度，应该能够出一点东西了。大概搞人文科学的，比如搞文学，无论是教学还是研究，更多的是依靠多年的积累。这不像搞自然科学的人，他们会突然地有一些突破，我们不是，我们主要靠积累。我从 1979 年读书时开始大概积累了 30 年，但是在出成果的十几年里身体消耗得却很厉害。我 37 岁读博时得了高血压，50 岁时得了糖尿病，这些东西不要人命，但对身体整体损害厉害。我后来大致算了一下，2007 年到 2017 年间完成的任务，包括专著、论文、教材、大纲、调研报告等，10 年间所有出版的文字累计达到 500 万字，也算是对我学术生涯的一个交代了。

采访人：除了在高校的科研工作之外，您也在西葡拉美文学研究会承担了重要的工作。您是在什么时段参与到这部分工作中的，近年来文学会的发展怎样？

郑书九：西葡拉美文学研究会到 2019 年刚好成立 40 周年。前段时间，理事会开了一个会，准备要好好地纪念一下，时间已经定在了今年的 10 月 19 日。

我从国外读书回来之后，大概是从 1992 年开始参加学会的一些研讨活动。参加这些活动是因为喜欢，有时候在研讨会上也会发个言。1997 年承德会议上学会进行改选，我被选为常务理事，我还感到很意外。

进入 21 世纪以后，外国文学研究有点冷清，我们能够感觉到。据我所知不只西班牙语，包括俄语、英语等专业的文学研究生报名的数量都有所减少。在这种背景下，很多人就去搞翻译、搞实用的东西，纯文学研究越来越少，但我始终觉得还要坚持下去。2005 年研究会改选，丁文林、胡真才和我等三人组成了新的班子。原来这个学会是"一正四副或五副"，还有十几位常务理事和二十几位理事。2005 年的理事会共 11 个人，从中选出 3 个人做正副会长（丁文林为会长，胡真才和我为副会长），那个时候对学会来讲也是低谷。坦率地讲，从这个时候我开始比较认真地参与学会的工作。2008 年夏天我从国外任教归来，马上开始筹办 2008 年在青岛大学召开的研讨会，以后陆续组织了 2011 年东营研讨会、2013 年吉林大学研讨会、2015 年南师大研讨会、2017 年西外的研讨会，以及今年（2019）将在常州大学举办的研讨会。除此之外，这一届理事会也组织了一些其他活动，如加西亚·马尔克斯纪念研讨会、文学会成立三十周年纪念活动等。

我们的学会是一个群众性的学术团体，我们强调一定要名副其实，就是说学会要发动大家认真地做文学研究。文学翻译非常重要，介绍也很重要，但还是要加强研究，走向更深的研究领域。我们十几年间组织的五届研讨会，每届研讨会论文提交的篇数逐年增加。在西外的研讨会上，提交的论文有近70篇，收录入论文集36篇。在这种形势之下，西葡拉美文学研究会在文学研究的道路上逐步发展。我觉得在中国搞文学研究的，搞得比较认真的、比较纯粹的人越来越多。如果回顾一下最近两三届研讨会，提交的论文的篇数和质量有明显提高的趋势。这个是让大家感到欣慰的。

2011年东营会议上我们进行了理事增选，南师大会议时我们则进行了理事会的改选。但是截至目前，在胡真才老师去世之前，学会的正副会长还没有更换。我觉得这

郑书九（左一）回哥伦比亚参观伊萨克斯故居

郑书九夫妇在墨西哥任教期间参观特奥蒂瓦坎

在墨西哥城与伊萨贝尔老师合影，她曾将自己山中的房子借给郑书九（左一）专心写论文

个问题还是要尽早解决，尽快让更年轻的、有朝气、有能力的人领导学会的发展。文学会发展的趋势我认为是好的，而且我们现在的新理事、常务理事，我觉得他们做得挺好的。这里边比如像楼宇、杨玲，还有北大的范晔、卜珊，国际台的刘京胜、蔚玲，北二外的张珂，出版社的崔燕等。我主要讲的是在京的理事，因为我们很多事情是依靠在京理事做的。无论是我个人，还是其他很多老同志，都认为目前学会的发展趋势比较好。我希望我和丁文林老师在退下来之前，学会有一个更好的发展前景。如果是这样的话，那么我们十几年的工作就没有白白辛苦。

采访人：如果我们从更宏观的角度来看您的学术经历和人生经历，无论是以受教育者或教育者的身份，您都参与了中国西班牙语教学的大部分阶段。同时，您也曾经长期承担西葡教学研究会的工作。关于我们的西语教学，您应该深有感触吧？

郑书九：我很愿意聊一下中国的西班牙语教学。西班牙语教学始于新中国成立以后的 1952 年 10 月，我如果没记错的话，当时应该是周总理提出来要在北京外国语学校（就是后来的北京外国语学院）设立西班牙语专业。刚刚成立的时候，据我所知只有几位老先生，其中一位是孟复先生。我上学的时候孟复先生还在世，1975 年初我刚刚毕业孟复先生就走了。除了他以外，还有一位老先生（我忘记了名字）。他们原来是国民政府驻拉美的外交官，英文非常好。孟复先生原来是英语系的老师，后来成立西班牙语专业，孟复先生就来到西班牙语专业。除此之外，还请了一些苏联专家。有的专家就是苏联人学了西班牙语的教师，到我们这里当了专家。专家中有流亡在苏联的西班牙共产党的一些人，有的就是大学老师，比如说雷塞亚夫妇，这是我所知道的事情。

第一届学生于 1953 年的春天入学，他们有些人是原来到北外学习英语，准备到朝鲜战场的。后来就从英语专业调过来，成了西语专业的学生。第一届学生于 1956 年毕业，毕业以后有几个人留校当了老师：王怀祖、唐柏生、黄志良、李庭玉等，李庭玉和王怀祖一直到了 20 世纪 80 年代还在北外教书。后来黄志良和唐柏生到了外交部，先后都做了大使。第二届学生也出了一些名人，一些很有名的一些教授，比如北大的沈石岩老师，北外的吴守琳、李世媛；有广电部副部长刘习良，社科院外文所的陈光福，还有前几年过世的孙家孟老师。他原来在外交学院工作，后来转到南京大学去了。

到了 1954 年，中国第二所高校开设西班牙语专业，就是原来的北京外贸学院，现在叫对外经贸大学，由张雄武先生创建的现在外经贸大的西语专业。20 世纪 50 年代初就这两所高校有西语专业。到了 1959 年、1960 年一下好几所高校开设了西语专业，我想应该与 1959 年古巴革命成功有关。这一批设立了西语专业的高校有北大、上外、洛外等。之后在 20 世纪 60 年代又有二外、西外、广外等几所专门的外语院校开设了西语专业。综合性大学里，最早开设西语专业的是北大，以及之后的南京大学。

20 世纪 70 年代，西班牙及拉美一批西语国家和中国建交，中国迎来一个西班牙语发展的小高潮。但是到了 20 世纪 80 年代，教育部对西语专业调整收缩，记得原计划收缩到 5 所院校，后又有两所院校争取保留下来，一共保留了 7 所院校。1999 年的时候，全国只剩下 12 所西语本科院校加一所大专，就是当时的海淀走读大学（现在的北京城市学院），也就是西语圈常说的"12+1"。

进入 21 世纪以后，中国开始了西班牙语的大发展。2000 年新世纪伊始，吉林大学建立西语专业。三位老教师张永泰、唐明权和吴宏甫创建了吉大的西班牙语专业。在这之后，基本上是每年有三所至五所的院校新开西语专业，最多时一年有 7 所学校同时开办。截至 2017 年，教育部备案的有 91 所，2018 年又有 3 所院校开设西语专业。到 2020 年西班牙语的本科专业院校或将达到 100 所。

我们西班牙语教学年会每年都一份有关教师的和一份有关学生的统计，但是这个统计由于种种原因不是很准确。我们估计现在的在校生应该在

20000 人到 25000 人之间，而 1999 年时，当时的全国西语在校生总共只有 500 人；现在的在校生是 1999 年的 40~50 倍，这还不包括二十余所拥有西语专业的大专院校的学生。

如果从教师的角度看，我们应该算第三代教师了。第一代应该是 20 世纪 50 年代开始教书的，人数很少，因为只有几所院校。北外建立西班牙语专业，还从法语系调过来两个人，一个是学生，就是岑楚兰老师，她一边学西班牙语一边当助教；还有柳小培老师，他原来是法语系的老师。除此之外，还有我刚刚提到的北外第一届学生毕业留校任教的几位老先生。我认为 20 世纪 50 年代开始从事教学活动的教师可以算作西语专业的第一代教师。

第二代教师大致应该是 1960~1966 年毕业从事教学的。如我们外语附中的殷国义、张世春、吴瑞根、李德恩、冯燕萍、金二青等老师；北外毕业留校任教的董燕生、张广森、刘晓眉、王嘉利、傅晓芳、陈萱萱、盛力、刘家海、刘永信这一批。北大的还有 1965 年毕业的赵德明、赵振江等。当然还有"文革"前入学，"文革"中毕业，后来做了教师的一批人。

我觉得我们可以算作第三代西语教师，就是 20 世纪 70 年代毕业并开始教学的，大部分是"工农兵学员"。我们入学和毕业留校工作时，我们上边的两代教师还在教学岗位，比如王怀祖、李庭玉，董燕生、张广森等；与我们离得最近的一代，是早我们 10 年毕业的盛力、刘家海、刘永信他们这代人。我们下边大概又有两三代教师了，最近的一代应该是 20 世纪 80 年代毕业的如刘建，20 世纪 90 年代的如徐蕾、李婕等。进入 21 世纪后，我女儿这一代人研究生毕业开始做老师，他们的学生现在也已经当老师了。我觉得我们这第三代教师的作用就是承上启下。

你刚刚问到我们当学生时的学习条件，可以说硬件设施几乎没有。我们上大学的时候，第一年在干校边学习边劳动.那年学习的条件就是一块用水泥涂上黑色的黑板，能在上面写字就行。第二年回到北京后，我们班唯一的教具就是一台钢丝录音机。当时大家想听一点录音，或者几个人说好一块听，或者这个人听完了那个人听，人停机不停。别的电教设备一概没有。另外一个就是图书设备，我上大学第一年是在干校，第二年回到北京，图书大部分被封着不许阅读。当时好多东西都可以成为教材，比如说一些报告的译本。1971年恢复了中国在联合国常任理事国的席位，副外长乔冠华代表中国政府去联大开会。他报告的西班牙文版我们当时全部能背下来的，包括中国的外交政策、和平共处五项原则、不争霸、三个世界的论述等。到了三年级以后，我们附中班开始读一点外国的文学作品，主要是西班牙的现实主义时期的作品，拉丁美洲的我记得当时读了阿尔西德斯·阿格达斯的《青铜的种族》，还有西罗·阿莱格里亚的《广漠的世界》，就是关于被压迫民族斗争的一些作品。我们那时读过的东西很有限，我们就苦练口语和听力的基本功。尽管我们能够学到的知识不多，但是我们很珍惜上学的机会，学习很努力、很刻苦。

当时我们所说的基本功，听、说、读、写、译，这是周恩来总理提出来的。我记得当时他专门对北外的一些老师及在外交部做翻译的同志讲的，就是学外语的五个基本功。后来欧盟有一个外语学习的框架标准，那个标准提出了听、说、读、写，但没有译，因为他们认为翻译是另外一个阶段的东西，但是我们一开始就把译放在五个基本功之中。这与我们教学法有关系，我们相当长的时间实行的是翻译法教学。由于时代所限，那一段时间我们的本科和硕士研究生的学习，学的东西不是很多，但是我们学得比较扎实。这大概就是中国的西班牙语教育当时的情况，我们这代人在中国的西班牙语教育历史上发挥的作用大概就是如此。我们那代人后来一直在教学岗位上的不多，有北外的常世儒和我，上外的陆经生、广外的何仕凡等。这代人已经完成了使命，逐渐退出这个舞台。

还有关于中国西葡语教学研究会（准确讲是高等教育学会外语教育研究会西葡语教学分会）的情况，我1997年任分会秘书长、后来任会长。我们在2006年准备搞一个调研，想仔细了解一下中国高校西班牙语教育的情况。2008年我从国外任教回来后，决定把调研的事情正式启动。我们先调研了全国西语课程的情况，之后是全国西语师资调研，专业四、八级考试调研和学

郑书九（前排右一）参加大陆与台湾两地四校研讨会

郑书九受邀到国家行政学院给来自拉美的官员讲课

郑书九退休后到四川外国语大学讲学

174

生情况的调研。这项工作从 2008 年开始一直到 2015 年完成，最后形成了一个完整的中国高校西班牙语教育情况的报告，由外语教学与研究出版社出版。

除此之外，考虑到 21 世纪以后有很多新教师进入教学岗位，有必要对教师进行一个培训。我们在 2009 年组织了第一次全国西班牙语教学观摩研讨会：观摩二字主要是培训的意思，研讨就有研究的内涵。我们后来沿用这个名，到现在一共组织了五届。第一届有九十多个院校的年轻老师参加，主要讲一年级精读和二年级精读课程。一年级精读由北外的刘建老师主讲，二年级精读由同是北外的徐蕾老师主讲，大家普遍觉得效果很好。我们是 2009 年 7 月份搞的观摩研讨，8 月下旬我收到了教育部办公厅一个通知。这个通知告诉我，我的上级学会早在五六年前就已经撤销，所以我们这个分会就没有存在的合法性，其他各个分会的会长都接到同样的通知。因为西葡语教学研究分会的合法性问题没有解决，原计划在 2011 年的第二届观摩研讨会无法按时组织。后来北外出面重新申请了中国高等教育学会外语教学研究分会，我们的观摩研讨会才得以继续。据不完全统计，这五届会议培训了青年教师 600 多人次。这种形式的教学观摩与研讨，对中国的西班牙语教学的推动是有益处的，也是我作为一个老教师，所能够做的力所能及的一点工作，所以我们一直坚持到现在。

最后我想讲讲我退休以后的事情。由于身体原因，我退休之后主要是休息。除此之外，我有一个夙愿，曾经在我们高校西语教育调研中提出：希望高校一些西语的老教师、老教授在退休后组织成老教授讲学团，到一些新开院校指导年轻教师的教学工作，但是这个想法由于种种原因未能实现。我退休以后将近两年的时间受邀去了十来所学校讲学，有些学校只是做一些学术讲座，有些学校还邀请我听听年轻教师的课。我认为后一点更重要，听课以后跟他们讨论，谈谈我听课后对于这门课教学工作的意见与建议。有的学校还提出，希望我能够给青年教师上几堂教学示范课，我也答应了。我在有些学校还给研究生开一门课，比如给川外年轻教师和研究生开了一门研究方法论。如果身体状况允许的话，这种事情我还想再做一两年。

退休后另一件事就是读书。我还想读一点书，编写出一部西班牙语语法教材。这是我晚年最重要的工作，我希望有生之年把这部语法教材编出来。年纪越大做事情就越胆小甚微，不敢轻易动笔。尤其涉及语法，因为它既庞大又精细。西班牙新的皇家语言学院语法著作篇幅近 4000 页，我希望慢慢地啃，争取写出一部符合中国人教学和自学习惯的语法书。

采访人：如果现在用一句话总结您现在的学术生涯和职业生涯，您会用一句什么样的话？

郑书九：其实一句话说不清楚。简短地说，就是我无意中进入了西班牙语的世界，但是在这个圈子做得越来越自觉。在这个行业里工作了一辈子，回过头来无怨无悔，就是这样吧。

十　幸运的书写者

口述人：［秘鲁］吉叶墨・达尼诺・里瓦托
采访人：［秘鲁］麦高・萨拉特
时　　间：2019 年 1 月 7 日
地　　点：秘鲁利马德拉萨兄弟会之家

吉叶墨・达尼诺・里瓦托，秘鲁汉学家、翻译家、演员。1979 年，吉叶墨来到中国，先后在南京大学和对外经济贸易大学任教。之后，吉叶墨定居北京，致力于中国文化研究，2002 年回到秘鲁。他潜心研究中国古代诗歌并翻译成西班牙语，是拉美国家翻译唐诗最多的汉学家之一。除唐诗外，吉叶墨也翻译了很多中国民间故事、谚语、成语和歇后语等介绍中国历史、文化和当代生活的书籍，为西语读者打开一扇了解中国的窗户。2016 年，吉叶墨获第十届"中华图书特殊贡献奖"。他同时还是一名演员，先后参演了《重庆谈判》《大决战》《毛泽东和斯诺》等 25 部中国电影，受到了中国观众的喜爱。

秘鲁知名作家、传统主义者里卡多・帕尔马曾经写道："我是我作品的孩子。"他的同胞吉叶墨・达尼诺也像他一样，凭借出色的作品而拥有了高贵的重生。近四十年是中国实行改革开放的四十年，其间吉叶墨・达尼诺总共出版了 26 本关于中国的书。这些作品不仅体现了他的博学和细致的研究，也展现了他对中国一直抱有的纯真热情。正是这个国家，在他 50 岁那年赋予了他新生。

中国人的姓名，除了汉字自身优美的笔画，往往传达出一种千年的智慧、诗性的优雅，以及对美好生活的愿景。中国的父母会非常认真地给新生儿起名字。因此，在南京接待达尼诺的中国教授给他取名为"吉叶墨"这件事一点也不令人觉得奇怪。"吉"的意思是"幸运的"，而"叶墨"则暗指"纸和墨"。也就是说，我们面对的是一位幸运的作家。当然，在那个时候，达尼诺并没有想过要把中国当作书写对象，但从某种意义上而言，他的中文名字已经开始悄悄书写他的命运。

如今的吉叶墨·达尼诺已是秘鲁最受推崇的汉学家。对于我们这些在他之后有幸在中国生活过的秘鲁人来说，他的自律、谦和以及他的幽默感都是我们学习的好榜样。达尼诺曾引用过孔子的一句话："三人行必有我师。"这位秘鲁大师丰硕的作品是他对中国历史之热爱及中国未来之繁荣的最好见证。

今天，吉叶墨在利马城的德拉萨兄弟会之家 A 接待了我们，谈笑风生。他的办公室是一个小型"中国城"，是一处贴心的庇护所，有摆满了关于李白的书籍的书架。这间办公室体现了主人对中国的无限热爱。

吉叶墨在德拉萨兄弟会之家的庭院中（麦高·萨拉特摄）

采访人：吉叶墨先生，

A　"德拉萨兄弟会"是一个宗教性团体（成员并非教士，而是宗教教育者），主要的工作是促进教育发展。这个团体在世界上的很多国家履行着他们的职责。他们设办了学院、大学等机构。吉叶墨·达尼诺就是"德拉萨兄弟会"的一名宗教教育者，正因如此，他在 40 年前来到了中国，从事教育活动——采访者注。

您马上就要满 90 岁了。但您在 50 岁时才跟中国产生联系。

吉叶墨：是的，没错。

采访人：那么，一个人有没有可能在 50 岁时得到重生？

吉叶墨：（笑）我认为是可以的，因为只要活着就有希望。所以总会有发生各种事情的可能性。关键是要拥有运气和方法，遇到那些可以打造和改变一个人的事情，或者遇到那些能够教会一个人他之前并不了解的关于人类现实的事情。就我个人而言，中国让我改变了很多，并且我是在年纪相对较大时才开始了解中国的。那时候，我的年龄已经不小了，但我感觉我还很年轻。那时我就做好了打算，先去旅行，然后慢慢去发现和感悟我所看到的、了解到的一切：人、国家、一切交通工具、书籍、各种阐释，以及我所接收到的信息等。中国真的让我着迷。我书架上第三排的这些书都是我写的，都是有关中国的书。

采访人：您写了多少本有关中国的著作？

吉叶墨：关于中国，我写了 26 本书。

采访人：您现在有没有在写新书呢？

吉叶墨：没有，现在我有点懒了（笑）。

吉叶墨在书房中，背后是他 1979 年购买的一幅中国画

采访人：您说过一句很重要的话：凡是对某事抱有热情，就有生命力存在。

吉叶墨：是的，与此同时，有了生命力，一个人就可能充满热情。

采访人：这个说的就是在您身上发生的事情。如果我没说错的话，1979年时您是秘鲁国立圣马尔科斯大学的一名语言学和文学教授，当时您有不少中国学生。南京大学也曾邀请您到中国任教。

吉叶墨：具体情况是怎样我记不清了，但应该差不多。我觉得很可能是像你说的那样。关于那个年代的事情，我的记忆已经变得模糊了。

采访人：您还记得第一次去中国的时候吗？

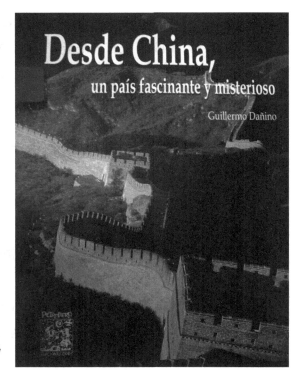

吉叶墨作品封面：《中国，一个神秘而令人着迷的国家》

吉叶墨展示在中国生活期间的照片

吉叶墨：我记得，那次旅行对我来说是一种惊喜，我碰到了很多重要的事。惊喜之一就是，我在中国发现了中国人民拥有很多人性美德。

比如说，当时我在街上询问路人某件事情，那个人就会陪我去解决那个问题，同时跟我聊着天，非常热心地帮助我。在其他国家，我碰到的路人态度就完全相反。我还记得在一些国家——至于是哪些国家我就不点名了——我在路上问别人："请问，您能告诉我这条街在哪里吗？"结果，那个人很生气地对我说："我看上去像警察吗？"所以说，一系列的细节会慢慢打开你的视野。我很喜欢中国，喜欢那里的人们。因此，我首先是努力工作，然后在能力范围内研究有关中国的一切：它的文化、它的传统、它的历史。简而言之，我收集了很多关于中国的书，自己也写了很多关于中国的书。

采访人：您去中国，是为了在南京大学任教，对吗？

吉叶墨：确实如此。我直接去了南京。

采访人：那个时候，街上满是自行车，对吧？

吉叶墨：对，当时我也有自行车。我骑了很多年的自行车。我记得当时的马路分为三条道：中间是公交车道，马路两边是自行车道。

吉叶墨在书房一角

采访人：南京给您留下了什么印象？

吉叶墨：我很喜欢那个城市，那里的人非常热情，非常纯朴。我说着几句可怜兮兮的汉语，而大家总是竭尽全力帮助我。比如我向骑自行车的人问路，那个人要么从自行车上下来，陪我去我询问的那个地址，要么就会给我指路。因此我印象中的南京人是非常纯朴、热情的，这点我很喜欢。

采访人：您是自学的汉语，对吗？

吉叶墨：是的，因为我没有时间去大学学习汉语课程。我的汉语没有学得多么好，但完全够用，所学的也都是有用的。而且我有办法去了解所有我想知道的内容。因此，我逐渐接触了中国文化的很多方面。中国文化真的是人类历史上最悠久的文化。让我着迷的不仅仅是那个我所了解的民族，还有它的历史、它的文化。所以，我带着极大的愉悦感去研究中国。

采访人：一个人在学习一门语言时，对文化的了解是必不可少的。事实上，学习文化也是深入学习一门语言最合逻辑的方式。

吉叶墨：当然了。对我来说就是这样。

采访人：对我们而言，很多时候会觉得汉语是一门几乎不可能掌握的语言。您居然一个人自学了汉语，感觉已经是超越人类的能力范围了。

吉叶墨：谈不上是一个人自学的，因为我的周围全是中国人（笑）。

采访人：我了解到，您有记笔记的习惯，把一切都记下来，汉字、发音还有其含义。

吉叶墨：是的，这么做就是为了记住它们。因为学习语言的关键是记忆，也就是把一切都装进脑袋里。如果你不去练习，渐渐地，你所学到的一切都会离你远去。因此，要把学的东西记下来，用于捡起那些正在遗忘的知识，同时也是为了记得越来越深刻。

采访人：学习汉语过程中，您认为最美好的是什么？

吉叶墨：是汉字。汉字的形象非常美，对于汉字本身及其含义之间的联系的探索也很美。有时候，一个字的含义是显而易见的，但有时候，就需要去猜测或去探寻它的含义，汉字的形象和含义之间的关系非常有趣。

采访人：您还在学习汉语吗？

吉叶墨：现在不学了。我都90岁了，还学习汉语干什么？（笑）

采访人：我曾读过您的一则轶事。您第一次鼓起勇气说汉语，是在一家商店里，您向一位女士要了十张信纸，然后她给了您……

吉叶墨展示他的书法作品

吉叶墨：然后她给了我四瓶啤酒（笑）。是的，没错。因为很多时候，汉语词语的发音都很相像。十念"shi"，四念"si"。确实有过这么一回事（笑）。

采访人：您与中国的这几十年的关系，通过我们在您办公室看到的这26本书得到了具体呈现。当然，我不会去问您这26本书中您最喜欢的是哪一本。

吉叶墨：……其实，我最喜欢的是这本《中国文化百科全书》。

采访人：这本是您写得最用心的一本吗？

吉叶墨：很可能是的，因为它涵盖的内容最为广泛。它是一本百科全书。百科全书的意思就是包含很多很多东西。

采访人：请让我再跟您说一件您的轶事。

吉叶墨：行（笑），你说吧。我可能已经忘了。

采访人：很明显，您对一般意义上的文学有很大的兴趣。

吉叶墨：没错，一般意义上的文学。

采访人：但是您对中国文学格外感兴趣。实际上，这种热情让您在北京一家旅馆里住了9年，现在这家旅馆已经没有了。当时，旅馆的门卫送了您一本《唐诗一百首》，这是您从事诗歌翻译的起点，更准确地说，是您翻译中国诗人的开端。

吉叶墨：是的，这位诗人就是李白，也叫李太白。那个旅馆，还有那里的人，我记得很清楚。因为对于我来说，那真是一次美妙的经历。

采访人：李白是您最喜欢的中国诗人吗？

吉叶墨：对，我最喜欢李白。我也很喜欢杜甫，他们两个是朋友，是知己。

采访人：您最初阅读中国诗歌的时候，是哪一点吸引了您？

吉叶墨：吸引我的是中国诗歌的简洁，还有它的深刻。中国诗歌只用寥寥数字就能表达丰富的含义，并且还表达得很到位。那几个字并不是随意挑选的字，也不是生僻怪异的字。诗歌包含了丰富的感受和情景，所有的这些让我着迷。我至今还清楚地记得我是如何因那些诗歌而兴奋不已。

采访人：除了简洁之外，中国诗歌还传达出一种对自然的崇敬。

吉叶墨：是的，没错。大自然是中国诗歌的主题之一，它代表着一切积极和美好的事物。

采访人：在西方诗歌中也能遇到同样的情况吗？

吉叶墨：这个不好比较。因为"西方"这个词意味着许多国家和许多不同的语言，不能简单地一概而论。在某些情况下，我可能会发现某些诗歌之间存在某些相似之处。但不管怎么说，如果我要把某个国家一首诗歌的某个单独的主题来跟中国的诗歌比较，那差异就大了，它们是不一样的。

采访人：当我们谈及翻译的时候，诗歌翻译似乎是最复杂的。不是每一位译者都有勇气去翻译诗歌。您从没有担心过会翻译失败吗？您是怎么去翻译诗歌的？您咨询了很多人吗？

吉叶墨：我不仅咨询了很多人，也查了很多字典和书籍。因为有很多中国诗歌被翻译成了别的语言，比如英语、法语、意大利语等，所以我的参考书目有很多很多。在旅行中，凡是发现跟中国文化有关的资料，我都会买下来。我什么都买。也正因为这样，我对这个伟大的国家及其传统的了解变得渐渐广泛起来，并且从另一方面来说，它让我能够更好地去翻译中国诗歌。

采访人：您的翻译成果收录在您的诗集《瓷桥》中，您在这本书中也表达了在中国的多年生活给您带来的感受。

吉叶墨：是的，《瓷桥》是我翻译出版的第一本诗集。这个标题有一定的含义。它指的是一座架构于中文和西班牙语之间的桥梁。并且我们都知道，瓷器起源于中国。这就是标题的由来。我在这本书里不仅翻译了李白的诗

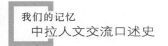
歌，还翻译了其他中国诗人的作品。

采访人：唐代是中国诗歌和艺术的鼎盛时期吗？

吉叶墨：可能是的。根据我的印象，我觉得是。那个朝代出产的诗歌最多，最好的诗人都是那个朝代的。

采访人：您也对中国的谚语和成语有种偏好，对吗？

吉叶墨：是的，没错。

采访人：您最喜欢的谚语是什么？

吉叶墨：呃，这么跟你说吧，我以前有一个习惯。在这个房子的餐厅里，有一块黑板，我每天都在上面写一句中文谚语。由于餐厅挨着客厅，所以那些来拜访我们并在这里用餐的人可以看到餐厅的一切。因此，大家都发现了那些谚语蕴含着巨大的文化财富。

采访人：您对中国谚语的热情也体现在您的一本著作中，题目叫作《勤劳的蜜蜂》。

吉叶墨：对，书名本身就是一句谚语："好蜂不采落地花"，来源就是这句谚语。

采访人：您还有一件特别有意思的事：当演员。据我所知，1980年，峨眉电影制片厂来到南京，要拍摄一部关于世界剑术冠军的电影。电影导演看到您之后，就对您说："你来演国际剑联主席吧。"因此，在纯属巧合的情况下，您开始了银幕生涯。

吉叶墨：（笑）是的，这件事我记得很清楚。那个电影导演是一个中年人，胖胖的，很和蔼，他过来跟我用中文说："你来演国际剑联主席吧。"然后我心里就嘀咕着："怎么回事？发生了什么事情？"（笑）接着他就跟我解释了一通，然后我就很开心地参演了。这只是个开始，我总共在中国参演了25 部电影。

采访人：那么哪个角色您觉得最有趣呢？

吉叶墨：这个不好说，因为每个角色都有很多的细节。但是我记得在某部电影里，我们需要去往北方，去戈壁沙漠，那里荒无人烟。当时我们要去参加一个汽车比赛，因为这是电影的一部分。我记得，我们拍摄电影的地方一个人都没有，并且我们忘了带食物（笑）。于是，他们不得不派赛车来找我们，并带着我们回去吃饭（笑）。

采访人：《送你一片温柔》《有一个青年》《"冥王星"行动》和《大决战》是您参演的 25 部电影中的几部。

吉叶墨：是的，但是你瞧我这记性。我现在只记得电影名字，除此之外什么也记不得了。

采访人：那么请允许我帮助您回忆一下。《大决战》这部电影讲的是中华人民共和国成立之前的中国解放战争，在这部电影里，您扮演了大使先生。

吉叶墨：啊，没错，我演了美国驻华大使司徒雷登。我现在想起来了。

采访人：那么您还记得您的好朋友董燕生，也就是将《堂吉诃德》译成中文的译者，还记得他对您扮演的美国大使的角色作过什么评价吗？

吉叶墨：不记得了。他对此有什么评价？

采访人：董先生说："吉叶墨要我们不要对他的姓氏心怀恐惧。虽然他的姓氏'达尼诺'在西班牙语里是'有害'的意思，但是他本人并不有害。不过我觉得是有害的，至少在电影里是有害的。"

吉叶墨：（笑）没错，是的。董燕生是我很好的朋友，也是一个伟大的人。总之，那段友谊给我留下了很多回忆。但遗憾的是，这就是人生。时过境迁，很多年以后，经历会发生变化，曾经的记忆也会跟着改变。

采访人：作为演员，您还扮演过探索频道纪录片中的耶稣会传教士利玛窦。除此之外还演过毒贩、间谍、元帅、将军、医生和警察，并且您在电影中被"杀"了两次：一次是被日本人，一次是被法国人。

吉叶墨：（笑）是的，没错。我记得很清楚，那时候我演的是一位牧师，正在做弥撒，然后一个日本人把我杀了。他闯进来，认为我是美国间谍（笑）。我在电影中扮演过的所有角色，都被我写进了一本书里：《现在我是谁》。

采访人：那么现在您有答案了吗？吉叶墨·达尼诺是谁？

吉叶墨：我还没有答案（笑）。

采访人：对于一个外国人来说，生活在中国给他提供了一次获得新生的机会，一次可以成为另一个人的机会。

吉叶墨：没错，完全就是另一种人生。

采访人：并且对有些人来说，他们会经历一些在他们自己的国家不可能经历的事情，比如您的话，就是当演员。

吉叶墨和他的一些中国纪念品

吉叶墨：是这样的。在秘鲁我甚至都没想过去电影院（笑）。

采访人：您与中国的关系有着特别之处：您第一次去中国是在 1979 年。也就是说，您在中国的经历恰好和中国施行改革开放政策的 40 年相吻合。回顾一下您在中国生活过的所有时光，中国的哪些变化最令您印象深刻？

吉叶墨：让我印象最深刻的，是那儿的人们没有失去他们的人性，以及他们在人际关系中的价值观，这些观念非常简单，同时也非常宝贵。就像我说的那样，如果我在街上拦住一个人问路，那个人会从自行车上下来，然后陪我去我想去的地方。相反，如果在其他国家，路人会对着我喊："我长得像警察吗？！"然后我会对他们说："抱歉打扰了，脸看着不像。"（笑）

采访人：您在中国当过教授。在改革开放的头几年里，中国大学老师的生活是怎样的？

吉叶墨：在那个年代，中国的大学老师都比较贫穷。所有的一切都很简陋。有那么几次，他们邀请我去吃饭。我印象中参加了一次宴会，他们无时无刻不精心又周到地招待我。

采访人：改革开放多年来，您看到了中国大学教师的状况正在逐渐地改善。

吉叶墨：是的，大有改善。我第一次去中国的时候，最初的那几天，我感觉所有的一切都远比秘鲁要贫困许多。

采访人：从那时到现在，也仅仅过去了 40 年而已。

吉叶墨：没错。中国经历了元朝和清朝后，曾经远远地落后于他国。正如我跟你说的那样，我刚抵达中国的时候，感觉我所在的是一个发展程度远不及秘鲁的国家。但现在就是另一回事了，现在的中国要比之前进步多了。

采访人：但是除了经济发展之外，您还强调了中国社会的一些其他方面，比如说中国重视保留儒家传统文化。

吉叶墨：是的，因为这是中国的文化，中国文化的精髓就是孔子。一个生活在很多世纪前的人是如何对广博又丰富的中国文化产生作用的，探究这一问题是十分有趣的。

采访人：秘鲁的华人社区还有华裔秘鲁人给您颁发的称号是"荣誉公民"。

吉叶墨：是的（笑）。在利马中国城的甲帮街上，某块瓷砖上画着一颗星星，我的名字在星星里面。星星上写着："吉叶墨·达尼诺，荣誉公民"（笑）。

采访人：您去过中国几次？

吉叶墨：嗯，我不记得了，去了很多次。

采访人：几年前，您在一次访谈中提到，您所去过的中国最美丽的地方是四川省的九寨沟自然保护区。

吉叶墨：从某些角度看，那个地方非常美丽：景色、植被、房屋，还有穿着奇特的人们。九寨沟完全与世隔绝，给人一种来到另一个世界的感觉。地平线处的雪山、河流等一切，如世外桃源。

采访人：吉叶墨先生，您的名字用中文怎么念？

吉叶墨：Ji-ye-mo（吉叶墨）。

采访人：有什么含义呢？

吉叶墨：幸运的书写者（笑）。我刚到中国那会儿，负责给一些教西班牙语的大学老师上西班牙语课。有一天，刚任教的我看见三四个老师坐在桌子旁边。于是我就走过去，跟他们坐在一起，对他们说："请你们给我起一个中文名字吧。"接着我们就聊了起来。他们告诉我，最常见的起名字的方式之一是直接把名字翻译出来。例如你的姓氏是"Montes"，那你的中文名字就是"高山"。如果你的姓氏是"Dañino"……我们还是放下这个话题吧（笑）。

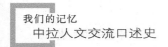
采访人：然后怎么着了？

吉叶墨：然后他们就开始研究我的西语名字"Guillermo"。那些中国老师建议我叫"吉里尔墨"（Ji-li-er-mo）。我对他们说："我不喜欢这个名字。"我那时候根本不懂中文，但是我说，我知道中国人的姓和名加起来通常是三个字。"吉里尔墨"是四个字。"你说得对，"他们跟我说，"如果名字超过三个字，就不是中国人了。"于是我说："可我是中国人，所以你们还是给我起个三个字的名字吧。"然后他们就把我的名字翻译成了"吉叶墨"。聊天中他们对我说，"吉"的意思是"幸运的"，"叶墨"的意思是"纸和墨"，或者说，代表着作家的意思。但那时候我压根没想过写作（笑）。

采访人：所以，您的中文名字是整个故事的序曲。您在中国做了这么多事情之后，还有什么是您没做的吗？

吉叶墨：我就差没留在中国了（笑）。不过话又说回来，传播中国文化需要做很多很多事情，因为中国文化是世界历史上最悠久的文化。因此，我曾经梦想着成为中国文化的传播者。我做了一些事情，但我知道还有很多事情没有做。

采访人：您已年近 90 岁，到目前为止，中国给予了您什么？

吉叶墨：它给了我幸福，至少可以这么说。了解中国让我非常幸福，始于它的人民，随之是它的文化。我学到了很多，享受了很多，我非常有兴趣在我们的国家和我们的语言中传播中国文化。

采访人：您在中国发现了很多事物，那么中国是否帮助您发现了自身的某些东西呢？

吉叶墨：是的，有很多，比如学习的热情。还有我本人对一些我曾经并不了解的价值观的推崇。这种推崇对我来说是很新鲜的。

采访人：请用一个词来总结您眼中的中国。

吉叶墨：令人叹赞。

采访人：我看到在您的办公室里有一幅中国画。

吉叶墨：是的，画的是一处瀑布，画的一端是诗人李白，画中的汉字写的是："君不见黄河之水天上来，奔流到海不复回。"

采访人：但愿某天您还会回到中国。

吉叶墨：那将会是另一次新生吧。

十一 助巴西人圆"中国梦"

口述人：乔建珍
采访人：万戴、安薪竹
时　间：2019 年 2 月 20 日
地　点：中国社会科学院拉丁美洲研究所圣马丁学苑

　　乔建珍，1965 年出生于教育世家。大学为英语专业，大四时被选去学习亚述学专业，并初次接触对外汉语。1999 年 9 月参加河北省项目到北京外国语大学学习葡萄牙语，从此踏入葡语圈。2005 年开始编写《精英汉语》教材，由此启动个人第一个孔子学院项目；2009 年开始教授葡语；2010 年 10 月开始从事里约天主教大学与河北大学共建孔子学院工作至今。是目前巴西孔院中方院长中唯一一个使用葡语工作的院长。通过八年多来的工作，已将里约孔院打造成了一个全球知名的孔院。此外，还和里约州政府合作于 2015 年创建巴西第一所葡中双语中学，如今已是巴西中学教育的一个标杆，并正在形成连锁。发起并连续五年组织巴西中学生"汉语桥"比赛，连续四年组织全球唯一的巴西中学生足球夏令营。

　　乔建珍为中巴文化教育经济交流所做的努力得到了两国社会的认可。2014 年 6 月 11 日，巴西劳工部特派代表为乔建珍颁发劳动奖章，这是巴西历史上首次把该奖项颁发给外国人。2014 年，她所领导的里约天主教大学孔子学院获得全球"年度优秀孔子学院"。2015 年 12 月她在全球孔院大会上获得年度"全球孔子学院先进个人"。2018 年 12 月 14 日，她连续两年在里约市议会获得"柴门霍夫文化奖"并被记入里约市年度大事记 。

采访人：我们从一些报道中得知，您最初的专业并非葡萄牙语和对外汉语教学，请问您是怎么转入葡语世界的呢？

乔建珍：其实我在大学最开始是学英语的。我在大学三年级，也就是 1987 年，有一个机会去学习上古史，也就是亚述史部分。最终，我进入东北师范大学古代历史研究所去研究这门艰深的学科。当时研究所的隔壁就是对外汉语研究所的办公室。我很好奇，胆子也大，就过去请教别人：这对外汉语是研究什么的呢？那里的老师告诉我，是教外国人学汉语的。当时，我就对对外汉语有了一个非常简单的概念。

毕业之后，我并没有教历史，而是回到了英语教学岗位。一直到 1999 年，河北省领导出访，感觉需要培养自己的西语和葡语翻译。可能是因为我在团队中年纪比较大（当时我已经 34 岁了），领导就来问我，说有一个学西班牙语的机会，问我要不要去。我就答应了。然后我就到了北京外国语大学，不过却阴差阳错被安排学习了葡语。我的运气很好，遇到了非常友善的赵鸿玲老师。从那以后，我就在葡语圈一直快乐地学下来了。

1999 年澳门回归，次年澳门东方基金对学习葡语的内地学生提供奖学金参加暑期班学习。在赵老师的帮助下我成功去了澳门学习葡语。澳门政府非常重视这个项目，一切都安排得非常好，老师们也都很认真负责。从澳门回来之后，大约在 2000 年的八九月我又赴葡萄牙科英布拉大学继续学习，直到 2001 年回国。科英布拉大学是葡萄牙最古老的大学，有着 700 年的历史。我是学习上古史出身的，大学的历史氛围令我痴迷。在那里学习，会感到每一块石头都像在讲述着自己的故事。那里有非常出色的历史老师，再次满足

2001 年乔建珍在葡萄牙学习期间，摄于欧洲大陆之角

了我了解历史的愿望。比起其他留学生，我的年龄较大，所以当时的目的非常单纯，只是想学好葡语、想了解这个只占伊比利亚半岛四分之一大的小国是怎么将葡语带到了五大洲的。

我和孔子学院真正接触是在 2005 年。当时，河北省精英集团要在巴西建立孔院，我帮助他们做了一些立项之类的事务性工作。但是由于我孩子年龄尚小，所以我不想去做第一任院长。2009 年，我开始从事一些葡语教学工作，这对我而言不仅是一个理想，也是我对澳门东方基金会教授我

2000 年乔建珍（前排右二）在北外学习葡语的结业照

葡语的老师们的一个交代。2010 年，河北大学在巴西建立孔子学院，咨询我要不要去。有过往的经历，我发现自己还是很喜欢葡语，喜欢对外汉语，喜欢在葡语环境中从事对外汉语工作。所以，2012 年我就去了巴西，开始了我的孔子学院生涯。

采访人：您从事对外汉语教学，这又是一个比较大的转变，这是一个主动的转变吗？

乔建珍：其实我觉得我的人生经历很有意思，随着年龄增长，前半生积累的很多东西都汇到一个点。我是学英语的，后来去学了上古史，然后又在东北师大了解了对外汉语，就从来没想过自己有一天会从事对外汉语工作。因为在东北师大的专业因素，我所接触的各种资料都是外文，比如拉丁文、希腊文也都多多少少学一点。我们所有一位老师教《圣经》是拿希腊文和拉丁文教的，我对拉丁语系所有的语言都非常感兴趣，所以我的法语也还不错。

从事对外汉语数学工作，跟我的葡语学习经历相关，跟我小时候读的书也有关系。我后来的兴趣从英语教学转向了其他领域，对中国传统的历史、文化则越来越感兴趣。我觉得其实很多东西就是只要你有想法，总会有实现的时候。所以当时他们筹建孔院时，我就莫名其妙地成了目标人选之一：懂葡萄牙语、英语专业出身、学过国外历史，对中国自己的历史文化很感兴趣。就这样，我被河北大学找来做这个孔院的工作。

采访人：当时，您的事业、学术和生活处于什么样的状态？是什么促使您下定决心到巴西的呢？

乔建珍：我做出那个决定并不容易。当时我在教葡语课程，其实我一直很想在河北师大建立葡萄牙语专业，很遗憾一直也没能实现。但后来就觉得，只要做与葡语相关的工作，我就觉得还好。当然其实也纠结过，因为毕竟上有老下有小的。我很感谢我的父母，他们一直特别支持我。在做了决定后，我跟我父亲说，我可能要去巴西教中文。我父亲特别好，只要我做的决定，他绝对不会说不行，有多大的事他也会自己扛着。我父亲说去吧，挺好的。那时，他们一直跟着我住，我要去巴西对于他们来讲肯定会造成一些压力。对我来说，是做自己喜欢的事，但对老人和孩子来说，可能意味着他们的生活会受到影响。我很感激我的家人，在他们的帮助下，只要是我自己喜欢的事，我就可以去做。

2019 年我休假结束回到巴西，第二天父亲就离开了，然后我就又赶回国。春节，国家汉办让我们给家人或者朋友写一段话。我其实真的脑子里没有任何想法，就是想写给我父亲。但我拖了好几天没写。我跟汉办说可能写给我父亲不太合适，毕竟过春节了，大家挺喜庆的。但我除了父亲之外，实在不知道可以写给谁。汉办说没关系，其实也挺好，那就是你的真情流露，孔院工作其实意味着你会有一些得失。所以我觉得，家人的这种支持和理解就是我这么多年最坚实的后盾。我有胆量在外边闯荡，敢于放手去做，背后其实是家人无数的付出。

乔建珍 2019 年春节写给父亲的信，2019 年 2 月 3 日发表于"孔子学院"微信公众号：

爹：

春节又到了，我知道您再也听不到我们呼唤您了。

从小到大，您一直是我心中的偶像，出生于教育世家的您也曾有过自己的青春岁月，自己的教师梦想。您热爱自己的三尺讲台，是学生心目中的好老师；您极有担当，是我们心中的好父亲。2010 年当我已经下定决心去巴西做孔院工作后，假装和你商量其实是告知，也知道古稀之年的您尽管心里有万般的不舍但也决不会说 No。那一刻我就知道从此我在你们身边尽孝的日子就屈指可数了。

七年来，你们一直默默地支持着我的工作；为了让万里外的我全身心投入工作，无论家里发生什么，你们都自己担着，连母亲住进 ICU，生命垂危，而后进行心脏病手术您都没召回我。而我也只能以更加努力地做好所在孔院的工作来回馈你们。

七年来，我们的孔院发展良好，教学点不断增加，各种活动越来越丰富、档次不断提高；我们建了巴西目前唯一的葡中双语学校，在当地的知名度、影响力不断增强，要进入该校，已经一位难求；我们组织的巴西中学生足球夏令营、中学生"汉语桥"、巴西教育工作者团等已经在中巴两国的人文交流中起着越来越重要的作用，成为中巴交流的名片，也得到了当地的认可，巴西劳工部、里约市议会数次表彰我们的工作。

得到您离开的消息，我未能第一时间返回，因为早就答应了里约市议会、里约世界语协会出席我已连续两年缺席了的表彰会。是日，坐在里约市议会的主席台上，泪水曾数次在眼眶打转。

被授予鲜花、证书的那一刻，我知道您已经再也看不到这些、听不到这个消息，我在心里默念：爹，这里面有您的一半，作为您的女儿，我没有辜负您的厚爱和培养。您放心吧，我也会继续做好自己的工作，为中巴交流增砖添瓦。

"家祭无忘告乃翁"，亲爱的父亲，您再不会和我们一起过春节了，但我的后半生会一如既往地专注于孔子学院的工作，会随时将我的工作继续说给您听。

采访人：您是在什么情况下准备去巴西开展孔院工作的呢？

乔建珍：我是 2010 年 9 月底被河北大学找来去做这个工作的。当时问我去不去，去就意味着要从头接手这个工作。当时他们的立项还在审批过程中。好在 2005 年时我就参与过精英集团的《精英汉语》教材项目的工作，起码有这个基础。我对教材了解，对市场也了解，也有语言的优势。

接受这份工作，也就意味着负担起所有与外方的联络对接。汉办有一个机制，所有要担任中方院长职务的人，无论是否学校推荐，都要完成选拔派出的整个流程。汉办会在网站上公布，有多少个名额、是什么学校、是什么岗位，然后你去申请这个岗位就可以。汉办是审查过程完成之后，还要求去参加考试。考试内容包括口试、心理测试还有外语考试。其中外语测试很有意思，因为我准备的是葡萄牙语，而测试老师却是英文的。我和他讲我是去非通用语地区，他也没准备，最后依然接受的是英文测试。考试的过程非常顺畅。考试完之后，又去培训。那是 2011 年 8 月份，当时对方已经准备要揭牌了，所有国内的手续，比如领导访问、签证，包括当地的对接、演出的协调都在进行中。那个过程我觉得特别煎熬。因为我还在培训，从早晨 6 点起来跑操、培训，到晚上 10 点睡觉，中间别人都在休息了，我还要弄我这边的事情。那一个多月，我一直在跟巴西人熬时差、发邮件。真正到了派

乔建珍（右一）参加全球孔院大会留影

出阶段，反而变得轻松了。2011 年培训结束后，我就开始办手续，最终于 2012 年 4 月派出。签证过程也非常麻烦，签了三遍才最后签下来，还找了巴西使馆教育处。因为当时孔子学院还在发展期，签证官并不清楚应该给孔院老师哪种签证。之前的各种煎熬都经过了，所以到巴西的时候，我觉得终于可以开始做事了。第一天抵达，第二天我就开始去上课、去开会，就比较简单了。

采访人：您对巴西的最初印象是什么？

乔建珍：我觉得巴西人特别善良。我到达那天，本应是外方来接我的。但飞机提前降落，他们还没到，我又没有手机，情况比较尴尬。于是，我向旁边一位警察说明情况，他特别积极地帮忙联系，说一定要联系上对方，等到那个人来接我走他才放心。我一直觉得巴西人特别喜欢乐于助人。

我运气比较好，我们的外方院长于 2011 年参加了桑坦德银行组织的巴西精英中国行项目。我跟她在 2011 年暑期就已经在北京大学见过面了。我俩对待工作的思路特别默契、特别一致，所以在揭牌仪式之后、我尚未抵达巴西之前，所有工作都正常推进。学校也非常支持，招生工作也有条不紊地推进。当时已经有两个中国老师在了，她们懂葡语，把前期的工作都做得非常好。我们有一位资深的外方国际处处长在学校工作已有四十多年，她有丰富的国际交流经验，给我们提供了很多帮助。

采访人：您在巴西的学生生源广泛，从大学生到公务员到贫民窟的孩子都有，您是怎么吸引这些学生来学汉语的？

乔建珍：孔子学院跟其他语言推广机构不太一样，一般是建在对方大学里边。我在去之前也考察了很多中资企业在国外的运营，许多从事国际贸易和投资的企业本土化做得不太好，交了很多学费。我觉得无论如何，孔子学院的本土化必须要坚持一个原则：身处大学，要服务于大学。所以，我就跟学校商量要开设学分制的课程，学校本科生、硕士生、博士生不管是巴西学生还是外国学生，包括一些老师都可以来学。到目前为止，我们所有的七门课（汉语一级到六级包括文化课）都是学分制的课程。

巴西人特别中规中矩，所有事情都要严格走程序。首先，我们是个私立学校，学生肯定是要交学费的，这可能跟其他学校不太一样。所以学校也希望你收费，学校本身有一个成人教育学院，在课程设置里已经有其他语种，我们等于在它的平台上加了一个汉语。我们早期也想过，要推广汉语教学，前期可不可以便宜一点。学校回复说绝对不能形成不公平竞争，我们跟其他语种的收费必须是一样的，而且教材不能免费。所以，我们基本上就是在学校规则内发展，尊重所在大学的现有体制，这样学校就会特别支持。

我们就这样开始了学分制汉语教育，最初是周末开课。周末课程在巴西特别流行，巴西人只要想学习、想做事，不管年龄大小都会积极参加。在我们学校，只要 18 岁以上的人都可以报名。这种周末班类似于我们国家七八十年代那种电大、夜大，只要符合条件就都可以来学。2013 年那一届学生特别典型。我有一个学生是联邦议员，还曾经竞选过里约州州长，是一个特别热情健谈的人。20 世纪 80 年代他曾担任法官，曝光了贫民窟黑帮和政府的勾结，把腐败官员送进了监狱。经此一役，他在巴西获得了很高的知名度。听说我们开设了汉语班，他也作为校友报名参加。

还有一个学员，曾是巴西最大的传媒集团环球集团的老记者，是一位在巴西生活多年的法国人。他非常热爱东方、热爱中国，但是他前半生没有机会学中文。于是，我们一开课他就来咨询。老先生已经年逾八十，心脏也做过支架，但是参加活动特别积极，无论是剪纸还是写毛笔字，都积极到场。由于年纪和身体条件，要他很快掌握中文是比较难的事情。但是他前半生作为媒体人的深厚积淀，他对东方文化的理解，这些都是普通巴西年轻人无法企及的。他积极性特别高，只要我们有活动，他都来参加，这很让我感动。记得他在我的班上学习了一个学期之后，认真地对我说："我真的觉得你帮我实现了前 80 年的梦想。"汉语班学习结束之后，在我们另一位研究老子哲学的博士生的帮助下，他申请了里约联邦大学东方哲学硕士，虽然已经年迈，但仍申请成功。第一学期结束后，他把这一学期的所有的作业结集成册出版了一本书，扉页上写的就是献给我。

2013 年初，里约州政府开启了一个项目，由政府投资一所全日制学校。因为巴西大部分学校都只上半天课，导致中下阶层的许多青少年在社会上游荡。那些在里约海滩上偷抢的，许多都是未成年的孩子。我家世代从事教育，从我父母到我本人都有一个夙愿，希望可以建一所学校。因此，我觉得这个项目对巴西的汉语教学和我本人的理想而言都是一个很好的机会。

就这样，我们开始跟里约州政府接触洽谈。从当年 3 月份差不多沟通到 6 月份，我们最终把这个项目基本谈下来了：建一所全日制双语学校，同时把汉语纳入里约州政府的体系内，这也是巴西第一所全日制的"葡中双语学

乔建珍（左一）与巴西前驻华大使莱昂先生合影

校"。直到现在，这都是我这么多年投入心血最多、我最感自豪的一个项目。洽谈的时候，我和州长坦诚地说：事实上，教育对于社会治安是有很大的积极作用的。看看里约的治安，多建一所全日制学校可能就意味着少建一所监狱。因为里约当时在裁减学校数量，增设一些监狱。在海滩附近贩毒吸毒的年轻人，许多都还未成年，应该让他们在学校里度过少年时期。州长特别认可我的想法。在签约仪式上，里约州政府把我安排在了最中间的位置上。这其实并不符合一般的流程，但当地政府对我的重视的确让我非常感动。

从那时开始，我们就在里约州政府体系里尝试开设中文教学的实验课程，一直进行了半年。2013 年 10 月，里约州教育厅组织了一个由厅长带队的教育工作者考察团，前往中国考察。我安排他们访问了中国多地的教育机构，希望他们能够对中国的教育体制有一个认识。在此基础上，巴西可以因地制宜地发展自己的基础教育。相对来讲，巴西的基础教育还存在着一些不足，学龄青少年的辍学率一度居高不下。我们特意带他们考察了中国的全日制幼儿园。看到那么小的孩子就开始在全日制学校学习，巴西教育同行感到非常惊奇。巴西朋友也考察了中国的外国语学校和大学。考察结束之后，巴西教育官员终于坚定了信心。听取了考察团的汇报后，州长决定再建一个双语中学。我向他提出，这个学校需要进行全日制教育，同时也要有相应齐全的基础设施配套。

针对这种要求，州长提出了许多建议。对我而言，一切都是从零做起。在州长的支持下，经过多轮考察，最后选定了一座建于 1855 年的古建筑作为学校的校址。我戴着安全帽，下过很多次工地，一点点从看图纸学习结构和规划，直至 2014 年 9 月整个校区装修结束。2015 年 2 月，学校开始招收第一届学生。

以全日制双语学校为起点，我们又在圣灵州开设了一个教学点，发展到现在已经推进了五年左右。双方从 2013 年开始接触，到 2017 年 11 月去见州长、共同举行新闻发布会，终于在 2018 年 9 月开始正式招生。无论是在里约或是巴西其他地区，我们的汉语教师都要适应当地的教学方法。今年开始

2018 年乔建珍（右二）获得"柴门霍夫奖"，颁奖典礼在里约市议会举行

进入高一的全日制中学学生，目前的中文课时比英文和西班牙文的课时都要多，一周可以达到四次，这也让我倍感欣慰和自豪。因为这个项目由里约州政府投资，不仅负责我们老师的费用，还专门列出来一笔经费，用于学校未来三年的发展。这可能是目前巴西唯一一个此类项目：里约州政府出资、安帕鲁研究基金会参与，动员社会力量共同实施。

这很可能会在未来形成一个可以推广的范式。目前也有好几个州在和我接洽。巴西的汉语教学需要时间和努力进行深耕，如果做出一个示范，就有了推广空间。这几年来，由于巴西官方的认可，我们的双语学校被多个组织考察，也得到了更多的推广机会。汉语进入巴西高中教育是一个开始，由于巴西不同等级的基础教育，主管单位并不相同（高中属于州政府，而初中属于市政府，而各级政府并不能完全垂直管理），真正做到"学汉语从娃娃抓起"还需要一层一层单独沟通。从 2017 年开始，我们就开始和里约市政府进行接洽，包括场地、资金来源等所有细节。目前已经基本达成合作意向，接下来就是课程的具体设置和开课时间的问题了。事实上，我们是倒着来做的，从高中返回到初中。这样的方式更加适合我们的师资，这样的模式是可以持续和推广的。

采访人：从更宏观的视角来看，巴西目前的孔子学院和汉语教学情况处于一种什么状态呢？

乔建珍：巴西目前有十所孔子学院（存在于联邦、州立和私立的高校内），此外还有五所孔子课堂。2018 年我们在弗鲁米嫩塞联邦大学的孔子课堂揭牌，那也是目前在大学内唯一开设的孔子课堂，可能将来也会成为一个趋势。巴西的汉语教学基本分为两个部分：一个我们叫作中文教学，也就是面向巴西民众教授汉语；另一部分被称为华文教学，也就是向华人华侨的第二代教授汉语。

具体到中文教学，较为规范的教学基本都由孔院及相关机构进行，也有相当数量的巴西人在参与教学，各种教育机构不一而足。总的来说，可能规模还是不够大。而且除了孔院和个别机构依托于高校和其他官方组织，巴西当地的汉语教学主要是依靠非官方的语言培训机构。如果想把汉语教学真正地形成规模，还是需要走入巴西现行的教育体制内。另一部分是巴西的华文教学，其实这一部分原则上应该归国务院侨办来负责，和汉办的对外汉语教学平行发展。从这个角度而言，我们也有向西班牙塞万提斯学院或是法语联盟学习的空间，未来谋求更多的统筹安排。华文教学方面，得益于华人社区的规模，目前在巴西圣保罗已经有几所质量较高的华文学校，但是真正进入巴西教育体制的尚属少数。在巴西其他地区，还没有形成有效的规模效应。总的来说，中文教学在巴西、在拉美可能既不算起步早的，也不算普及得好的，我们还有挺长的路要走。

采访人：在这种背景下，双语高中也是一种重要的尝试。具体而言，相对于当地其他高中，这种学校的核心竞争力是什么？无论是双语高中，还是孔子学院的其他教学工作，在巴西人中间推广汉语有什么困难？

乔建珍：当初谈这个其实巴西人心里是没底的，因为并不知道会有多少人来学中文。巴西人觉得中文太难了。当然，我们也觉得中文挺难的，但是更多的可能是教学方法的问题。巴西中文教学的困难，是前期没有太合适的老师，所以造成学生对于中文的恐惧。只要解决中文入门的问题，巴西人还是很愿意学习中文的。

除去意愿本身，巴西对于中文的使用也有着很大的现实需求。在和巴西教育部门的沟通中，我们发现在巴西本土进行的中巴交流活动（无论是会议或者是团组），当地政府和相关机构总是找不到合适的翻译，最后一般的解决方式是找当地的华人二代（而这个群体只是同时掌握中葡两种语言，许多时候并不了解国内的情况）。这个时候，更需要懂得中文又了解双方国情的巴西当地人来承担同传任务。

随着中巴交流的发展，我们有越来越多的中资企业来到巴西，企业的本土化也需要大量的巴西员工，而掌握双语则能够成为本土化发展的巨大优势。最近几年巴西的失业率很高，中文也成为巴西人找工作的一件利器。另外一部分人的出发点则更简单，是对中国的语言文化感兴趣，是真的想学习这个语言。去跟里约州政府谈的时候，我觉得他们是认可这个双语中学的教学理念的，也认可这个专业有就业市场。开始招生的时候，我们并没有招收太多人，心里没有底，都是在摸索。第一届我们只招收了72人，每24人一个班级，前三届总共只有二百多人。这样首先符合语言课堂教学的特点，也符合巴西中学教育的理念，也刚好与孔子七十二门徒相吻合。

第一年开放报名后，报名人数达到了五六百人，大概巴西人可能真的是很希望有点新鲜的东西进来。这个中学是全日制的，又与中国相关，引起了巴西家长和学生的很大兴趣。由于报名人数远超招生人数，当时进行了筛

乔建珍（右四）参加巴西大学国际化会议时与巴西大学校长们合影

选。我们与里约州政府的协议，最初是五年期限，大概三届毕业生就能够基本验证项目是否成功。里约州政府和教育厅也非常重视这个项目，和我一起全程参与了校长和教学人员的选派工作。当时我们需要招聘 20 位教师，结果报名人数达到了二百多人，会议室里满满的，在这样大的比例差距之下我们选到了非常出色的教师。

学生的选拔同样如此，最终入学的都是各方面比较优秀的生源。我们的学时安排是早上 7 点钟到校，下午 5 点钟离开，比巴西一般中学学时要长。为了丰富孩子们的学习生活，我们也组织了各种各样的活动。第一届学生在校时，恰逢李克强总理访问巴西，前往参观了这所学校的教学活动，包括当地市长都申请参加了相关活动。一时间，所有人都愿意和这个学校产生联系，学校一下子就火了。

活动当天，市长带着他团队中的各级官员，连我们周围的消防队等许多公务人员，都将学校挤得水泄不通。孩子们也得到了挺好的机会，比如吹葫芦丝表演，巴西人一下就觉得在这所学校读书挺骄傲的。在孩子们有了一些汉语基础之后，我们组织了巴西第一届中学生"汉语桥"比赛。学校是 2 月份开学，比赛是 8 月份，孩子们刚刚学了半年的汉语，但是教师、家长和学生之间已经有了很强的凝聚力。巴西人对于工作时间观念特别强，但是在这次比赛时，许多教师和家长都自愿来帮忙，让我非常感动。比赛有 3 分钟的汉语演讲，还有使用中文回答有关中国文化知识的问题；除此之外还有才艺表演，画国画、吹葫芦丝、剪纸等。巴西的家长们看到自己的孩子在半年间的巨大进步，感到实在是不可思议。当听说比赛的优胜选手真的能够去到中国，有的家长哭得一塌糊涂。对他们来说，中国特别遥远，而这座"汉语桥"却真的让他们实现了中国梦。

2015 年对我而言也是艰难的一年。我的办公室离双语中学距离有几十公里，频繁地往返让人劳累。"汉语桥"和高访活动结束之后，我发现工作变得简单起来了：老师和学生们都特别认真，教学效果也蒸蒸日上。这些孩子中，有几位很想来中国读书，现在已经实现了自己的愿望，进入了河北师范大学就读。在我看来，即使将来他们没有进入外交领域，也能够为中巴各领域的合作交流做出自己的贡献。短期之内可能看不到，但是二三十年之后，当这些少年成长到三四十岁时，他们一定能够在中巴交往之中有所担当。我非常看好这批孩子，我是一步一步扶着他们走出来的，亲眼见证了他们的成长。他们非常善良，乐于助人，愿意在这个领域之中有所作为。所以，我觉得这个项目的发展，对于中巴未来交往意义深远。就像我之前说的那样，在这所中学成长起来后，许多州都表示出了兴趣。这些教育厅厅长来参观学校乃至访问中国，随后和本州领导人协调政策和资金条件，和我们合作建立自己的汉语教育机构。如今于我而言，这个工作已经是比较好做了。

而这批来华留学的孩子，每年我都会带他们到中国国内的学校去宣讲。我们是对外传播中文、研究中国的人，也希望从海外抓起、反向来做，培养一些中国的孩子。这些孩子在初中听过讲座，可能就培养起对拉美的兴趣，甚至在未来从事这个领域的工作。这几位在华留学生，已经成为我自己母校（中学、小学）的常客，深受孩子们的欢迎。而当他们回到祖国休假，也会去他们的母校讲述自己在中国的生活。我觉得发展到现在，在巴西各州政府的支持下，在成熟的模式示范下，基本上这盘棋是已经盘活了，不再需要我像早期那样殚精竭虑了。

采访人：这批学生们，到现在应该已经有四五届了。

乔建珍：对，到现在已经有了两届毕业生。我们的第一届毕业生，在2018年巴西教育部的评估中，名列里约州公立中学各个领域的最高评级。包括高校的入学率，他们的成绩甚至能够比肩许多私立名校，这也让里约州政府非常满意。巴西《环球报》专门对这件事进行了报道。一步一步，这个项目成了巴西中等教育的一个品牌，许多州的教育部门和我们接触，都是希望复制双语中学的模式。事实上，我们也在不断努力提高教育质量，当然也在提高对合作方的要求。巴西政府在这件事上非常认真，协议签订过程会非常漫长，但是只要一旦签署，后面则会严格按照契约来履行合同。

采访人：里约这所双语中学作为公立中学，从开办以来一直有许多人报名。现在被选中的在读生或者已经毕业的学生，他们在巴西是从什么样的家庭出来的，生活状况又是什么样呢？

乔建珍：因为我们是公立学校，所以这些学生绝大多数都来自于贫民窟。这些孩子非常不容易，他们的家到学校的距离非常遥远（经济条件有限），早上一般会四点半起床、5点出家门、7点到学校，晚上回家所需要的时间是

2018 年乔建珍（右四）组织第四届巴西中学生"汉语桥"比赛

一样的。他们能坚持下来高中这三年，我特别佩服他们。就是这三年，每天有四五个小时在路上，真的是挺不容易的。如果他们不是看好这个项目，不是相信这个学校能给他们带来未来的话是绝对坚持不下来的。

其中我们现在有一个学生在河北师大读书，他的变化让我非常吃惊。他是我们选拔的第一届学生，但实际上他不喜欢读书，就想踢足球、想玩儿，这种小孩在贫民窟是非常普遍的。好在我们有一个足球夏令营项目，改变了一大批孩子。最早设置这个项目的时候，我们希望能够带入一批中国传统体育项目，培养孩子们的组织性、纪律性、技能、技巧乃至相关知识。但是后来为了执行上的简单和抓住巴西孩子的兴奋点，还是以足球为主要的推广平台。正好我在河北师大有一个学生，他是足球专业，在专业队待过。当时他正在学习葡语，刚好我的巴西学生介绍了免费的葡语课，于是就顺势组织了这个"巴西中学生足球夏令营"。

要进入这个夏令营，我自然要对学生提出学业上的要求。对于这位足球少年，我给他的要求是各科成绩都要达到中等以上，老师们觉得你表现得好才可以。这个学生一下就觉得很着急，因为他在这之前根本就不好好上学。自从有这个项目之后，他变得特别积极，把所有的孩子团结起来一起来学中文。他后来又通过了 HSK 一级考试，现在即将进入河北师大就读体育专业。去年我们还拍了一个他的小视频来鼓励学弟学妹。

我们去年还有一对双胞胎学生。第一批报名的时候，姐姐进入了学校，妹妹则没进去。他爸爸坚持认为必须得两个孩子都送进去。然后他买了个帐篷，在我们校门口守了三天。最后真有一个孩子由于距离学校实在太远而退出了项目，然后他这个孩子就进去了。我觉得，为了孩子上这个学，巴西家长有时候真挺拼的。他们的家庭条件都特别差，但是为了改变子女的命运不遗余力。

采访人：是什么让这些家长这么重视子女教育的呢？

乔建珍：应该是因为这个学校让他们觉得有希望，在这个学校孩子可能会改变自己，也得到了去中国的机会。比如说我们有汉语桥项目，很多孩子来过中国；我们有夏令营项目，很多孩子也通过这个渠道来过中国。在巴西也有类似的葡法学校，但是没有我们这种项目。所以回想这些年的付出，虽然非常劳累，但是也确确实实改变了许多孩子、许多家庭。我时常想，对于贫民窟的孩子，这个学校在未来也许就能够改变他的一生、改变他的家庭，乃至改变整个贫民窟。有一个孩子读书有成，整个贫民窟社区都会感觉与有荣焉：谁从我们这里走出去，到了中国。这个效应是我当初没想到的，而是在工作之中慢慢体现出来的。一个孩子在这里学习，他家的亲戚、朋友、邻居都想把孩子送过来。前两天有一个家长写信给我，他说我有六个孩子，就想让我的孩子去你们那儿学习，可是没进去。他说如果行的话，这六个孩子我想送去你那边。

现在虽然不愁招生，但因为早期协议和那个学校的空间限制，暂时只能够维持目前的招生规模。有一个比较好的现象，就是新任教育厅厅长在上任第二天就参观了双语中学，表示要帮助扩大招生规模。他的这种决定并非偶然，我们为里约州的教师和学生们提供了大量的来华访问机会：每年足球夏令营都会邀请二十五六位师生来中国，三年间累计超过了七十人；而赴华读书以及通过汉语桥项目到中国参加比赛的也有二十几个人，共计差不多一百多人都来过中国。目前这个项目已经不再需要招生宣传，扩大招生规模也就是顺理成章了。

采访人：除了孔子学院和这个双语中学，您在这期间有没有发展其他的项目？

乔建珍：我们在汉办有一个项目叫教育工作者团，最初是为了建立双语中学，组织里约州的教育官员去中国考察，最后促成了双语学校的建成。以此为契机，我们又组织了多个州的教育厅厅长访华，包括伯南布哥州和圣保罗州等。我们组织的参观不带价值判断、不做中巴对比，只是请巴西同行来中国了解不同的教育体制，选取值得借鉴的部分在巴西尝试本土化发展。2017 年，我们组织了一个巴西大学校长团去中国参观。原因很简单，我们希望我们的汉语教育在中学阶段完成后，能够在大学阶段继续学习。可是巴西的大学里目前没有太多的相关课程，设置中文专业就更加困难了。我们的设想是，在巴西的高校中为这些孩子提供一种可持续性的学习。即使不是中文专业，我们也可以给他们提供级别高一些、课程丰富一些的汉语教学，所以就组织了十五位巴西大学校长来中国，到北京、河北等地的高校访问，也去了汉办、留学基金委。我也去了巴西使馆，希望巴西外交部了解孔子学院正在进行的工作，能够为巴西师生提供服务，也希望巴西外交部门提供相关的政策扶持。

这十五位大学校长回去之后，都希望能和孔子学院进行合作，在本校开设孔院的课程。那段时间我频繁地出差，希望在把中学做起来之后，也能够推进大学的汉语教学。通过教育工作者团，我们也在 2018 年组织了巴西政府代表团，希望州政府的各个部门（包括财政厅、国际关系局等）与我们的汉语教育事业开展全面合作。目前我们的汉语教学从中学做起，希望可以向初级教育发展：有更小的孩子学过中文，中学阶段的汉语教学起点就会高；把高中做好，可能大学的起点就会高，就会改善目前我们高校汉语教育都是从零开始的现状。

现在这批孩子成长起来之后，我们就可以从更高级别开始做，将来他们也可以进入更高级的汉语学习；另一批与他们能够相比的，就是将汉语教学与专业、研究结合起来，形成相应领域的研究人员梯队。比如有一个多世纪历史的里约联邦农业大学，就迫切希望与中国加强农业科技领域的合作研究。目前中巴农业贸易领域交流频繁，可真正的科研合作非常有限。这个农大的校长曾经说，希望通过他们的努力，让中巴除了大豆、牛肉的合作之外，还有学者、教师、学生之间的互动。联邦农大的学科设置和我们不太一样，除农业之外也包括畜牧业。像这样的学校，可以和中国类似的高等教育机构进行农林牧业的合作。比如说在椰子品种的引进与病虫害防治、牛羊的养殖、大豆的种植等诸多领域，都有很大的合作空间。而中文教学，将成为这种合作的语言基础，因此我们希望能够在联邦农业大学以此为契机设立孔子课堂。

另外就是我们很希望建一个以中医为主题的孔子课堂，因为拉美目前是没有中医孔子课堂的。如果观察巴西的时事，巴西人游行示威一般也就是抗议两个方面：第一是教育，第二是医疗，他们觉得巴西政府医疗方面很不作为。中医实际上是可以推出去的，所以目前我们希望的是在戈亚斯联邦大学建立一所中医孔子学院。以中医为特色首先是更容易做出成绩，也便于把中国的中医和传统武术等一些文化遗产介绍到巴西来。为了这项合作，我上次去戈亚斯联邦大学的时候，校长带我去参观他们的医院。巴西的大学基本都有附属医院，也有一些优势专业，比如神经科学，也更希望跟我们中国合作。所以我想在孔子学院这个平台上还是可以做很多事情，切切实实促进中巴交流。

采访人：您作为孔院负责人，在巴西已经工作七年了。您在巴西的日常生活是什么样的？对您有什么影响？

乔建珍：其实我生活比较简单。因为是一个人在巴西，所以可能当初去的时候，我就想尽快把工作开展起来，能够做深做大一点。再加上里约的交通又不太好，所以我出门很早，一般七点多之前就到办公室，基本上会在办公室待一天。如果我在里约的话，更多时间会在学校待着，因为我自己也教课。

这个生活过程其实也还很享受。我原来学的葡语是葡萄牙的葡语，所以我刚到巴西的时候，需要练习和适应巴西的葡语。我的办法就是经常坐公交车。巴西的公交是没有报站的，需要自己记住在哪一站下，或是询问别人。巴西人很多是这样，他可能不知道，但是他特别热心帮你问，然后有时候全车人都知道你要下车了、全车人都在帮你。所以，在巴西这么多年，我觉得很开心，也愿意为巴西做点儿工作。我觉得巴西尽管治安不好，但是从做人这个角度来说，巴西人特别善良、特别乐于助人，而且他们特别有那种侠义精神：比如说看到你要受到不公待遇了，他们马上就会众口指责施暴者。

我在学校这边也挺开心的，我们是天主教大学，从校长到国际处，以及老师们，一直都非常帮助我。国际处的副处长是我去巴西第二天认识的，每次我们有新来的志愿者想要去听他的课，他都慷慨地敞开大门，我们的志愿者基本上都跟他学习过。所以其实工作比较简单比较开心，不像在国内。因为在国内会涉及家庭生活、工作关系，在巴西就是只要你做好基本的本职工作，其实大家都很认可。大家现在都很开心，愿意跟你学一句中文。

采访人：刚才您聊的主要是您作为孔院负责人开拓汉语教学的，这部分是您的工作重心。但孔院似乎也有另一大职能，就是文化传播。在这方面，您是怎么做的？或者遇到什么文化传播的困难？

乔建珍：我觉得没有吧。因为孔院就是落在对方大学，就像我所在的学校，它是一个研究型大学，所以根据课程设置，你不可能在课堂上教包饺子或者做手工，还是要按照大学的框架来做，我们也要通过巴西教育部的评估。所以教学是非常规范的。

语言和文化，我觉得是没有办法分开的。比如，我学葡语就是个例子，中国人见面说你好，然后可能瞄一眼，或者对视都不对视，大家就走过去，甚至连你好都不说，更不用说拥抱，或者贴一贴面什么的。可是拉丁语系的人，他的语言文化基因里会觉得一个"Bom dia"（葡语意为：早上好）感觉很冷淡，需要再拥抱、贴面，这就是一个简单的文化表现。

巴西是个移民国家，而且历史比较短，所以巴西人可能不像中国人考虑得特别多，他们见面热情就是热情，各种的拥抱，简单直接，在我看来这也是一种文化。我觉得大家对文化传播可能很多时候抱着一种刻板想法：我传播我的，一定跟你要抵触。我觉得其实是没有的，人性应该是相通的。我在天主教大学也有人会问："你们天主教大学是不是要教《圣经》或者是必须得是天主教徒？"可能大家对拉美的这种天主教大学不了解，拉美的天主教大学意味着它们都是私立大学，而且它们可能处于不同的天主教的流派，但是同样秉持有教无类的态度培养着一届又一届的学生。

所以在文化交流中，其实没有想的那么难。我们今天讲中国食品，当地学生会问："老师，我们什么时候包一次饺子，我们什么时候喝个酒？"其实他们是很简单的。这个过程当中，其实你就可以跟他讲讲，比如说中国人用的筷子，为什么一头方一头圆，为什么是七寸六……在这个过程中逐渐介

乔建珍的学生们

绍给他们。巴西学生会觉得很好玩，他自己没有很多历史，所以对这方面特别好奇。我觉得在巴西，孔院工作应该是比较简单的，巴西人特别想了解我们。像我的课堂上，当讲到《本草纲目》时，常常会与当地一位中医合作介绍：我请他介绍中医，他也常常向巴西人推广我们的中文教学。在这些问题上，巴西人没有出现意识形态的抵触，他们觉得中医对全人类都有好处的；而讲到中国武术，我们的教师也是巴西人，获得过三届巴西武术冠军和泛美地区的武术冠军，现在给学生教授太极及相关的中国古代哲学和宗教。这个根本不用我们中国人教，他们特别认可中国文化。

　　作为一个移民国家，巴西人认为各地区移民都是巴西文化的一部分。在2015年里约建市450周年庆典的时候，巴西人也在和我讲为什么不开个移民研讨会。他们说，讲到巴西移民的时候，大家在讲欧洲人、葡萄牙人、法国人、德国人、非洲人，其实你们中国人做了很大贡献，应该更多地写一写、讲一讲中国早期移民。这个当时其实让我挺感触的，巴西人比我们现在更在意中国移民的这一部分。里约有一个里约植物园，是当年的皇帝建的，而此前这个园子就是中国人种茶的茶园。根据巴西官方记录，1900 年 8 月 15 日第一批华人抵达巴西。因此，巴西总统在 2018 年签署文件，将 8 月 15 日定为巴西的"中国移民日"。在我看来，巴西人非常认可中国移民在巴西建设中做出的贡献，这是我们进行人文交流一个最好的感情基础。

采访人：据我们了解，您的这一任期快要结束了。接下来，您对孔院巴西汉语教学有什么期待？自己有没有什么计划？

乔建珍：巴西的汉语教学，我想可能接下来会发展比较快。因为这几年下来，首先中巴关系日益紧密，中国在巴西投资也比较多；其次孔院的工作现在已经得到了巴西人的认可。我这几年基本都去参加巴西大学科因布拉集团的会，在会上跟塞万提斯学院和歌德学院同台交流。我觉得我们绝对是完胜，2013 年参加完之后，我再去开会，大家就会问安娜·乔（这是我的外文名字）在哪？然后就告诉你，我们建了孔院，这让我感觉非常欣慰。

所以我想，在未来，孔院在巴西可能第一个要做的就是继续坚持本土化教学。只有纳入当地的教育体制，才可能做到可持续。我们现在主要是解决不了师资问题，解决了师资，就可以从小学做起。小学、初中、高中，然后到大学，开设相应专业就理所当然了。我想如果能够纳入教育体制应该会很好，目前看应该算是比较乐观。

新政府上台之后，我想对教育这方面会有所加强，比如说加强军事学校的教学，这也是一件好事。因为巴西的军事院校模式还是美国的，但是美国给的那些东西是相对落后的。比如说从中学生开始抓，学一点中国的语言文化，之后在军事院校中可以与中国有所交流，我想会是很好的。所以我想，将来可能我们会把汉语教学推广到新总统设立的军事师范学校对应的中小学里边。巴西各州，尤其像里约州，新的州政府也都非常积极地加强对华关系。我想可能借着政府换届选举，巴西人也希望这三把火烧得旺旺的。

说到我自己，因为我现在第七年的任期快要结束，结束后可能会续任一段时间，可能会转岗，但是应该会很快离开巴西。毕竟这么多年做下来，工作已经有了很多进展，巴西人也非常认可了。谈起中文教学、孔院事务，无论是巴西的教育部、外交部仍然愿意咨询我的知识和意见，国内也有许多对巴西的人文交流的需求。我想我应该在巴西还会待一段时间。

十二 从"东岸"到"东方"

口述人：[乌拉圭] 巴勃罗·罗维塔
采访人：郭存海、楼宇、张琨（整理兼撰稿）
时　间：2017 年 10 月 17 日
地　点：中国社会科学院拉丁美洲研究所圣马丁学苑

巴勃罗·罗维塔出生于乌拉圭首都蒙德维的亚，1975 年随父亲比森特·罗维塔来华，先后就读于北京语言学院汉语专业和清华大学计算机专业（1977~1982），毕业后曾任西班牙埃菲社驻中国记者，现任西班牙 TR 石油工业工程公司"联合技术"中国区负责人。其父亲比森特·罗维塔 20 世纪 60 年代在乌拉圭创办"原生书店"，致力于推广销售中国主题图书和报刊，后来华长期在中国外文局工作，并受到毛泽东主席和周恩来总理的亲切接见。

"我来告诉你们，我们为什么被称作'东岸人'。西班牙把拉美作为殖民地时，分为几个大总督区，包括现在的秘鲁、墨西哥与拉普拉塔区等。阿根廷和乌拉圭是由西向东的，乌拉圭在那时就被叫作东区了。乌拉圭的民族英雄是何塞·阿蒂加斯，他与阿根廷其他省份的联邦主义者一起反对布宜诺斯艾利斯市的统一，因此我们东方人也是其中之一。独立之后乌拉圭的历史也很复杂，葡萄牙、英国与法国都相继侵略过乌拉圭。如果你看当时的文字资料，当时所有书中涉及我们的都会称我们的国家为'东岸'而不是乌拉圭。

我们国歌里也唱的是'东方人要么自由，要么光荣牺牲'。因为这些，我还写了篇文章名叫《假东方人在东方》。"

2017年10月17日下午，乌拉圭人巴勃罗·罗维塔在中国社科院拉丁美洲研究所的采访中，熟练地用中文向我们讲述"东岸"与"东方"之间的渊源。青年时期在清华大学的学习以及之后在北京工作的长期经历使得他的中文带着一股浓重的北京腔，儿化音十分明显。

"对我这个东岸人来说，东方中国就是我的第二故乡"，巴勃罗在访谈结束时充满感情地再次强调。这位出生在遥远南美大陆的乌拉圭人，现在是西班牙 TR 石油工业工程公司"联合技术"中国区的负责人。谈起自己与中国的联系，巴勃罗追溯到他自己的父亲比森特·罗维塔，一位乌拉圭共产党员。父子两人与中国之间的渊源横跨了20世纪的后半期，并与半个世纪以来全球范围内发生的大事件紧密地联系在一起，印证了时代的变迁。

比森特·罗维塔的故事

比森特·罗维塔1925年8月生于乌拉圭科洛尼亚省的新帕尔米拉市。在完成小学学业之后，14岁的他进入当地的一家食用油制造公司，成为一名制油工人。20世纪30年代伊始，一部分拉丁美洲国家面对当时出口乏力的不利局面，不约而同地选择了进口替代工业化的经济发展方略。这一带有强烈民族主义色彩的举措在当时催生出大量的民族工业，当时阿根廷的跨国食品公司"布杰·朋"便是这些拉美民族企业的典型代表。不久之后，这一公司对比森特所在的乌拉圭私企进行了收购，后者借此机会也一跃成为乌拉圭国内最有影响力的制油公司之一。

早在1943年到1947年之间，青年比森特就一直为工会期刊《战斗》与《工作》撰写文章。随后由于比森特领导了制油公司的工人罢工，最终被这家企业开除。1949年，丢掉工作的他开始以记者的身份为《进步》杂志工作，在当时发表了数篇关于科洛尼亚省土地改革情况的文章，并继续投入到地区工会政治活动之中。虽然巴勃罗已经记不清他父亲加入乌拉圭共产党的具体时间，然而可以肯定的是：1946 年时，比森特已经作为党员参加了当地的政治竞选活动，并担任了乌拉圭共产党南区负责人一职。在加入共产党之后不久，他还承担起了该党《真理》杂志的编辑工作，同时，也有一段时间在乌拉圭共产党主办的人民联合出版社工作。1953 年，中国国际书店 A 与该出版社建立了业务联系，开始向乌拉圭出口相关的中国书籍。这一联系为比森特深入了解中国文化提供了便利。在阅读中，他开始对毛泽东思想中提倡的建议与看法产生了兴趣，并在随后的日子里逐步地转变为了一名毛泽东思想的拥护者。

按照巴勃罗的说法，其父亲比森特在当时觉得《毛泽东选集》中宣扬的发动群众、矛盾论以及实践是判断真理的唯一标准等说法特别有说服力，也能够解决当时乌拉圭党内遇到的一些实际问题，所以才做出这一选择。比森特的这种感觉在当时并非个例。从 20 世纪 50 年代开始，随着资本主义的扩张和帝国主义的抬头，拉丁美洲的左派也在逐步转变，一批"新左派"渐渐浮出水面。这批年轻人，出于对当时拉美社会经济政治局势与巨大贫富差距的不满，开始质疑党内前辈们"唯莫斯科为上"的政治选择，反对他们想要通过竞选上台的政治道路，并尝试通过一种激进的方式达到建立社会主义社会的目标。毫无疑问，外国学界所谓的"毛派"也是这股新左派浪潮中的重要一支。

就在这批人逐步认同毛泽东思想的同时，社会主义阵营中也出现了不小的波澜。因为各种复杂的原因，中国与苏联的关系在 20 世纪 60 年代初持续恶化，并于 1964 年正式宣布联盟破裂。这一事件给拉丁美洲的左派运动带来了不小的冲击，并进一步加剧了新左派与传统左派的分离。实际上，比森特就是在中苏分裂前夕，由于乌拉圭共产党党内对中苏分歧的争论而脱党

A　中国国际书店，为现今中国国际图书集团贸易公司的前身，成立于 1949 年 12 月 1 日，是中华人民共和国首个书刊进出口公司。

的。虽然脱离了共产党，但他却没有远离乌拉圭国内的政治与意识形态斗争。一方面，他保持着与中国国际书店的业务联系，以个人名义继续从中国进口各类书籍；另一方面，他也与乌拉圭国内毛泽东思想的支持者继续保持着联系与沟通，并时常在一起探讨乌拉圭未来的出路。

不久之后，比森特就开设了原生书店，并开始大规模进口中国国际书店出版的各类西语书籍。这批书籍种类繁多，其中既包括连环画、中医药等介绍性书籍，也包括毛泽东的一些著作和中国政治情况的介绍。这些书籍一开始在乌拉圭销路并不是太好，毕竟大部分民众对位于遥远东方的中国基本上没有什么了解。面对此种情形，比森特只得挨家挨户上门推销。一段时间之后，书籍的销售情况逐步好转，乌拉圭民众开始通过这些书籍，对中国的饮食、气功等文化有了大致的了解。

之后，随着切·格瓦拉在玻利维亚的牺牲与古巴"输出革命"模式的收缩，拉丁美洲的武装革命似乎陷入了暂时的低潮。大家都在尝试新的出路，乌拉圭的一部分新左派成员也开始将目光投向了中国，试图从毛泽东的相关著作中搜寻如何深入群众与发动游击战的精髓，并期待着有朝一日，自己也能通过这种方式夺取本国的政权。到了1967年左右，毛泽东著作的销路在乌拉圭便开始越来越好了。摆放在书店外的塑封小红本《毛泽东语录》经常销售一空。不仅如此，借助当时拉美各国之间业已存在的联系网络，比森特还利用自己多年积累下来的人脉资源和渠道，向拉丁美洲其他国家转售有关中国文化与政治的各类书籍，为拉丁美洲各国人民深入了解认识中国做出了不小的贡献。

然而，当时的拉丁美洲，也处在美苏两极笼罩的冷战格局中。冷战所带来的意识形态隔阂，与20世纪60年代拉美各国内部层出不穷的社会问题一起，导致了拉美左右两派之间斗争的激化。这一现象也给普通的图书贸易覆上了一层浓厚的意识形态色彩，被彻底地政治化了。据巴勃罗回忆，其父亲进口销售中国书籍的行为在1966年引起了乌拉圭保守派的注意，之后在乌拉圭警察局的秘密档案中，"与中国共产党勾结""北京在乌拉圭的代理人"等一系列泛政治化的标签被贴在了比森特的身上，而他本人与自己经营的书店也遭受了或明或暗的搜查与攻击。原生书店的仓库曾两次遭到不明人员的袭击，被炸毁了两次。比森特本人在1966年与中国国际书店的业务洽谈中也提及了这一点，并希望在市郊建一个比较安全的储书仓库。然而，在1973年乌拉圭发生政变后，保守派政客上台进行了多年的军事独裁统治，"东岸"也终于步周边国家的后尘，进入了军队执政的威权主义政府时期。一时之间，风声鹤唳，激进左派与政治异见人士纷纷出逃。随着这股流亡浪潮，比森特一家来到了布宜诺斯艾利斯。比森特继续他的出版事业，并出版了一套名为"红旗"的左派丛书。可惜好景不长，因当时阿根廷的极右势力与乌拉圭军事政府关系密切，比森特也随即被警察秘密逮捕入狱。之后，虽然他在联合国人权组织的帮助下出狱，但却被当时的阿根廷政府驱逐出境。无可奈何的他只得与妻儿暂别，只身一人继续着自己的流亡之途。

在整片南美大陆都弥漫着白色恐怖气息之时，比森特辗转前往胡安·贝拉斯科将军统治下的秘鲁。贝拉斯科将军虽通过政变上台，但由于其出身下层且带有浓重的民族主义情结，因此对拉美的左派运动持同情和默许的态度，并且不顾美国的阻挠，与当时的社会主义国家纷纷建立了正式的外交关系。在利马，比森特和中国驻秘鲁大使馆联系之后，顺利地谋到了一份在《北京周报》出任西语编辑的差事。随后，比森特与其家人从利马和布宜诺斯艾利斯分别出发，顺利在瑞士会合后，最终一同来到了中国北京，开始了之后十多年的中国生活。

罗维塔一家的北京生活

1975年到达北京后，罗维塔一家入住位于海淀区的友谊宾馆。父亲比森特在《北京周报》从事西班牙语编辑工作，17岁的巴勃罗和他的妹妹劳拉则开始在北京语言大学学习汉语。当时，中国正处于"文化大革命"的末尾以及改革开放的前夜，巴勃罗虽然初到此地，但也觉察到当时中国社会那股紧张而又充满活力的社会政治氛围。不过，正处于青春期的他并没有对这些事情给予太多的关注，而是将注意力放在了中国传统文化所特有的众多事物之上，比如算盘，比如冬天的暖气和大白菜。他回忆起第一次在北京小卖部购物时，初见算盘那种惊异的感觉，并觉得"拨算盘时，算珠和木制框架所发出的那种有规律的碰撞声，连续起来就像在演奏一首乐曲"。在约半年之后，巴勃罗就能根据算盘的计数差不多得知不同商品的价格了。不仅如此，巴勃罗还细致地观察到：在电脑收款系统还未普及之前，打算盘记账某些程度上似乎已经不再是为了计算的简便，而是成了当时中国商业贸易中的一种习惯。比如简单的"1+1"与"3-2"，售货员都会下意识地打两下算盘，并告知顾客一个价格。巴勃罗觉得，正是这些看似简单的行为，构成了中华文化中的一个个必要的元素，吸引着那些来自异国他乡的旅人。

除了算盘，北京的冬天也让年轻的巴勃罗开了眼界。对于来自"东岸"的他，漫天的鹅毛大雪与冬天屋中的暖气都是打小从没接触过的。在当时，与友谊宾馆里来自世界各地的朋友们一起堆雪人和打雪仗成了一件新奇与享受的事情。打完雪仗回到屋中，北京当时按照单位和集体划分的庞大的供暖系统也给巴勃罗留下了深刻的印象。与大雪和暖气给他带来的惊奇相同，当时中国北方冬天单调的蔬菜供应也深深地印刻在他的记忆里。他回忆道："自十月开始，一车车满载大白菜的卡车就开进了城，市民们争相购买储存。可以说，在北京的冬天，人们能吃到的蔬菜只有大白菜。"虽然那一时期物质条件比较匮乏，但大家都生活在以四合院、工厂与机关等以集体为单位的群体中，因此人与人之间的关系却比现在显得更加亲密。巴勃罗和他的妹妹劳拉也经常跟着父亲比森特一同到《北京周报》的同事家去做客。那时在北京生活的外国人还不是太多，因此初来乍到的巴勃罗一上街，就会被市民们善意地"围观"，当时汉语还不太流利的他面对这种新奇和热情，还显得有些局促和难为情。但随着汉语水平的不断提高以及在北京生活经验的丰富，巴勃罗对这种围观以及时不时出现的"大鼻子老外"的称呼也就习以为常了。

巴勃罗母亲（前排左二）在20世纪80年代与同事的合影

1986年巴勃罗父母与外文出版社同事合影

巴勃罗父母在20世纪80年代和中国朋友合影

正是这些美好的回忆，使得巴勃罗对过去的北京抱有深厚的感情。在他的一篇博文《想念老北京》中就写道："尽管近些年来中国的发展日新月异，然而发展也带来了很多的环境与社会问题。也许是我老了吧，当这次从首都国际机场下飞机时，我不止一次地想起我刚到中国时的老北京，而不是现在眼前这座现代化的城市。"

在两年的语言学习之后，巴勃罗于1977年进入清华大学计算机科学专业学习。"我和现任的习近平主席还是校友呢，我是1977年到1982年，而他是1975年到1979年在清华学习的"，谈及自己的母校以及与习主席共同学习的经历，巴勃罗的自豪感油然而生。之后被问及自己为什么当时会选择计算机这一专业时，他反思道："我选择计算机是因为想彻底弄清中国人的思维模式，中国人的思维很多时候和数学的思维相像。这一点不像我们拉丁美洲人，我们的思维往往是比较混乱的。包括乌拉圭总统，他十分钟可能会跳跃性地和我们讲十一个问题（但不深入，且话题与话题之间缺乏逻辑的关联

巴勃罗（后排左三）在北京语言学院与同学合影

1977 年巴勃罗（二排右一）参加北京语言学院的结业茶会

1982 年巴勃罗（后排右四）毕业于清华大学

性），所以我个人觉得我们应该学习一些计算机与数理逻辑。"

在访谈中，巴勃罗向我们详细谈起了当时清华学生一天的学习与生活："早上差不多六点半，起床号就响了。我们起来晨跑，然后吃早饭。上午的课程结束之后，我们会回到宿舍休息一会。下午三四点钟会一起去踢球。"谈起当时的生活条件，他笑着说："当然和现在不能比，当时中国学生住的都是九人间的上下铺宿舍。外国学生的住宿条件要好一些，住的是两人间。除此之外，在留学生公寓每天还有约一个小时的热水淋浴时间，一般是从下午五点到六点。"到了周末，巴勃罗就会和中国同学一起"进城"，大家推上自行车，从清华园出发骑车一小时，就能到达长安街和天安门。除了游览这些景点，巴勃罗还对北京的胡同很感兴趣。胡同里的四合院经历数百年来的变迁，藏着一代代老北京人的喜怒哀乐，可以说是最具有中国代表性的了。每逢节假日，巴勃罗便会独自一人畅游北京城内的各个胡同，看看胡同口的器具，并和晒太阳的老头老太聊聊天。除了与中国同学交往，巴勃罗也已经与友谊宾馆中其他外籍孩子打成了一片。在那个年代，因为在中国的拉丁美洲人还不是很多，因此几乎每个周末拉美人的小集体中都会轮流举行聚会，这些来自五湖四海，但都在中国长大的年轻人彼此之间结下了深厚的友谊并延续至今。巴勃罗说，虽然现在这批人天各一方，他们却也赶时髦地用起了微信，建了一个名叫"友谊大院"的微信群，并继续保持着紧密的联系。

1987 年，父亲比森特回到祖国乌拉圭之后，巴勃罗选择留在了中国。一位读书期间认识的北大学长介绍给他一份在西班牙埃菲新闻社搜集中国新闻资料的工作，巴勃罗觉得很有意思且适合自己，于是便接手了这份工作。经过数年的搜集与写作锻炼，他最后成功地成为埃菲社在北京的正式驻外记者，开始了在中国的工作生涯。

在中国的生活经历进一步加深了巴勃罗对中国的理解和感情，正是这种经历，对巴勃罗今后的职业生涯起到了有益的帮助和良性的引导。他在访谈中也表明："我在西班牙工作生活了 26 年，西班牙人老和我说，你说话的思维就像是一个中国人。我现在工作的公司主要从事石油与天然气业务，在中国主要和中国石油与中国海油打交道。老实说，与我的专业没有关系，但是和我在中国的经历有关。"长期以来在中国的生活经验使得巴勃罗很好地了解了中国社会特有的人情世故与运行规则，而不错的中文则使得他在和中国人打交道时更为快捷便利。

巴勃罗·罗维塔的思考

光阴似箭，岁月如梭，半个世纪如白驹过隙，悄无声息地从人们的指尖溜过。年近六十的巴勃罗与中国之间的缘分也来到了第四十个年头。回首这四十年在中国的学习生活经历，巴勃罗感慨万千。担任西班牙石油公司"联合技术"中国区负责人一职的他，平均每年往返中欧之间五到六次。出生在拉丁美洲，学习成长于中国又定居在西班牙的经历使得他在很大程度上对三方的文化风俗、经济政治与人情世故都有比较深入的了解。除本职工作之外，他还对涉及这三地的热门问题有着自己独到的思考，笔耕不辍。其中有相当一部分话题引起了读者们的兴趣，而其中最为典型的便是"在中拉经贸人文交流过程中，西班牙这个国家所能起到什么样的作用"这一问题了。

在巴勃罗看来，西班牙政府虽然不断地口头提出"西班牙愿意成为中拉交流合作之间的一座桥梁"，然而却很少通过实际行动做到这一点。早在2013年，在"中拉交流"这一话题火起来之前，作为一位在中国学习生活多年的乌拉圭人，巴勃罗就时常在自己的博文中强调中国对于西班牙的重要性，以及中国与拉美合作的潜力，希望能够以此唤醒西班牙方面对未来机会的重视。然而遗憾的是，事情并不像他希望的那样顺利。

长期以来，西班牙政府对拉美国家似乎依然带有一种陈腐的、作为"宗主国"的傲慢与优越感。巴勃罗举出了2015年巴西总统罗塞夫的就职仪式一事作为例子。对于巴西这个拉美大国，中国、美国等都派出总理或是副总统级别的人选参加罗塞夫的就职仪式，而西班牙方面派出的仅仅是西班牙驻巴西的大使，其不重视的态度可见一斑。在博文中，巴勃罗感叹这一事件不仅反映出西班牙对拉美地区的"优越感"与不经意的"傲慢"，更重要的是西班牙失去了一个在拉美与中国就中拉关系进行深入交流的绝好机会。西班牙政府本应该借此场合向中国表明自身在文化与历史方面与这片大陆天然的联系，并以此引起中国政府的注意。然而西班牙却并没有这么做。巴勃罗感叹道："这种机会都不把握住，作为中拉之间交流之桥的计划从何谈起？"

除去这种优越感，西班牙政府与媒体对中国的印象也似乎依旧机械僵化地停留在三十年之前，无视近些年中国发生的翻天覆地的变化。巴勃罗认为，一方面，西班牙虽然有一些人可以掌握中文且对中国的情况比较了解，但悲哀的是西班牙政府似乎并没有想要雇佣他们，以便构建并加强新时期下中西关系的意图。另一方面，更令巴勃罗不解的是，尽管媒体也经常附和政府，想要成为中拉交流之间的桥梁，然而西班牙的一些媒体甚至将中国国家主席习近平的名字都会搞错，而涉及中国历史文化更深层面的东西，或者近

2018 年 4 月，巴勃罗（左一）与北京外国语大学退休教师岑楚兰夫妇合影

三十年来中国的变化，这些媒体更是一知半解。巴勃罗在博文中写道：长期以来，受西方思维偏见的影响，西班牙一些媒体依旧将目光集中在空洞的"人权"与"民主"这些口号之上，而忽略了近三十年来中国政府在减少贫困与开放经济等方面所做出的努力及获取的成效。

当然在双边的文化交流层面，巴勃罗认为，塞万提斯学院在中国的设立，对西语国家地区文化的传播还是功不可没的；而近些年来中央电视台西语频道举办的西班牙语演讲比赛也起到了同样的功效。然而如果我们再仔细观察思考，这两类活动发展势头之迅猛的原因，似乎主要还是来自中方，尤其是来自中方对拉丁美洲（而非西班牙）日渐增长的经贸投资与人文交流的兴趣。难怪巴勃罗对西班牙作为中拉交流之间桥梁的说法不甚赞同，面对中拉之间远远高于中西之间的贸易总额，巴勃罗认为："西班牙已经失去了作为中拉之间交往之桥的机会了，相反，我认为西班牙现在应该好好利用中国在拉美投资与贸易额日渐增长的大好机会，重新加强自身与拉美方面的联系。"这一结论乍一看觉得有些奇怪，但细细一想却又不无道理。

而对中国这片承载了他这位"东岸人"二十多年的东方土地，巴勃罗感慨良多。改革开放以来，中国大地上发生了翻天覆地的变化。这种变化不仅仅体现在日新月异的城市建设发展与生活水平的提高，还体现在人们思想观念的更新与文化概念的发展。巴勃罗和我们说起一些中文词汇在 20 世纪 70 年代与当代所表达的不同意思时，引得众人捧腹大笑。比如"土豪"在 20 世纪 70 年代是一个带有相当强烈政治色彩的贬义词，而到了今天，则成了一个描述富人的褒义词。"中国年轻一代的思想也越来越多元，整个社会的氛围也越来越开放。"然而，巴勃罗在这不断变化的表面现象之下，依旧发现了中国长期以来传承延续的东西："尽管中国经历了翻天覆地的变化，但我总觉得在这变化之后依旧存在着一种不变的东西，虽然我现在说不出那是什么。"

罗维塔一家与中国长达五十年的交往，某种程度上也是半个世纪以来东西方交往变迁的缩影。在这五十多年的风风雨雨中，中国与拉美从相知甚少

到初步接触，又从初步接触到加深
了解，如今双方更是在"一带一路"
的愿景下，在"五通"的实践基础
上，期待建立一种更加全面立体的
双边关系。回望历史，今天中拉之
间蓬勃发展的双边关系并非一蹴而
就，而是在中拉无数个类似罗维塔
一家的民间友好人士的努力下才得
以达成的。

2016 年，巴勃罗（右一）因为对中国和西班牙的
交流做出突出贡献而获得奖章

2004 年巴勃罗父母在北京的街头

十三　最了解中国的哥伦比亚人

口述人：［哥伦比亚］恩里克 · 波萨达 · 卡诺

采访人：［哥伦比亚］路易斯 · 奥拉西奥 · 洛佩斯 · 多明盖斯，哥
伦比亚历史研究院院长

［哥伦比亚］路易斯 · 加夫列尔 · 坎蒂略，哥伦比亚对外大
学教授

时　间：2018 年 2 月 1 日

地　点：哥伦比亚豪尔赫 · 塔德奥 · 洛萨诺大学孔子学院

　　恩里克·波萨达·卡诺，现任哥伦比亚豪尔赫·塔德奥·洛萨诺
大学孔子学院外方院长，中国问题专家、经济学家、作家、记者、国
际问题专家、前哥伦比亚驻华使馆领事、公使，他曾先后四次到中国
工作和生活，共长达 17 载，被称为"最了解中国的哥伦比亚人"。他
曾在新华社、中央编译局工作，参与翻译《毛泽东选集》、《邓小平文
选》，以及中国共产党全国代表大会和全国人民代表大会的政策文件。
著有《见证中国：巨人的崛起》，主编中哥友好刊物《中国之友》。

　　采访人：您第一次去中国时感觉如何？

　　波萨达：20 世纪 60 年代，我大着胆子和妻子还有两个孩子启程前往中国。
当时中国被四面封锁，发给我们的签证是另纸签证，为的是避免我们被当成

"红色中国"的同盟者。"红色中国"这一称谓是冷战时期西方对中国的蔑称。

我们住进著名的友谊宾馆后的第二天，就在餐厅里认识了几位比我们先到中国的哥伦比亚老乡——福斯托·卡夫雷拉，阿方索·格拉尼奥，古斯塔沃·巴尔加斯及其妻小，以及里卡多·桑佩尔·卡里索萨——还有另外几位拉美人和英国人。我们都是来帮助中国人"建设社会主义"的，正因如此，我们视中国为第二故乡。

我作为"中国的老朋友"，在华经历了种种事件，不得不说，我曾与中国人民同甘共苦。尤其是那两次大"地震"——一次是"文化大革命"，另一次是造成几十万人死亡的 1976 年唐山大地震。接着就是毛泽东去世，"四人帮"企图篡党夺权，国家岌岌可危。最终，这场十年浩劫被毛泽东的继任者华国锋终结。当时，我还住在军用帐篷里以防余震，听到人们悄声传播"四人帮"倒台的消息，产生了一种从未有过的感觉——我与中国人民同在。不久后，我和中国人一起游行，要求邓小平出来工作。

采访人：您为何会对中国产生兴趣？

波萨达：我在安蒂奥基亚大学附属中学读书时，开始频繁接触抵抗运动，

1967 年波萨达和夫人及他们的小儿子在中国

1967 年波萨达和夫人艾尔维亚经八达岭到达明十三陵

并因此对中国产生兴趣。另外，我受我叔叔雅各布·卡诺影响很大，他读过关于中国"大跃进"、长城等方面的书。他是自己找书自学的，给我讲了一些关于中国的知识，让我对中国的政治制度有些大致印象，但我当时对中国共产党和这个我将会去的国家还了解得不深。

采访人：请给我们介绍一下那个富有传奇色彩的友谊宾馆。

波萨达：我在哥中两国出版的《在中国的两次生活》一书中写到了友谊宾馆。当时，那里住着约 120 名拉美人，其中包括在新华社担任外国专家的里卡多·桑佩尔。不久后，我也被借调（新华社）去翻译毛泽东的红宝书，将其从中文翻成西班牙文。

友谊宾馆最早是为苏联人建的。当时中国请求苏联援建桥、水库、铁路等各项工程，苏联承诺向中国派去三千名工程师，但他们的第一个要求就是中国要为这些专家解决居住问题。因此，著名的友谊宾馆是根据苏联人审美喜好设计的，我们称之为斯大林式建筑。同时期的北京广播电台（现在的中国国际广播电台）和其他许多大楼也是这种苏联风格。友谊宾馆被称为"亚洲最大的花园酒店"，它是个名副其实的小社区，里面的设施一应俱全，有餐厅、泳池、健身房、超市、照相馆、剧院，等等。住在里面的人根本不用进城买东西。从那里到北京市中心就像是去散步，有一辆巴士每天在固定时间来回接送我们。在友谊宾馆里，我们大人说着 25 种语言，但孩子之间都用普通话交流，他们三个月就学会了说汉语。

我们就在那里过起了日子，在那认识了里卡多·桑佩尔和其他帮助中国建设社会主义事业的外国专家们。至于我和我夫人，我们是由国际关系学院聘请的，我夫人是社会学家，去当西班牙语教师，我是为将赴西班牙和拉美的外交官编写教材。当时中国的西班牙语教学已经非常成熟，从这一点就能看出中国人在 20 世纪 60 年代就已具备大国视野，更别说更早之前——唐代的中国要比现在还强盛呢。

采访人：您最初发表的几篇关于中国的文章反响如何？

波萨达：现在的中国仍不为哥伦比亚人所熟知，更不用说在那时候了。20 世纪 60 年代末，我先在《万花筒》杂志发表了几篇关于中国的文章，在读者中引起了一定反响。他们问我最多的问题是：您怎么敢带着妻子和两个那么小的孩子就开始了冒险旅程？还是去这么遥远的一个地方？

我最早发表的几篇报道写的是我们抵达中国香港时的经历。那时，去香港好比去发现一个传奇大都市，那里是冒险家和罪犯的"乐园"，去之前我们对它充满各种猜测和偏见。初到几天，我印象最深的是，大海包围着整座城市，到处是舢板，数不清的舢板，这些小船上又住人，又要从大船向码头卸货。无数人靠拉货过活，同时在船板上，母亲还给孩子哺乳、做饭。这是一幅难以想象却又真实的生活写照。我在 1969 年结束第一次中国之行回国后，在《万花筒》杂志上写了四篇文章，描绘我那时所看到的香港。这些文

1968 年波萨达（前排左一）和夫人、儿子及翻译出版《毛泽东选集》的中国同事在韶山毛主席故居前合影留念

章也被收录在 2014 年安蒂奥基亚大学出版的《见证中国》一书中。

我写的关于中国的书，可以说都引起了一定反响，但《见证中国》（2014）这本书尤其受关注，得到了许多报刊的推介——《时代报》曾整版报道，还有许多报纸发表了述评。我的第一本关于中国的书，即 2002 年出版、2007 年重印的《在中国的两次生活》，广受读者欢迎，主要是因为它是用小说体写的。一些书评人说："这是恩里克·波萨达和他家人在'文化大革命'历史背景下所思所感写就的小说体回忆录"，这就是这本小说的写作背景。

采访人：您结束第一次中国之行回到哥伦比亚后感觉如何？

波萨达：当时，中国颁发的签证是另纸签证，以免在护照上留下共产主义"魔鬼"的痕迹。尽管如此，我回哥伦比亚后，还是有两年时间找不到工作，只能以摄影为生。居然让我来摄影！多亏费尔南多·格兰达在友谊宾馆教过我冲洗照片，让我在波哥大还能靠拍照来维持生计。

我为什么会去搞摄影呢？我回国后，一个安蒂奥基亚的朋友、也是国家农产品销售协会的公关负责人给我介绍了一个活儿——用照片做几张壁画广告。回到家后，我对自己说："印照片我会，但印这么大的照片就是另一回事了。"我打电话给《旁观者报》一位有名的摄影记者，他得过许多摄影奖项。他问我会不会洗照片，得到肯定回答后，就让我去定制一个不锈钢管，要够宽，然后就可以印制任何尺寸的图片了。那天凌晨三点，我和妻子印出了第一张 2m×3m 的图片，不禁高兴得跳了起来。我们印的是一个卡塔赫纳的"黑人女郎"，穿着鲜艳的服饰，头上顶着一盘水果。这张照片是我以前拍的。我把这张壁画广告交给那位朋友，从此就开始以摄影为生，持续了两年时间。

我们在中国时工资实在不高，回国后半年就花光了积蓄。于是我开始向朋友求助。我找到一个老朋友——曾经担任参议员的米格多尼亚·巴龙，我初出茅庐在《麦德林日报》工作时她曾帮助过我。她那时已经担任国家社保

部门的公关负责人，那次她回复
我："唉，这可怎么办呢？你的事
就是我的事，但我不能把我的职位
让给你。而且现在传闻都在说，恩
里克·波萨达在中国被洗脑了，这
种流言蜚语说不定会让我这个职位
不保。"

采访人：能否和我们谈谈"五
洲"书店的传奇故事？

波萨达：第一次从中国回来
后，我一直记着和（中国）国际书
店之间的承诺，我答应他们帮忙在
哥伦比亚推广中国出版物。他们经
常从北京寄来书刊，后来因为实在
太多，我们和家人就在波哥大的记
者公园里开了一家书店，给它起名
为"五洲"。

我第二次去中国时，恰逢胡里
奥·塞萨尔·图尔瓦伊总统执行
《治安条例》时期。我的大儿子留
在波哥大打理书店。图尔瓦伊总统
执政时有些看似矛盾的做法，比如
是他颁布了《治安条例》，但也是
他促成了哥伦比亚和中国建交。那
时，经常会有警察到我们书店来搜

1968 年波萨达和夫人艾尔维亚在中国

艾尔维亚（左一）和外交学院的中国同事

239

捕左翼青年，甚至会到我家里搜查、没收我的个人物品，包括我从中国寄给家人的私人信件。不过事情从没发展到不可收拾的地步。

那会儿我们书店卖哪些书呢？有《北京周报》杂志，是本周刊，会涉及中苏分歧、中美对抗等话题，是所有杂志中政治性最强的了；还有《中国建设》杂志，现在叫《今日中国》，有报道、采访，加上配图，做得最为生动有趣。书店里还有其他许多书，有《毛泽东选集》，还有无产阶级革命方面的著作、恩格斯思想著作等，这些书全部都翻译成了西班牙文。

采访人：中国和哥伦比亚是如何建交的？

波萨达：首先，哥中友好协会一直不懈努力促成建交。此外，最有标志性的事件是1979年新华通讯社在波哥大建立了分社。1979年初，我接到记者吴惠忠的电话——我曾和这位记者在新华社总社共事过——他直接向我表明他来波哥大的目的，即尽全力在这里建立新华社分社。

我那时住在托雷斯·希门尼斯·德克萨达住宅区，里卡多·桑佩尔和吉列尔莫·普亚纳·穆蒂斯也住在那里，所以有些爱说闲话的人就管这片区域叫"北京楼"。我们家在七层，里卡多和他妻子、国会议员孔苏埃洛·列拉斯·普加住在四层。就在几个月前，图尔瓦伊总统上台，当时哥伦比亚驻联合国代表是因达莱西奥·利埃瓦诺·阿吉雷，他是一位进步知识分子，在纽约时和中国驻联合国代表建立了深厚友谊。

我和吴惠忠通完电话，立马又打给里卡多，我俩商量决定，我俩加上孔苏埃洛，跟吴惠忠约个时间具体听听他的计划。我们认为，台湾当局和哥伦比亚保持着"外交"关系，且与哥政界来往密切，哥中建交并不容易促成。此外，《治安条例》生效后，社会上盛行一种冷战时期特有的政治气氛和话语体系，不断出现警察搜查"五洲"书店时的情形。

一天下午，我和妻子艾尔维亚在里卡多和孔苏埃洛夫妇家里，亲耳听到时任外长迭戈·乌里韦·巴尔加斯打来电话，问孔苏埃洛要"那些中国人"

的姓名拼法，来为他们办理来哥签证。这是一个具有决定性意义的下午，新华社终于获得哥政府许可将在波哥大建立分社。

1979年年中，新华社波哥大分社建成。我们见到了新华社第一位驻哥记者邱陵，他还是名中医针灸师，有进入总统府的特殊许可证。我们猜测，邱陵通过给总统一次次针灸治疗他的腰痛旧病，跟总统慢慢建立起友谊，并最终让他相信，中国人和地球上其他人并无两样。然而，说到底，如果不是因为美国在1979年和中国建交，其他因素都不足以推动哥伦比亚政府紧跟其后与中国建交。哥中在1980年2月7日正式建交。

采访人：请跟我们谈谈您在中国担任外交官的经历。

波萨达：在贝利萨里奥·贝坦库尔总统执政时期，1983年，时任外长罗德里戈·略雷达任命我为哥伦比亚驻华大使馆一等秘书，开启了我第三次中国之行。巧合的是，我一到北京，就在机场里遇到了温贝托·多拉多、里卡多·卡马乔和其他自由剧院的成员，他们将在中国进行巡回演出。

当时，首任驻华大使胡利奥·马里奥·圣多明各任期已结束，大使的职位空缺着。自由派政治家阿方索·戈麦斯·戈麦斯被任命为第二位驻华大使，他和我一起来华。三个月后，戈麦斯给我家里打电话并告诉我："总统要求我回国任职，你留下来负责使馆事务吧。"于是，我就以临时代办的身份代管了一年多使馆事务，直到新大使路易斯·比利尔亚·博尔达上任。路易斯·比利亚·博尔达是律师和法学家，也是我多年好友。我又和他一起在北京待了三年。

我认为，我在驻华使馆工作期间的主要成绩有：第一，哥中两国奖学金协议正式实施；第二，哥中签署第一份文化合作协议；第三，哥海军训练舰"光荣号"首次访华；第四，哥中签署协议，成立第一家在华加工哥伦比亚咖啡的合资公司。

最令人激动难忘的是"光荣号"抵达上海的时候。之前我为"光荣号"

访华一事已经和中国海军参谋部沟通了好几个月。"光荣号"在从香港到上海的途中遭遇台风，颠簸得非常厉害，船长阿尔瓦罗·坎波向牧师忏悔，以这种方式来吓退沉船的鬼魂。另外，想到即将抵达一个辽阔又遥远、四处弥散着共产主义气息的国度，大家也忐忑不已。"光荣号"在标志着国际海域和中国领海分界线的浮标形成的海"坑"里躲避风浪数小时后继续前行，163名水手牢牢控制住桅杆，快要抵达上海港时，船员们远远望见一幅巨大的横幅，上面用西班牙文写着"欢迎哥伦比亚'光荣号'军舰来华访问"，这才松了一口气。

采访人：在中国生活的那些年，有没有特别难忘的记忆？

波萨达：有许多难忘的记忆，但 1976 年唐山大地震给我们留下的印象最深。中国称地震造成 24 万余人罹难，西方则称死难者有 70 万人。整座城市都坍塌了！我当时和家人正在距离震中 60 公里（实际距离 160 公里左右，编者注）的北戴河疗养院休假，震感非常强烈。

这是我经历过的最悲痛的事情之一，我和妻子跟其他同事、中国朋友心连心，共同面对这场不可避免的灾难。毛主席为了保护我们，下令把我们从北戴河转移到秦皇岛军用机场。飞机在北京着陆时，差点偏离跑道——虽然机长曾参加抗美援朝战争，飞行经验非常丰富。接着，救护车前来接应我们。中国政府怕我们有危险，不让我们住回友谊宾馆，而是给我们准备了军用帐篷，以防余震，毕竟之前几天时间里已经发生了九百多次余震。我们在帐篷里住了至少三个月。我们当时和中国人齐心协力共患难，那是我们在中国生活期间最难忘的一段经历。

采访人：您对中国的政治人物有何印象？

波萨达：我见过两次毛泽东，第一次是刚到中国在故宫参观时；第二次

1969 年波萨达（右三）和夫人及中国人民对外友好协会的朋友在毛主席故居前合影

是在"文化大革命"期间，在主席台，我们距离他三米远，里卡多·萨米恩托胆子大，带着红宝书请毛泽东签名，毛泽东给他签了名，而我那时还比较害羞。

周恩来总理我至少见过四次，因为翻译工作结束后，周恩来会接见我们。我当时参加党代会和人大的文件翻译工作，工作结束后，周恩来在人民大会堂接见我们，并代表党和政府对我们表示感谢。我和华国锋有张合影，已经公开发表过，最近又被收入到在中国出版的《友谊宾馆的那些事》这本书里，照片上我俩坐在桌前用中文对话。另外，我还认识毛泽东的夫人江青，后来还见过温家宝总理。

采访人：您第一次去中国时，中国人对哥伦比亚的印象是怎样的？这些年来，哥伦比亚在中国人心中的形象发生了怎样的变化？

波萨达：没有变化，也没什么负面印象，因为中国人对哥伦比亚都谈不上有什么印象。他们会问：哥伦比亚在哪里？我听了很难受。我们有位拿奖学金在中国留学的学生，是安蒂奥基亚人，在中国生活了两年，她说："很遗憾的是，在中国，大家看我是白人，就觉得我是欧洲人。而另一个哥伦比亚留学生皮肤黝黑，中国人就以为他是非洲人。他们分不清！"

加西亚·马尔克斯在中国比较有名，但也仅限于学界和他的读者圈。现在有很多哥伦比亚球员到中国去踢球，但我不清楚他们在中国是否为人所知。唯一可以确定的是，哥伦比亚的形象还有待塑造。

哥伦比亚从未有意识在中国塑造任何本国形象。如果哥伦比亚想在中国塑造好自己的形象，首先必须在中国媒体上做好宣传，但媒体宣传需要花钱，我不知哥伦比亚政府是否愿意这么做。这就是我们所说的软实力。西班牙通过塞万提斯学院和可观的双边贸易来展现自己的软实力。美国拥有强大的软实力，因为它是美国。美国就像是露出一角的冰山一样，会给行进的船只带来潜在危险，是隐患，是令人头痛的难题。至于拉美，由于近年来中拉贸易往来向好，中国开始越发重视拉美市场。

我们在中国当外交官，总想为两国关系做些什么。比如，我曾努力促成两国第一份咖啡生产协议，时任外长罗德里戈·略雷达当时全力支持我。起初我们想成立合资公司，于是开始着手干，效果还不错，但要继续发展的话——在这个超过13亿人口的大国做推广——就需要投入大量资金和精力。我们使馆一直只有三名外交人员，我去使馆后，三秘的职务就被撤除了。所以对您的提问，我的回答是，哥伦比亚在中国谈不上有什么形象，未来在这方面还有很多工作可做。

采访人：让我们回到现在，谈谈"一带一路"倡议，其中哪些内容引起了您的注意？

波萨达：中国共产党召开十九大以来，我注意到，中国越来越走向国际化。到2020年，中国将全面建成小康社会；到2050年，中国成为社会主义现代化强国。这就是说，中国拥有一个面向未来的战略构想。在瑞士达沃斯年会上可以看到这一战略的影响力。随着美国走向下坡，留下一片开放空间，美国的缺位需要另一个国家来代替，这对中国而言是一大机遇。这是动态平衡的，我们在物理学中怎么称呼这种现象的？叫活塞运动！活塞压缩后又会上升到另一端。我看到，美国正退出全球领导中心，留下自由空间，而另一个国家正在崛起，那就是中国。

这一判断具有重要意义和影响，告诉我们中国将走向何方，而中国的未来与中国新提出的"一带一路"倡议是其外交政策的理论和物质基础。

采访人：拉美在"一带一路"倡议中有何施展空间？

波萨达：在2018年1月召开的中拉论坛上已经对这个问题做出了概括。中国的原话是，拉美是21世纪海上丝绸之路的自然延伸。而智利、秘鲁和哥斯达黎加就是"一带一路"在拉美的三个支点，这三个国家都和中国签署了自贸协议，且都在太平洋有出海口。很显然，"一带一路"是一个多支点、覆盖全世界的倡议：从中国出发，经过欧洲，到达非洲和拉丁美洲，海陆空运输互相交织。另外，我们还应注意到互联网行业，如今中国在这一领域也是世界翘楚。所以人们说，世界变了。

采访人：您如何看待哥伦比亚和中国的双边关系？

波萨达：哥伦比亚和中国的关系……正如上海市市长在 2010 年上海世博会时所说，您知道他说了什么？他说："祝贺各位终于来了！但是各位来得有点晚了……"他这么说是希望刺激哥伦比亚参展，但当时的情况是，哥伦比亚建造国家馆的费用有困难，我不清楚具体需要多少钱。我曾参加过两场讨论会，其中一场是在中国外交部，当时哥伦比亚认为很难去参展。我们国家至今仍没有意愿和中国共同开展一项计划。

至于哥中关系，当然是有所发展的。现在，中国是哥伦比亚第一大贸易伙伴，但进口远大于出口，贸易逆差约达 60 亿美元。为什么呢？因为哥伦比亚缺乏可出口的商品。我们只有咖啡，但咖啡要渗入一个茶文化国家的市场肯定是非常缓慢的。当然了，如今的年轻人越来越喜欢喝咖啡，这也是事实，可我们也别羡慕星巴克如何大放异彩了，毕竟要是当年哥伦比亚的胡安·巴尔德斯咖啡愿意开拓中国市场，早就有机会获得成功了。

采访人：您认为，哥伦比亚该如何与中国达到贸易平衡？

波萨达：廉价的劳动力不是导致中国商品价格低的主要原因。首先要知道，中国经济具有规模效益，中国为那么多亿人口生产商品。就说耶稣降生模型吧，世界上有多少人信基督教？很多中国人是无神论者，不信基督，但他们为全世界生产耶稣降生模型和其他圣诞物品。在生产方面，我们再过个一两百年都比不过。所以，哥伦比亚必须找准自己的强项。比如哥伦比亚生物多种多样，这是强项，如何卖出去呢？好，得投资，得做调研，那我们就去做调研。再比如，热带水果也是我们的强项，也需要投资，得摆在商店里让顾客品尝。中国人来到哥伦比亚，吃到这里的水果，都喜爱得不得了。我们塔德奥孔子学院的女老师每天去买一位先生做的鲜榨橙汁，她们都爱喝。

中国人对我们国家的家庭福利协会很感兴趣，他们认为我们在这方面是典范，是亮点，特地来调研家庭福利协会是如何运作的。也就是说，哥伦比亚在儿童收养、儿童权利等儿童立法问题上做得非常完善。

中国最让人惊叹的，不是惊人的增长数字，而是做事速度。在过去 40 年里，中国像毛泽东著作中所提出的那样建立了庞大的法律体系。我们在中国时研究、翻译毛泽东著作，经常连续数小时引证、讨论如何翻译毛泽东提出的某个术语。我以前常说"给我看下《中国刑法》"，其他译者就说"没有！"其实，在毛泽东的著作中就提到了刑法，在此之前，四书五经中提到了法律，人们据此解决土地、边界纠纷。哥伦比亚应当向中国展示自己的立法经验。有多少哥伦比亚法官去过中国？他们很少有没去过中国的。委内瑞拉、意大利等国家的许多法律专家去中国传授经验，中国学会了建立一套完整的法律体系。当然，这套法律体系还不尽完美，但它一直在改进。

在圣安德列西托和圣维多利诺市场上，有很多因为中国商人出售商品价格低而引发的纠纷，有些人称之为"黄色入侵"。但哥伦比亚自身也应当管控好走私问题，其实中国商人在本质上和世界上任何地方的商人没有区别。

所以说，我们有很多知识和经验可以向这个亚洲大国传授。中国不是什么都厉害，样样都让我们惊叹，不是这样的；中国也有弱项，而哥伦比亚则有自己的优势，因此我们不必感到自卑。

采访人：比如中国以孔子学院为平台在世界范围内传播中国文化，那么哥伦比亚应如何更好地利用自身的软实力呢？

波萨达：许多人以为孔子学院只是一个教授中文的机构，其实远非如此，孔子学院也是传播中国文化的载体，是外界和中国高等教育之间的一座桥梁。当一个人走进全球

1969 年波萨达（二排左一）和厄瓜多尔专家胡安·安德拉德以及毛泽东著作翻译室的同事

2018年，波萨达在他于2013年一手创办的豪尔赫·塔德奥·洛萨诺大学孔子学院前留影

孔子学院大会，他会看到关于汉语教学、文化传播的一系列课程。但也有些展示内容与语言教学无关。比如，一些俄罗斯大学会介绍他们与中国合作的农业灌溉、排水研究项目。再比如，韩国有所大学展示他们现阶段正和中国在电子计算机领域所进行的合作研究。所以，孔子学院可以说是一座沟通桥梁。

任何国家都能拥有软实力，但软实力取决于国家财政实力，比如美国在哥伦比亚开设了哥伦比亚—美国中心，德国有歌德学院，英国有大英文化协会。虽然美国并不用花太多钱来做宣传，因为美国音乐今天一出，明天就在这儿流行起来了，但这些国家都在投资软实力。因此，我们认为，哥伦比亚可以借作家加西亚·马尔克斯的大名建立国家软实力，更深入地进入亚洲市场，但这也需要花费人力物力，不可能一蹴而就。

说到哥伦比亚要在亚洲传播文化，企业家或进口商这类所谓实用主义者就会问："这能值多少美元？"这是一个关于投资、关于长期投入的问题。我们在近几十年来一直致力于文化传播，不止我，还有下一代人，大家都在积蓄力量，期待有一天，我们某位总统说"中国怎么样？我们能和中国一起做些什么呢？"如果政府不迈出第一步，企业家也不会迈开步伐。这需要合作，需要公共部门和私营领域通力合作。所以，请别叫我们乌托邦空想家。

采访人：您曾说自己是普罗米修斯式人物，被《易经》"束缚"着生活。

波萨达在波哥大家中

　　波萨达：《易经》有大约 250 个不同的中文版本，我了解《易经》是通过阅读毛泽东的著作。很多人可能不知道，其实毛泽东深谙哲学，不断在传播哲学理念。他和其他中国学者一样，都从中国的辩证法汲取营养，而中国辩证法是在亚里士多德同时代或更早的时候形成的。毛泽东在《矛盾论》中运用了这种辩证法。为了翻译《矛盾论》，我们编译局的译者就阅读了一篇毛泽东的文章，大致内容是："既要用一分为二的观点分析问题，又要意识到矛盾对立统一的一面。没有恨就没有爱；没有死，则无从谈生。所有事物都是由矛盾的两方面构成的，没有对立就没有统一，没有统一就没有对立。"正是这种辩证思维吸引我去阅读《易经》。

　　《易经》和占卜相关，但它最让我感兴趣的，是中国辩证法所说的对立统一。我对道家思想也很感兴趣，惊叹于老子和庄子对于虚与实、物质与反物质之间的辩证。物质与反物质的论点是道家思想提出的，把虚放在实的对立面。最吸引我的正是中国辩证法。另外，从《易经》演变出十进制、二进制，可以看到人类是如何从《易经》发展到 20 世纪计算机运算的。

采访人：由于您在中国的多年经验及对中国文化的深厚知识，在哥伦比亚，有人亲切又幽默地称您为"北京人"。对您来说，作为哥伦比亚的汉学先驱有何特殊意义？您对于正在成长的年轻一代又想说些什么呢？

波萨达：如果大家说我是"北京人"，那我认为这是一个褒义的称呼，是指那些致力于使哥伦比亚更了解中国的人，指那些去过中国、站在中国角度写中国、而不仅仅是写关于中国的作品的人，他们被称为"中国人的亲密朋友"。我最后一次在中国生活时，没有住在专门给外国人住的友谊宾馆，也没住在使馆区，而是和中央编译局的中国同事一起住在员工宿舍。这是我提出的条件，不必配翻译，这样可以直接用中文和他们交谈，和他们分享日常，并更好地了解他们，这样才能写出《在中国的两次生活》。

说我是"北京人"，或者如《时代报》说的"恩里克·波萨达是'最了解中国的哥伦比亚人'"，对这种种说法我都以一种积极幽默的态度欣然接受，我喜欢这样的"标签"。

我总是谦虚地跟中国人说我是"中学家"，他们纠正说我是"汉学家"。汉学家不仅仅是说一个人要对中国历史有丰富的认知，他还要能够和中国人一样去分享、去感受，最好能和他们一起生活，能讲汉语，这样才能成为汉学家。现在，孔子学院提供高至博士的各类奖学金来培养汉学家。今天，在哥伦比亚已经有相当一部分研究中国问题的学者，他们坚持不懈、有备而来，希望有朝一日成为汉学家，我对此感到高兴。是的，这需要付出许多努力，但他们正在迈向一个新的高度。怎么能说在哥伦比亚就只有恩里克·波萨达一人了解中国呢？不是这样的，在塔德奥孔子学院，我们正在培养想要了解中国的学生，另外还有一些哥伦比亚人走出国门，越来越多的哥伦比亚人去中国学习，这是可喜可贺的现象。

为此，我也为我的孩子们规划了人生道路：比如我的小儿子已经在中国生活了四十多年了，时间比我还久，他完全是个汉学家，汉语是母语，说得比西班牙语还好，当然他也掌握英文。我给他和我的孙子们指引了道路，当然每个人都拥有自己的翅膀去选择飞翔的方向。

采访人：您能否跟我们分享一句中国谚语或思想，以此结束本次采访？

波萨达：有一句谚语我很喜欢，叫"路遥知马力，日久见人心"，说的是如何跟他人和睦相处、共同分担。有一句谚语我不太喜欢，叫"人走茶凉"，我跟我的中国朋友说，我不喜欢这个说法，"应该要尽一切所能别让茶凉下来"。

有个思想，是毛泽东说的，大致意思是"道即是路，开辟道路比到达终点更重要"，我们所有人都会开启或关闭某条道路。在我看来，生活就像一部小说，由不同章节构成，人们每天都在写，无论是有意识还是无意识的。到第二天，我们可能继续昨天的章节或结束这一章。根据孔子或者中国辩证法的观点，除非出于个人意愿，否则生命不会关上任何一扇窗。但有一点很重要，必须要对未来有远见、对生活有规划。现在我一直在写作，我最喜欢做的事就是写作、写小说，我是天生的小说家，没有办法。

十四 只手架桥，写译人生

口述人：赵德明
采访人：万　戴、楼　宇
时　间：2019 年 3 月 21 日
地　点：北京大学燕北园赵德明家中

赵德明，北京大学外国语学院西班牙语专业教授、博士生导师、北京大学拉丁美洲研究中心顾问，曾任中国西葡拉美文学研究会副会长和中国拉丁美洲学会理事。赵德明教授是中国著名西葡拉美文学翻译家与研究者，截至目前译著总量超过 100 部，是西班牙/秘鲁作家巴尔加斯·略萨、智利作家罗贝托·波拉尼奥等多位重要西葡拉美作家在中国的主要译介者。著有《20 世纪拉丁美洲小说》《巴尔加斯·略萨传》等学术专著，与赵振江、段若川、孙成敖合著《拉丁美洲文学史》。

采访人：赵老师，您是新中国学西语、教西语并从事西语文学翻译和研究的较早的几代学者之一。您在北大本来是读法语，后又转到西语，随后又出国留学，中间有着很多故事，是这样的吗？

赵德明：以前有媒体朋友向我提过类似的问题，我的回答始终如一：我跟西语结缘，和西语语言文学结缘，有着"误打误撞"的因素在里面。误打误撞说明一个大道理：我是随着时代走，是随着国家的需要走，是随着党组织的安排走。下面我讲讲具体的经历。我就读的中学是北京市二十六中，现在叫汇文中学，是一所重点中学。高中快毕业时，学校领导找我谈话。他们告诉我，我的条件可以保考。保考就是学校带有保送性质地送学生进大学，但是需要有一个单独加考。我那会儿还是小孩子，听到自己能够保考，就感觉受宠若惊。

考试还挺顺利，成绩也不错，学校就找我谈话说：你准备好到北京大学西方语言文学系法语专业学习。那时，这个专业还是对外保密的，因为我们跟法国还没建交。我还是孩子心性，一听就觉得"挺好挺好"。高中毕业后，就去北大报到了。

当时的我并不清楚法语是一门怎样的语言。我对俄语有所了解，因为我中学六年学了俄语，读过大量的苏俄小说。看到什么程度？十月革命前很多作家，像屠格涅夫，以及比屠格涅夫还难懂的陀思妥耶夫斯基等的作品，我都看过。再之后，我还读了高尔基的作品。二十六中的图书馆特别丰富。在借书高峰时，我帮忙站柜台，帮管理员干活，于是得到了一个优惠：别人每次可以借一本，我可以借两本；别人阅读时间是十天，我可以是三周，甚至读完再还都行。当时我读书真是痴迷了，痴迷到什么程度？我从学校，也就是现在的北京火车站附近的地方回家。一路上我仗着路熟，就捧着书一边看一边往前走，穿胡同、过小巷，一直走到东便门外的家附近。

读书的感觉太愉快了。那时候，我正是十五六、十七八这个年纪，就像海绵吸水似的，幸福感特别强。后来我读到一篇巴尔加斯·略萨的散文，说马德里的一个老公务员养成了一个习惯：早晨离开家去上班，这一路上也是捧着书。他喜欢读各国文学，一路上，他的心远离了马德里喧嚣的车水马龙，心飞向了俄罗斯大草原。这让我很有共鸣，不禁想起我小时候的样子。那个老先生多少年都这样，我坚持得不是很长，也就是中学三五年，但已经受益匪浅。

采访人：您的阅读爱好，对您的大学学习和生活有什么样的影响？

中学时代的赵德明

赵德明：进北大读法语时，我从高中开始对文学的喜好还是延续下来了。北大法语课最早就是教语音语调，内容不多，但有很多练习。我不大重视练习，就觉得那点发音道理也就那么回事。所以，课后别的同学都很认真，学得棒的就拼命地练法语；而我就钻到北京大学图书馆的文艺部里埋头阅读。文艺部里的书籍是开架的，进去随便看，选好了可以借走。我主要利用饭前、下午没课的时间，坐在文艺部里看。我看书有个坏毛病：囫囵吞枣，也不敢说一目十行，可称为观其大略。当时就是这么乱翻书，真是乱翻书，翻了好几年。这是 1959 年，是我最初学习法语的时候。

1959 年 1 月，卡斯特罗领导的古巴革命胜利了。1960 年，古巴和中国建交。随着国际形势的变化，国家当时急需一批西语人才。这个时期西语人才的培养主要是在北京外国语大学，北大还没有西语专业的学生。当时北大按照国家的要求，准备开设西语班。生源一方面来自社会，另一方面来自法语专业的学生，调了包括我在内的三个人：赵振江、段若川，还有我。调我们三个人是有目的的，不是为了将来走向社会，而是为北大建立西语专业教研室服务。

说老实话，当时我实际上是不情愿的。其实我学法语也不是很情愿，但因为开了头，也学了一年多，就一直坚持着。那会儿有一句很重要的话，叫服从组织分配。所以我一开始就说，我的一切都是误打误撞。的的确确，当我自己的兴趣与国家需要出现分歧时，我是一直服从国家需要的，这是我们那一代人的信念。开始学习西语，我们需要追赶进度，因为已经开班接近两个学期，其他同学已经是大二的进度。学校临时给我们找了一个老师，给我们三个人稍微补一补发音，就分到各个班里去了。当时教我们西语的，除了对我影响最大的蒙复地老师，还有外教。外教是一个智利人，她的语音语调非常规范，教学也有着自己的方法。她不用书本，也不用录音，现场示范教学。比如说，她敲敲这个讲桌，就说西语叫什么；敲敲那个椅子，西语又叫什么。

采访人：后来又是什么机缘，让您开始了留学生涯？

赵德明：这要从大学的后几年开始讲。我从 1960 年开始学习西语，直到 1963 年，中间因为三年困难时期还停过课。我因为浮肿、营养不良住过院，所以专业课学得并不是很扎实。在这期间，我们被组织去修密云水库，还修过北大的一段铁路。所以这四年里，我的西语是断断续续地学的。不过，老师们的教学都很认真。后来又来了一位阿根廷外教，叫巴勃罗·杜琴斯基，他也很认真负责。当时的西语老师除了蒙老师和外教们，就没有什么主力了。从法语专业调过来的一个法语老师，因为没有西语基础，也只能是边学边教。

就专业来讲，当时我对西语语言和文学还是相当无知的。三年的西语学习，除了语言学习之外，我在文学领域的阅读还是比较有限的。当时作为泛读，我学过西班牙作家佩雷斯·加尔多斯的《格洛莉亚》和伊巴涅斯的《茅屋》等。这种原著的书是学了几本，但似懂非懂：说全懂不可能，说一点都不懂，也朦朦胧胧地懂一些。但这段时间的课堂教学激发了我的一点小小的好奇心：这些文学作品，我能不能翻译成中文？尤其是我喜欢的佩雷斯·加尔多斯，他的《民族轶事》太棒了。我有这么一点点好奇心，但还是不敢动笔，只是在书边上写那么几句。这就是我从事文学翻译的最初萌芽。

1963 年大四夏秋一开学，学校党组织就找我谈话，说准备送我出国，派我先进行集训。集训地点在北外的出国部。我就到那里报到，发现也从四面八方来了一些人到那里报到。人员到齐后，校方正式传达，告诉我们这批学生是要到古巴留学的。北大第一批就派出了我一个人，第二批又派了徐世澄等几位。

这第一批里的 12 个人，组成了一个出国临时支部。我是支部委员，领着大家伙儿置装、学习、培训、纪律学习，忙了两三个月。培训快结束时，接到通知说这批 12 个人里，走 11 个，留下赵德明另有任务。等他们都走了，组织再次找我谈话，说准备派我去智利。之后，又从外交部来了一个工作人员叫丁永龙，我们两个人一起接受培训。培训结束后，我们就开始办去智利的手续。

办完手续后，我就和丁永龙出发了：先坐火车到莫斯科，之后是捷克，再到瑞士，然后从瑞士飞巴西，从巴西到阿根廷，从阿根廷飞越安第斯山，最后才到智利首都圣地亚哥。当时国家公派的留学生，就像重要的外交使节，待遇特别高：所有吃穿、路费和其他花销都由国家负担。有专人将我们送去火车站，火车开到莫斯科后，有驻苏使馆的同志前来接我们。

我们在莫斯科稍作停留后，又坐飞机到了布拉格。那是我第一次坐飞机，路程很短，也就一个小时吧，但是特别颠。当时正是中国和苏联关系恶化的时候。在这场风波里，捷克是紧跟着苏联的，所以我们要住在使馆。由于刚刚发生了当地学生打砸中国驻布拉格大使馆宣传橱窗的事件，从机场一路到使馆，机场和使馆的工作人员都比较紧张。我们不能出大使馆，只能在使馆里等着，打打乒乓球。进瑞士需要签证，从瑞士进智利，也需要签证。因为签证问题，我们在使馆等了两个星期。我们入境瑞士时应该是 1964 年 1 月，到了首都伯尔尼，又转到了日内瓦，从那里坐飞机穿越大西洋。

这段旅程长话短说，到了巴西还有一件非常有趣的事。1964 年 1 月，有一个新华社的李姓记者跟我们同行，他是智利办事处常驻记者。在巴西机场有一些波折，但是好在老李很有经验，我们很顺利地继续登机起飞。

我们在阿根廷首都布宜诺斯艾利斯作短暂停留，迅速加过油又起飞，翻过安第斯山，到了圣地亚哥。飞越安第斯山有一幕很惊险：飞机不是在山上飞，而是在两座高山中间的峡谷里穿越，那可太惊险了。那是我这辈子少有的、很惊险的一次体验。飞机两侧，全是皑皑的白雪、高峰，飞机就从中穿过去。那是出事故最多的地段。就这样，我们来到了智利。

采访人：在 20 世纪 60 年代的拉丁美洲读书，您有着怎样的特别体验？

赵德明：我们的飞机降落以后，很快就有人来接，因为老李熟门熟路。我们住到了新华社驻圣地亚哥的办事处，第二天就开始联络。将我们推荐到智利大学的那位重要人士，是当时的智利副总统。他曾秘密访问过中国，并和中国达成了协议：我们可以派两个人到智利留学，并由智方提供奖学金。

1964 年赵德明（左一）留学智利

1965 年赵德明（右二）摄于留学智利期间

我们留学的单位是智利大学教育学院，我选的课程是语言、文学、历史、地理。

当时在智利的同志从党组织的角度要求我们学好，而且一定要学到最好。就这样，我们入学了。说老实话，开始时，我听课非常费劲，因为北大学的那点东西在国外不够用。这个课不是专门给我们开的，是正规的高校课程；智大教育学院是培养教师的，要求还很高。同班学生主要是智利人，也有部分其他拉美国家的学生。给我印象最深、让我受益最大的一门课叫"恢复性语法"，授课教授叫安布罗西奥·拉瓦纳莱斯。多年后，我买了一本《美洲西语大辞典》，上面还有他的名字，这让我十分激动。可以说，他给我的帮助对我一生影响很大。

　　具体而言，这是一种什么语法呢？正如它的直译所说，是研究语言最简单的语法生成，也就是说先弄清楚语法的来源，再弄一个简化的、生成之后的语法。所以，这种语法的原理很自然、很扎实，是先有语言、后有语法的研究和设置，然后才有相应的语法教学，整个过程可以说清清楚楚。

　　我们听这个课比较吃力，理解也十分困难，心里都很着急。于是我们就想办法录音，然后把录音听写出来，让助教给我们辅导。最后，我们打印出来西语版本，再请助教给改一遍。这位助教态度认真，对我们也特别重视，又让教授看一遍，教授就在字里行间作了修改。如此一来，就变成一本像模像样的语法教材了。

　　而到考试之前就没有别的办法了，只能是拼命背，因为是字面阅读，就好懂一点了。考试时大家按照名字顺序排好队，抽签考试。我抽到的题目正是我认真背诵过的内容，我答完了以后，考试委员会的四个老师都点头笑了。于是，他们打分，当时是 10 分制，他们给了我 9 分，是班里的最高分。出去后，班长问我："赵，你得了多少分？"听完我的回答和我对问题的解答之后，所有同学都为我欢呼了起来。

　　这件事很轰动，对我们后来站住脚，避免特务警察的监视起了很大作用。事实上，当时根本谈不上对学问的灵活运用、对语法掌握的精通，只是把那些条文背下来应付考试。直到回国之后，我在复习语法、重新阅读这些教材时，才领略到其中的那些深意。后来给学生讲语法的时候，我就把这些内容揉进去了。当然，后来我们用的是张雄武编著的语法，里面有的语法比较复杂，我就用简明的方法：我画一个房子，这个房子的结构分成两大类。一个是属于房子本身的成分：比如门、窗、梁、屋脊、地板、地面。做成门窗、屋顶和地面的那些材料，都属于建材。这个概念请同学们既分开，又要合在一起。分开是指什么呢？房子本身，就是咱们所讲的研究句子；而词法，是研究建材。同学们一听"一分一合"就明白了，语法那点事就开窍了。这对我当时的教学和后来的翻译生涯，影响都非常深刻。

　　这个语法对从事文学翻译和教学的中国人来讲是个捷径。智利人的母语是西班牙语，自然不以为然。语法不语法，背背条文，考考试就过去了。他们更多地依靠习惯，不仅掌握语法，也掌握很多非语法现象。而我们很在乎，因为这是我们入门的捷径。语法学得越精通灵活，越注意细节，入门就越快，提升就越快。等到我后来到晚年退休前，又悟出来标点符号的作用。标点符号对于翻译至关重要。作家分节，一个长句分成短句，短句又分成插入，这是靠标点符号的，逗号、分号、引号，都是靠这个。分节很有内涵，也很有讲究：该什么时候用逗号，什么时候用句号和分号，甚至破折号，作家都很清楚。但是你翻译的时候，如果你不在意这个，就会忽略它的内涵。这是当年语法的学习对后来我的翻译工作产生的积极影响。

说回留学生涯，还有几件让我印象深刻的事情。我在智利的时候，曾经陪同外交部的同志去萨尔瓦多·阿连德的家中做客。这事应该是在1965年，林平正式担任中国驻智利办事处的主任时。他们到这儿以后，就四处拜访名人。当时阿连德是总统候选人，林平要去跟他聊聊，算是一种友好访问，就让我陪同去了。在场的就我们三个人，还有一条大狼狗，算作第四个生物。我们谈到了智利的历史，当然主要是请他谈谈智利的历史、特点、地理环境，以及社会状况、党派和竞选情况等。

他介绍的都是一些普遍情况。因为他是个医生，也不是社会学家或者哲学家，所以泛泛而谈。我们的代表倒是很好奇，问了很多问题。给我印象很深的是阿连德的平易近人，一点架子都没有。就跟大家都是老朋友似的，其实我是第一次见他，林平也是第一次见。大家坐下来就聊，聊得很融洽。进门接、出门送，感觉都很客气，这是印象很深的一件大事。

印象深的还有一件事儿是智利当时的副总统在瓦尔帕莱索宴请代表处代表。有趣的是在哪儿？是饮食文化发生了冲突。这位副总统用最高级的海鲜，价格最高的食物招待我们代表处代表。上来是活的海鲜，是在动的，然后蘸点柠檬就往嘴里吃。这是珍贵的食材，可我们没人敢吃，这与当时国内的饮食习惯差距太大了。年纪比较大的同志鼓励我来尝一尝。我那时候很年轻，什么都不怕，就弄了一点柠檬，拿叉子勺子弄着就吃进去了。口感很软滑，有一点海鲜味，没有别的怪味。其实是挺好吃的，像鲜海蜇，在嘴里还蠕动。后来我赶快给副总统道歉，我说我们中国北方的饮食习惯不吃生的、活的东西。这种文化上的细微反差和冲突，其实非常有趣。

最后是一件很遗憾的事。当时智方提供奖学金，也给点生活费。我省下钱，买了很多书，总共大概有几百本，甚至上千本。当时我误以为海运能回来，结果后来通知，说没这笔钱给你海运。完蛋了，这书只好送人，留在那儿了。都是好书，最后只能拿皮箱带走一些最重要的。其中最重要的有一本长篇小说《马丁·里瓦斯》，这跟我后来的翻译生涯也有关系。

这本书我在智利的老师推荐过，我在智利通读了一遍，最终成为我带回国的、不多的十几本书之一。这本书为什么打动我？原因有几个：一个是故事本身。马丁·里瓦斯那股劲儿，那股好汉劲儿。还有一点，这部作品是智利文学左派向中间转向、从浪漫主义向现实主义转向的代表作。小说作者是智利驻法国的一位武官，因为受巴尔扎克的影响，开始撰写属于智利的小说。所以马丁·里瓦斯有一些于连的影子，有一些法国浪漫主义作品里人物的影子。而具体到故事情节，又完完全全是智利的故事。两者结合成了"浪漫＋现实"，这就让这部书成了智利文学的一个转折点。因此，这书就有点分量了。而这本书对我更深的意义，则是再以后的事情了。

采访人：这就涉及您回国和之后的文学翻译事业了。

赵德明：1966 年 3 月我回国以后，正式在北大留校任教。但是很快，一两个月之后北大就开始乱了。"四清"的问题、学习批"三家店"，就已经搞起来了。5 月 25 号，一张大字报，课就停了。接下来就是派工作组，我想搞点文学研究、文学翻译的计划全都泡汤了。中国社会科学院外文所听说我回来之后，希望我能翻译一些文学作品，我就翻译了一批短篇小说；外文所也希望我搞一点拉美的文学动态，约了好多篇。当时真是有一番新的计划要做事，可什么都做不成了。

那这跟《马丁·里瓦斯》有什么关系呢？等到20世纪70年代"文革"时期，要求老师们都得去五七干校劳动。我还年轻，干点活也不算什么，就依照安排去了江西劳动。我去了半年，这段日子里，除了下地种点水稻没别的事情。我悄悄地带上了《马丁·里瓦斯》的原书，用毛主席语录盖着，下面垫一本练习用的笔记本，开始着手翻译。最后那个本子让我翻得老厚了。

回到北京之后，北大慢慢开始复课、招生，那时候就有点事干了，时间也多了，就开始继续翻译。差不多到1978、1979年吧，这本小说就翻译完了。翻完之后，书稿就放在了那里，因为当时我对于出版一窍不通。那会儿接什么书了呢？接了《城市与狗》。

采访人：谈到《城市与狗》，就涉及您对巴尔加斯·略萨和您之后的文学译介工作。您其实是中国比较早翻译略萨作品的，和略萨也有过个人交往，您是如何走上文学翻译道路的呢？

赵德明：大约在1987、1988年，北京大学西方语言文学系西班牙语专业有一位秘鲁专家叫米格尔·安赫尔·乌加德。他是巴尔加斯·略萨的远亲，也是文学语言专业的教授。当时刚好"文革"结束，我作为青年教师，对于拉美文学的情况已不甚清楚，正好向他请教最近几年拉美文学的新动向。

他第一个就谈到了巴尔加斯·略萨，且刚好带了两部略萨的作品到中国来，其中一部就是《城市与狗》。我拿到这部书之后，读起来感觉结构很奇怪，不是传统的小说写法。书的情节是跳跃的，里面用到了很多电影的手法，如蒙太奇剪接等。这个手法在当时的我看来觉得很新鲜，就一直读了下去。在我读的过程中，乌加德老师给我做了很多解释。他为我详细解释了为什么安排这种写作结构，这种小说属于什么流派，这位作家的现实影响等。当时，巴尔加斯·略萨的影响主要是在西班牙。读完了这部书，我就产生了想把这位作家介绍到中国的想法，就仔细了解了作家的情况，他的生平、创作、影响。因为巴尔加斯·略萨出生的时间是1936年，比我大3岁，所以

1968 年赵德明与妻子

赵德明全家福，摄于 20 世纪 70 年代

1989 年赵德明在巴西讲学

觉得年龄差距不大。

到 1977 年，略萨已经创作了四部重要作品：《城市与狗》、《绿房子》、《"大教堂"咖啡馆里的谈话》（又名《酒吧长谈》）和《胡莉娅姨妈与作家》，这些小说都很有影响力。在西班牙出版界的帮助下，他的名气又回到了拉丁美洲，所以这位作家很值得介绍。1979 年 10 月，在南京大学召开了中国西葡拉美文学研究会成立大会。在会上，我宣读了《试论巴尔加斯·略萨的文学创作道路》，大会随后将该文正式印发给与会学者。大会重点讨论的作家有两位，一位是巴尔加斯·略萨，还有一位是加西亚·马尔克斯。这两位作家对于 1979 年中国西语文学翻译界都是很新鲜的，大家讨论起来都很有兴趣。当时一些出版社和杂志社也参加了会议，他们听了相关报告之后也觉得很需要将他们译介到中国。适值改革开放，十一届三中全会刚开完，也提到需要了解国外的情况。具体到文学研究、翻译、出版领域，则是如饥似渴地想了解和介绍在世界文坛上发生了什么事。最终，我们决定把巴尔加斯·略萨和加西亚·马尔克斯通过上海译文出版社的杂志《外国文艺》介绍到中国来。

通过杂志的介绍，社会反响很好。而当时还没有作品译介进来，人民文学出版社就决定邀请我进行翻译。在此之前还有一个有趣的插曲。当时我也读了加西亚·马尔克斯的《百年孤独》，也觉得这部书很有必要进行译介，就写了一个详细提要给人民文学出版社的资深编辑王央乐。经人民文学出版社和上海译文出版社议定，《百年孤独》这个选题由上海译文出版社来做，《城市与狗》由人民文学出版社负责。自此，我就开始翻译《城市与狗》。

大概到了1981年，这本书出版了，在中国的作家群中得到非常好的反馈。《城市与狗》出版之后，我们在王府井大街附近的一家酒店里举行了一个拉美文学介绍会，会议的重点就是介绍巴尔加斯·略萨和加西亚·马尔克斯。包括王蒙在内的许多中国作家参加了这次会议，对于我们的介绍也表现出很大的兴趣。就像莫言说的，发现"小说原来可以这样写"。我印象最深的是，接受新的语言、写法，真正动手的恰恰是王蒙。王蒙那时也是老作家了，他听说了意识流、内心独白等说法之后，也尝试进行了这方面的创作。这在当时是非常先锋的。

1980年还发生了一个重要事件，就是中国作家代表团参加了在南斯拉夫举行的世界笔会，也就是世界作家协会。在会上，中国作家代表团与各国作家相互交流情况，得到的消息是当下世界文学的热点之一是拉美文学。回国后，这批作家接连撰文介绍这一情况，这些文章发表在包括《人民日报》在内的国内重要报纸杂志上，造成了一定社会影响。客观上，这次出访推动了中国作家对拉美文学的关注。

加西亚·马尔克斯在1979年当选为世界笔会主席，任期三年。而到了1982年，加西亚·马尔克斯也获得了诺贝尔文学奖，又给我们国内推广拉美文学增添了动力。这个时间点很有意思，《百年孤独》在阿根廷的出版时间是1965年，但是翻译介绍到中国已经到了20世纪80年代了。所以1980、1981、1982年所有的事情刚巧赶到一起了：作家代表团回国介绍情况；我们翻译出版《城市与狗》《百年孤独》；我还编选了一本加西亚·马尔克斯的中短篇小说集，包括刘习良、尹承东等十几位重要译者都参与了这个工作，也取得了一些影响。

经过这一系列的动作，当时的中国文坛对拉美文学就有了一定的认识。中国作家发现，拉美文学区别于欧美文学，更区别于东方文学，有着自己的独特性。

20 世纪 90 年代初，加西亚·马尔克斯和巴尔加斯·略萨先后访问了中国。马尔克斯是单纯来中国旅游的。他的孩子们分别在世界各地工作，马尔克斯就和他们约在北京聚会，想要爬长城。由于这是私人旅游，他们谢绝了媒体，但是通过使馆希望能够见见自己作品的译者。于是我、尹承东、申宝楼在经贸大厦与马尔克斯进行了一次谈话。除了作品，他感兴趣的还有中国独特的社会主义发展道路。巴尔加斯·略萨来中国的主要目的也是旅游，同时也希望了解自己作品的译介情况。两个人都非常友好，对中国印象也不错。

1996 年，我去西班牙进行学术交流，刚好赶上西班牙穆尔西亚大学举办的一个国际研讨会，专题研讨巴尔加斯·略萨的作品。我当时人在格拉纳达，距离不远。他们联系上我，希望我能够在大会上做一个演讲，于是我应邀去了穆尔西亚。

我在大会上做了一个报告，主题是关于巴尔加斯·略萨在中国。参会者众多，坐满了大礼堂，巴尔加斯·略萨本人就坐在台下。按照西班牙的学术会议惯例，我单独在台上进行演讲，用西语梳理了巴尔加斯·略萨在中国国内的翻译、介绍、影响，以及国内学界的看法。我当时对略萨 1990 年参加总统选举的经历发表了自己的看法：我认为他不适合搞政治，他的失败是一件好事。因为这样，就有一个杰出的作家可以继续写作，而他即使当上了秘鲁总统，也未必能够做成惊天动地的大事。这个会场又是掌声又是笑声。他坐在台下面对着我，也笑了出来。

因为住在同一个大饭店里，我俩相约一起共进早餐并且进行了叙谈。其中谈到的一个问题就是文学的译介。当时中国已经加入了伯尔尼版权公约，我们的译介工作也逐渐规范化。早餐时，他慷慨地表示要送我一个礼物，就是请他的版权代理将《水中鱼》的版权免费赠送给我，让我可以在中国进行翻译介绍。这是我们在北京之后的第二次见面。再后来，我们又在中国社科院外文所见了一面。

1980 年后，巴尔加斯·略萨又写出了《世界末日之战》等重要作品。我参与翻译了《世界末日之战》，后来又翻译了《公羊的节日》《天堂在另外那个街角》《谎言中的真实》《情爱笔记》《水中鱼》等。他的文学评论水平，有些甚至可以说超越小说创作水平。阅读这些评论，可以真切领略到他的思想变化、文艺见地以及他精致、铺排得体的语言。他后来对拉美文学的研究达到了很高的水平，比如说他专题研究乌拉圭作家胡安·卡洛斯·奥内蒂，写出了专著《虚构之旅》，认为他是一代拉美作家的老师，认为奥内蒂的文学影响可以和博尔赫斯相提并论，这是在国内都没有的提法。然后，他具体讲了奥内蒂在文学创作上的突破，那就是想象。作家的艺术想象很不得了，对于这一点巴尔加斯·略萨有很具体的了解。

除了巴尔加斯·略萨之外，我最近几年重点翻译的作品就是罗贝托·波

1992 年赵德明（右一）与巴尔加斯·略萨在北京王府饭店

1985 年赵德明（后排左五）参加西葡拉美文学研究会年会

拉尼奥的《2666》。他的作品是出版社提供的，希望由我来操刀翻译。这部书很厚，有 800 多页，应该是我一生中翻译篇幅最长的一部书。尽管体量大、阅读时间长，这个作品依然好看、很有启发性。表面上看，这部作品故事性强、情节也很好，实际上背后对欧洲文化、拉美文化均有所涉及，对社会的黑暗面具有很强烈的批判：黑社会横行，对普通百姓遭欺压、战争的杀戮和平日的杀戮，如连环强奸杀人案，都有着细致的描写。

　　这个时候的波拉尼奥对欧洲文化很悲观，所以他的作品表现出了一种哀愁。后来，我又翻译了波拉尼奥的其他一些作品。最近，我翻译了他的短篇小说《足球魔法》，是他一部短篇小说集中的一篇。我们看足球、踢足球的都知道，足球场上充满了偶然性，也会出现一些意想不到的场景，颇有一些鬼使神差的味道。而这背后也有一些心理现象，也就是踢球者的心态。这个写作角度非常新鲜，我也很喜欢。明星球员在球场上的大将风度，旁若无人的镇定心态，千军万马中带球过人源自何处，这个小说里给了交代。这种写法不多，甚至中国的足球评论也很少从这个角度去写的，因此我很喜欢这部作品。

除了波拉尼奥的作品之外，我还翻译了智利作家、前外长罗伯特·安布埃罗的作品。在担任行政职务之前，安布埃罗已经是智利非常有影响力的作家了。他的三部曲作品《聂鲁达的情人》《斯德哥尔摩情人》《希腊激情》都非常优秀。新华社曾经电话咨询过我有关这三部小说的情况，我告诉他们三部作品确实是经由我译介进入中国的。他的作品非常出色、可读性强，读起来很愉快。尤其是《斯德哥尔摩情人》，描写了一大批滞留在莫斯科的拉美左翼青年的状况和心境：彷徨、没有着落、如丧考妣。这本书非常流畅，是我翻译生涯中比较喜爱的一本书，读起来也很舒服。

采访人：除了文学译介之外，您也参与了《拉丁美洲文学史》的编撰工作。这项工作是如何推进的呢？

赵德明：编写《拉丁美洲文学史》是当年教育部提出的一项要求，国内高校的拉美文学教学需要有这样一本教材，所以就请中国西葡拉美文学研究会承担这项工作。

研究会经过讨论，就将这个任务交给了北京大学。由我来牵头，参加的人有赵振江、段若川和北京外国语大学的孙成敖，我们共同草拟了一个大纲。大纲写出来以后，我们在杭州专门召开了一次会议，请研究会同行们集体讨论。大家提出的一些意见，对我们帮助很大。

写了初稿之后，我们又请一些同行审读，最后交由北京大学出版社出版。这是一本教材性质的文学史。在当时的条件下，为了编修这部文学史，我们读了七八种西班牙人和拉美人写的文学史，但是他们的角度各有不同。比如说一些文学史会忽略掉印第安文学的部分，而在印第安传统中是存在文学内容的。对我们而言，这部分应当列入文学史，因为印第安文学传统是现当代拉美文学的源头之一。我们比较重视民族的文学、本土的文学，尤其是拉美独立运动以后的相关内容。

限于当时的条件，这部文学史只能写到 20 世纪 70 年代末。由于编写时间比较早，所以对 20 世纪 90 年代和新世纪的拉美文学都没有涉及，如今应当增加一些近年来的内容。这部文学史，客观上对我们的西语教学和相关文学作品的阅读，都起到了一定的作用。作为文学史的撰写者，我个人的体会是这项工作其实是和我的文学翻译工作紧密相关的。看原著和自己翻译的文学作品，结合这些来撰写文学史就更为鲜活，而不是一组干巴巴的文学提纲，后者在教学中也效果欠佳。所以这个文学史，事实上应该是一种作品学，一种小说学、诗歌学、散文学、戏剧学，一切以作品为核心。

另一个在编写中需要注意的问题是，作家的年龄段和他所写具体作品的关系。年轻的时候所写的、中年时候所写的或是老年时候写的，作品由于年龄、时代、条件和作者身份的变化都会有所不同，需要在文学史中有所揭示。还有就是外部环境，即社会变化、时代变化和文学作品的关系。文学作品折射出来的时代特点、社会生活的特点是很有意义的。比如《2666》，真的就是把拉丁美洲的流亡知识分子的特点表现得淋漓尽致。要理解他们的思想和言行，只需要对比国内外文学研究者的思想和言行，就会发现真的具有一定普遍性，可以折射出、联想到很多东西。回到我个人，这种修史、读史的过程也是很有必要的，增加了自己对很多作品的理解。

采访人：总结您的教学和文学译介生涯，您有何感触和体会呢？

赵德明：我们现在要说清楚一件事情：中国真正埋头从事西班牙语文学译介和研究的人其实数量不多，大概也就两三百人吧。比如像故去的陈光孚，由中国国际广播电台调入中国社科院外文所，他对拉美文学的介绍研究贡献很大。他看了不少资料，写了不少动态文章，也出版了专著。中国社科院外文所林一安也做了大量的工作。他们是因为工作原因投身于这项事业，

1995 年赵德明（左一）与巴尔加斯·略萨在西班牙会面

我们不是，我们的任务是教学，翻译更多是兴趣。

这 40 年的翻译生涯，我翻译的文学作品有八九十部，再加上其他类型的书籍能够超过百部。如果总结我的体会，大概有以下几点。

首先就是眼界要开阔。要明白这个地球上还有另外的世界，有另外若干个不同于我们的世界。这个观念不是一句空话，是实实在在的。说这话的时候就想起当年见到的老师，见到的同学，见到的那些朋友。不管你是智利的、阿根廷的、古巴的、西班牙的、巴西的，都是实实在在的人。他们的说话、他们的办事、他们的名人、他们的习惯，实实在在地告诉你有另外一种生活方式，另外好几种生活方式。他们的所思所想反映在文学方面，给我们一个重要的启迪，我们要老老实实地先弄懂这些，而不是不懂就批评。还有关于交流，交流是带着问题的，你对人家能提出什么问题，人家对你提出什么问题，你怎么解答这些问题，你对这些问题的解答是真话假话，是敷衍的话、官话，还是骨子里的话。这些都是值得我们反复思考的问题。文化交流是双向的、互惠的、平等的，但也是各取所需的。

其次是通过翻译方法而来，需要注意到细节。文学翻译中的符号、短句、主句从句等所有的东西，都告诉我了一个思考方法，就是关注细节。这个方法强调要注意语言背后的东西，专注文字表面和文字背后东西的关系。进入文学译介的专业领域，就需要察觉文学表达中的暧昧：有些可说可写，有些可说不可写，只能通过特殊的描述方式体现一下，这样出来的文字就会比较复杂、文雅，这就需要我们考虑为什么要使用这样的手法。文学告诉我们很多复杂性，要避免片面，避免偏激，避免简单化。复杂的东西味道浓郁，往往可意会不可言传，这些作品给我的启迪和教育是很多的。

再次就是一定要读书。读文学的书，翻译文学的书，包括写文学的书，

2006 年赵德明与巴尔加斯·略萨作品

要想到把历史、哲学和文学这三者贯穿起来。比如像《红楼梦》中"白茫茫一片大地真干净"，这是一种悲观的观念。这种观念统领了全书，就是说贵族世家辉煌繁荣的背后，埋伏了危机，而这个危机和刚才说的白茫茫一片是有关系的。如果能够考虑这种悲观哲学观念的话，对深入理解《红楼梦》就有好处；而历史和文学关系就更密切了，有的历史事实经过了演化之后，就可以变成很好的文学作品。就像

赵德明与他翻译的《马丁·里瓦斯》，2015年摄于赵德明家中

《三国志》和《三国演义》的关系，《三国志》是写历史事实的、记录性的，但是《三国演义》就是大家的拓展了，是虚拟的、带有主观构思的，这就是文学了。这种作品，就是结合文学中的拓展和夸张，对于历史事实进行重新建构，形成全新的文学作品。所以历史和文学创作是有密切关系的。

最后，就是认识到虚构作品与作家想象的密切关系。这也是我翻译了这么多书之后的感悟。文学中当然有写实，但是如果没有丰富的想象力，就会显得苍白。毛主席曾言道："可上九天揽月，可下五洋捉鳖"，要是没有想象力这些意象就不能够串起来，也就失掉了诗词的意境。理解到作家、诗人们丰富的想象力，并且将这种汪洋恣肆的想象用母语表达出来，是对一位文学翻译者一生的挑战。

十五　我们仨，一个中国

口述人：[秘鲁]露德丝·费尔南德斯、[委内瑞拉]何塞·安东尼
　　　　奥·费尔南德斯

采访人：万戴

时　间：2019年5月17日

地　点：中国社会科学院拉丁美洲研究所

　　安东尼奥·费尔南德斯·阿尔塞（1931~2014），秘鲁诗人、作家和记者。他出生于秘鲁特鲁希略，曾在中国生活过48年。他与中国渊源深厚，是秘鲁和中国外交关系建立的推动者之一。他第一次到访中国是在1960年，访问期间受到毛泽东主席和周恩来总理的接见。在当时，秘鲁政局变化、政府更迭，促使他开始与贝拉斯科·阿尔瓦拉多政府建立联系，以期拉近中国和秘鲁的距离。费尔南德斯·阿尔塞负责将周恩来总理的一封信函转交给胡安·贝拉斯科·阿尔瓦拉多将军，作为两国建立外交关系的初步尝试。经过双方代表团的数次奔走，两国于1971年11月2日正式建立外交关系。

　　费尔南德斯·阿尔塞著述颇丰，他撰写了《毛泽东之后的中国》《中国，惊世之国：纪事与报道》《中国的时代面貌》和《马丘比丘/中国长城：永恒纪念碑》。在中国居住的近半个世纪时间里，费尔南德斯·阿尔塞用自己的经历见证了这个亚洲国家的发展历程。他一直坚信，中国会在新千年里发挥重要的作用。由于阿尔塞先生已经辞世，

本次采访口述人为他的女儿露德丝·费尔南德斯·埃斯基韦尔和他的
外孙何塞·安东尼奥·费尔南德斯。

采访人：露德丝，您好！您的父亲安东尼奥·费尔南德斯·阿尔塞先
生最初是怎么认识中国的？他为新中国和秘鲁早期关系的建立做了哪些
工作？

露德丝：迫于生计，我父亲在很小的时候就出来打工了，在万查科码头
卖报纸。那么，我父亲是怎么跟中国产生联系，并开始对中国有所了解的
呢？他告诉我们，他在十岁或十一岁那年才学会了认字。你知道吗，我父亲
一开始不会说话。他的出生本身就是一个奇迹，非常不可思议：我的祖母怀
胎六个月将他产下，但父亲在 14 岁之前都不会说话，他在学校里纯靠听课
学会了认字。

我父亲一开始是通过报纸了解到中国的存在的，他在卖报期间阅读了
大量关于中国的消息。他那时候很喜欢去昌昌古城。昌昌位于万查科，是
一座存在于印加文化之前的城市，曾是奇穆王国的首都，是南美洲最古老
的城市之一。古城的建筑是用泥土做的。父亲说昌昌的名字读起来很像
"Changcheng"，也就是长城。那时候，他经常自言自语说，未来某天他要去
中国。

我父亲从报纸上了解了毛泽东领导的中国革命和中国的解放，并受到了
鼓舞。他一生都是一个伟大的梦想家，从小就阅读一份叫《工业》的报纸，
并开始写作。16 岁那年，他获得了地区诗歌奖，进步飞快。之后，父亲从师
范类学校毕业。22 岁那年，他去了利马。

我的祖父是一个平凡的人，共有 14 个孩子，其中 8 个是儿子。那时候
人们都认为，如果家庭成员会几项小手艺的话——比如木匠、铁匠、泥瓦

匠——那么这个家庭就有一定的社会地位。这一点跟中国很像。祖父想让我父亲去做木匠。但是我父亲说："不，我不想当木匠，我想写作。"

到了利马后，父亲最初是在《所见》和《快讯日报》就职。他与左派产生联系植根于他的家庭背景。父亲出身贫寒，要付出很多才能出人头地。在20世纪50年代的秘鲁，有一群左派人士撰文写诗，渴望改变，我的父亲也加入了这群知识分子的行列。就这样，他跟秘鲁记者联合会产生了交集，成为该组织的创建者之一。

之后，父亲被邀请参加奥地利的社会主义国际会议。他经常回忆说，在那次会议上，他做了有关发展中国家和不结盟国家解放和进步之梦想的发言。讲话结束后，中国代表团向他走了过来。你知道，那时候整个拉美地区都处于非常艰难的时期。拉美不仅发生了解放运动，还发生了疏远美国的运动。期间，几个国家还发生了政变，这种现象在那个年代屡见不鲜。那次讲话之后，中国代表团邀请父亲去中国。那一刻，他仿佛看到儿时的梦想已然实现。

20世纪60年代，我父亲来到了中国。他跟一些拉美记者一起，第一次踏上了中国的土地。我父亲还受到了毛泽东主席和周恩来总理的接见。父亲对那次会晤印象深刻。他总是跟我们讲，毛主席和周总理都是非常纯朴的人。毛主席对秘鲁和中国建交表现出很大的兴趣。在秘鲁共和国成立初期，有很多中国劳工去了秘鲁。我们把在共和国初期来到秘鲁的那些中国人称为"苦力"，他们在甘蔗园劳作，受到的是奴隶般的待遇。秘鲁曾经和清政府有过外交关系，但那之后就断了联系。

毛主席了解这一背景，他知道在秘鲁有大量华侨，他想重建两国关系。毛主席还对印加文化非常感兴趣，他也知道那些曾风行印加帝国的道德规范：不偷不抢，不撒谎，不游手好闲。我的父亲用克丘亚语向会晤人员解释这些规范：ama sua, ama llulla, ama quella。就这样，他们跟毛泽东主席和周恩来总理拉近了关系。两位领导人都表现出了很大兴趣，希望能与这些首次赴华认识何谓新中国的记者们在文化和交流层面建立联系。

父亲对我们讲，当他到达中南海的时候，给他开门的是周恩来总理。父亲问："总理在哪里？"别人告诉我父亲，总理就是那个给他开门的人。父亲顿时觉得很羞愧。他觉得羞愧，是因为他没有向总理问好。然后，他就去向总理道歉。总理对他说，没关系，你是客人。就这样，双方展开了交流。

父亲认为那次访问让他实现了儿时的梦想：近距离了解中国。之后，他再来中国已是 1966 年。他被邀请到中国国际广播电台（那时候叫北京电台）工作，担任西班牙语广播的外国专家。收到邀请后，他毫不犹豫地就来了中国。他那个时候就说过：中国在下个世纪将会让全世界震惊。我觉得我的父亲一直认为中国是他的第二故乡。那时中国正处于艰难时期。第二年，父亲把家人带到了中国，就这样，我跟我的母亲来到了这里。然后，我的妹妹出生了，她是第一个出生在中国这片土地上的秘鲁人，她的中文名字叫"梅梅"。妹妹的出生因为一件事而令人难忘：她出生后不久就患上了败血症。当时她快一岁了，病得很严重，就到北京儿童医院去看病。20 世纪 70 年代在中国很难搞到药品和抗生素。医生三次宣布无法治疗我的妹妹，可是她才刚出生没多久啊。周恩来总理得知妹妹的病情后，专门派人把我的父母叫过去。他告诉他们，将尽一切努力救治梅梅。

我的父母一直对中国政府为救梅梅所做的一切努力心深怀感激之情。许多中国人民解放军战士给梅梅献了血。梅梅全身的血液被换了一遍。一年后，她康复了。我的父亲一直记着这段往事。

之后的日子就不好过了。"文化大革命"开始了，很少有外国专家留在中国，但我的父亲决定留下。他说："我要关注整个过程。"对那个时期，我还留有一点记忆。当时我们住在友谊宾馆。那里住着拉丁美洲小团体，也有西班牙人团体。当时住在宾馆里面的人有佩佩·卡斯特多，有巴西人，还住着恩里克·波萨达，但是当时很少有人会说"我们要留在这里继续工作"。

1970 年，父亲准备动身去秘鲁，周恩来总理交给他一封信，信中表达了想要和秘鲁建交的意愿。那时的秘鲁总统是陆军总司令胡安·贝拉斯科·阿尔瓦拉多，是一个左派人物。他的立场与之前的总统不同，并对与中国建立关系表现出很大的兴趣。此时不结盟国家运动正在进行，国家之间需要建立共同阵线。父亲开始致力于此项工作。他在《中国，惊世之国：纪事与报道》这本书里讲述了两国是如何建立关系的。中国代表团先是前往智利，因为当时中智两国已经建立了外交关系。中国外贸部副部长朱华民曾前往智利，后来访问秘鲁，在正式建交之前展开了谈判。我父亲一直惦记着中国需要不结盟国家的支持，从而保证能够在联合国占有一席之地，他为此付出了很多努力。在获得了秘鲁为支持中国在联合国拥有席位的签名之后，两国就开始着手建交了。1971 年 11 月 2 日，秘鲁和中国正式建立了外交关系。父亲在书里这样写道："双方外交部的谈判被推至高潮，在利马和北京宣布两国正式建立外交关系。此后不久，利马外交部决定任命米格尔·巴兰狄·阿兰为谈判负责人，一直到爱德华多·瓦尔德斯·佩雷斯·德尔卡斯蒂略大使上任。"

父亲的老朋友焦若愚被任命为中国驻秘鲁首任大使。随后，在两国建交一年后，父亲以商业顾问的身份来到中国，负责贸易事务，建立了第一个秘鲁—中国贸易办事处。父亲在书中回忆："中国向秘鲁提供的第一笔信贷额为 4 万美元，免除十年的利息。秘鲁向中国出口的首批货品是 15 万吨鱼粉、2 万吨鱼油、4 万吨铜、1 万吨铅和 1 万吨锌"。再过两年，两国建交就满 50 年了，如今中国是秘鲁的最大出口国和第一大贸易伙伴。两国关系继往开来，成果颇丰。我父亲一直认为中秘建交会为两国带来积极作用，不仅有利于中国，也有利于秘鲁。

如今，随着市场的开放、文化的多样性和技术的进步，你可以在随便一家中国超市里找到秘鲁产品。两国自由贸易协定自 2010 年起生效，我们现在正在优化它，它丰富了秘鲁产品的多样化。对于秘鲁农民、秘鲁出口商和秘鲁小企业来说，中国市场是非常诱人的，这是我们的目标。全世界都想进入中国市场，与中国的文化和教育联系也在大大增加。我父亲总是信心满满地说："汉语将会跟英语同等重要，或者超过英语。"如今，孔子学院在拉丁美洲遍地开花。我住在利马的马格达莱纳区，附近就有一所孔子学院。在利马，我估计大约有 3 家孔子学院，在皮乌拉也有一家。两国关系使秘鲁受益匪浅，并持续受益。习近平主席提出了"一带一路"倡议，秘鲁也刚刚加入了这个协议，这将给秘鲁带来更多收益。中国将要在秘鲁的钱凯建造一个巨型码头。秘鲁所拥有的物流条件、地理条件和地缘政治条件能够让它成为港口中心。中远海运集团和秘鲁火山矿业集团在不久前完成了钱凯大型项目的签约。可以说，如今我们已经亲眼见到了20世纪那群秘鲁人所做的努力的成果，由此让数百万秘鲁人获益。

中国就是我父亲的家。我感谢中国给予我父亲的一切支持，也感谢中国对我父亲的认可和铭记。在我们所有人看来，我的父亲是一个伟大的人。虽然他从不自我吹嘘或夸大，但他确实担任了连接两国的重要角色，他是连接两个民族的中间人。秘鲁和中国都有着悠久的历史，也拥有共同的历史记忆，如今这两个民族也分享着共同的情感和传统。就像我说的那样，在两个民族古老的文化联系中寻找相似性是一件很有趣的事情，比如探索秘鲁和玻利维亚高原与青藏高原之间的相似性。

采访人：您父亲在20世纪60年代曾三次访问中国。改革开放之后，他开始为新华社工作。这三次来访发生在不同的时间，您父亲对中国有哪些印象呢？

露德丝：我父亲来过中国很多次。1960年到1974年这段时间，他经常来中国。我们于1974年离开了中国。毛主席去世之后，我父亲跟母亲在1978年又回到了中国。

父亲的新闻工作在拉美国家的媒体中非常突出。他是一名使者，是中国发展历程的见证人。每次他来中国都会写作，然后出版一本书。父亲出版的第一本书叫《毛泽东之后的中国》，此书见证了改革开放的变化是如何发生的。他也为拉美多国的报纸撰文。他在墨西哥《至上报》开设了"世界之声"专栏，记录了中国在1978年改革开放之后、20世纪80年代以及20世纪90年代的诸多变化。我父亲还给《新闻报》和秘鲁《商报》供稿，凡是来找他

2009 年 9 月阿尔塞游览天坛

2014 年 3 月阿尔塞（前排）最后一次来中国，在北京首都国际机场与家人朋友的合影

写文章的刊物，他都会欣然接受。那个年代没有现在这样的先进技术，拉美媒体需要生活在中国的人来记录中国，但在中国的拉美人很少。我父亲是中国政策的传播者，同时也是一名评论家，他不仅仅报道好的一面。他是一名左派人士，但他写的文章非常客观；如果有他不喜欢的东西，或者某些东西在他看起来不对劲时，他的批判态度是很鲜明的。

但他对中国的信心，对自己将要做的事情的信心以及对未来的展望都是坚定不移的。父亲常说，他永远对中国充满信心。我相信他已经实现了这个目标，他走得非常安详，因为他已经看到了中国的巨变，也看到了中国人生活质量的改善。他最初所认识的中国和他离开时的中国是不一样的，这中间发生了巨大的变化。他不仅仅把中国交给了他的民族，也交给了他的家人。可以说，我的父亲为我们所有人开辟了一条道路。

采访人：正如您刚才提到的那样，您父亲也写过书。这是一种认识两个民族、认识中国人和秘鲁人的很好的方式。您父亲一生中的大部分时光，不仅在中国和秘鲁，也在其他拉美国家孜孜不倦地工作。对整个拉美来说，他都是一名伟大的记者。

露德丝：我父亲写过很多专栏。他曾多年担任《新闻报》的主任，也是秘鲁《共和国报》——一家左翼报纸——的创始人之一。我的父亲始终密切关注中国的所有发展动态，以及毛泽东逝世以后中国发生的一切变化。除了在墨西哥《至上报》的"世界之声"专栏撰稿，他还有一段时间用西班牙语为美国有线电视新闻网做报道。秘鲁的新闻节目《全景》就曾多次请求我父亲报道有关中国的事情。

我的父亲总说他不是汉学家，但他的确非常了解中国。他总是不停地去了解中国的每个角落。他去过中国很多次，了解很多中国的文化和历史。他出版了《毛泽东之后的中国》《东方之风》《马丘比丘／中国长城：永恒纪念碑》《中国的时代面貌》等书，他的文集《中国，惊世之国：纪事与报道》汇集了他所有的新闻和评论文章。

我父亲的外交生涯只持续了四年。在中国设立秘鲁贸易办事处之后，两国之间建立起了经贸联系，秘鲁也开始向中国出口产品。我父亲随后卸下了外交职务，在《新闻报》为贝拉斯科政府担任顾问。父亲可以在《新闻报》上自由书写有关中国的内容，也能够借助这家媒体推动中国和秘鲁的交流，也推动秘鲁中国文化协会的发展。

我记得在小时候，很多中国代表团、文化人士、大学教授和语言学家访问秘鲁，这不仅仅是一方有建立联系的兴趣，而是双方都有这种意愿。有很多中国教授和老师来到秘鲁，他们也学习克丘亚语。我父亲总是热情接待他们，带他们了解秘鲁。父亲对他所在的这片土地心怀自豪之情，他希望两个国家之间能够有更多的交流。

这种国与国之间距离的拉近不仅限于秘鲁和中国，父亲也帮助别的国家更好地了解中国。最近几年，我父亲给委内瑞拉的 Aporrea 网站撰稿，写的也是关于中国的文章。我父亲对美国持强烈批判态度，这一点他终生都没有改变过。对他来说，中国的发展模式是独一无二的，没有人能够强加给中国，那是中国自己的特色。

采访人：听说，您父亲也很喜欢诗歌，也喜欢写诗。他是如何成为诗人的？

露德丝：他经常组织文学巡讲，也写诗。他的书里也汇编了一些诗歌。他真的非常喜欢诗歌，特别是喜欢李白和杜甫。

采访人：那个年代的拉丁美洲知识分子对中国都很好奇，比如墨西哥诗人奥克塔维奥·帕斯？

露德丝：是的，因为那代人见证了历史，见证了世界的变化。那代人有着多重身份，并且多亏了他们，我们的国家走了出去，出现在世界的视野中。这些人包括奥克塔维奥·帕斯，巴勃罗·聂鲁达，还有曼努埃尔·斯科萨，他们之间互相认识，我父亲也认识聂鲁达和斯科萨。那是充满变化的一代人，那代人想要一个新的选择，想要新的道路。他们这群知识分子想要看到比美国更远的地方，那里有其他的发展选择。

采访人：您认为对这群知识分子来说，当时的中国意味着什么？您父亲跟您是怎么说的？

露德丝：我觉得父亲那一代人很幸福，因为他们寻找的是那些并非日常所见的发展之路，并非资本主义道路或美国的发展模式。他们想要走得更远，想要看看世界的另一面。他们不想要两极分化的格局，他们也受够了两极分化。我父亲曾在苏联生活过，担任过记者。但我父亲还是选择了中国，他在奥地利的社会主义国际大会上发表讲话之后，苏联代表团和中国代表团都去找他谈话。你要知道，那时是 20 世纪 50 年代，古巴革命正在进行中，然后发生了"猪湾事件"，后来又发生了危地马拉政变。那代人对新出现的独立运动、不结盟国家运动和进步主义改革都有认同感，所以他们反对名义上的政府、反对政变、反对干预。那代人主张人民拥有自决权。我觉得父亲不太喜欢苏联模式。他说，每个国家都需要根据自己的现实情况，制定自己的发展和增长模式。

这就是 20 世纪 50 年代的人们。我很确定那代人是幸福的，因为他们那时就见识了中国向世界展现的巨大潜力。我父亲总是说："中国一旦开始发展，就会让整个世界震惊。但它不会以霸权主义的方式让世界震惊，而是以拥抱世界的方式，以和其他国家增进联系的方式，让世界震惊。"中国实打实地经历了那个过程，如今秘鲁也必须经历这个过程。在这个发展过程中，我们必须要有自己独特的增长模式，任何人都不能把他的模式强加于我们。我相信，如果我的父亲泉下有知，一定会为今天我们所取得的成果而高兴的。

采访人：您前面提到周恩来总理和您父亲的过往。您父亲和中国领导人还有没有其他比较有趣的故事？他对此的印象又是什么？

露德丝：我父亲说他跟周恩来总理的接触最多。我觉得他们联系密切，是因为我妹妹的病。父亲一直记得与周恩来总理的这些交集。他跟周恩来很亲近，他也经常见到毛泽东主席。他是为数不多的留在中国并且和在拉美的西方媒体保持联系的拉美专家之一。那时候留在中国的专家少之又少，只有四十多位，所以会更容易接触到中国领导人。我父亲受到了很好的照顾。另外，每次召开中国共产党全国代表大会和全国人民代表大会时，每种语言都要配一名专家。我父亲在西班牙语部门颇受信任，他受邀参加那些会议，因为会议上的公告和新闻都要发布到国外。我觉得这项任务有利于父亲工作的开展和巩固，得到巩固的还有他和几位中国领导人的关系。

我父亲很早就与切·格瓦拉熟识。在切·格瓦拉去古巴之前，他们俩就在秘鲁认识了。父亲说，有一天他去参加一场会议，格瓦拉在会上快要睡着了。他就这样跟我父亲建立了联系，格瓦拉也去过我的祖父母家。父亲后来又在北京见到了格瓦拉，那时他已经是古巴政府的官员，他们在中国交流了看法。

我父亲还认识墨西哥前总统路易斯·埃切维里亚。父亲给很多拉美的报刊撰稿，拉美各机构都想通过他认识中国。他参加了很多有关中国的论坛和活动，我想他就是这样跟领导层有了交流的机会。我父亲把在中国发生的一切都报道出来，这不仅大大增强了他跟中国领导人的关系，也增强了他跟某些拉美政治人物的关系。"喂，你是在中国，对吧？告诉我中国现在怎么样了？我想跟中国建交。"当时墨西哥的领导人就是这么跟我父亲说的。我父亲每次来中国，墨西哥总统都要找他谈话，交流看法，因为我父亲了解中国政治，也了解整个中国。我记得我们每次去墨西哥都得到墨西哥总统的热情接待。

采访人：您父亲也是首批留在中国的外国记者之一，他不仅在中国媒体工作过，也帮助创办了一些媒体。

露德丝：我父亲一开始是在北京广播电台工作，后来去了《中国建设》杂志社，也就是如今的《今日中国》杂志社，然后他又去了新华社。我父亲一直记得这些经历，因为当时留在中国的外国专家非常少。那时候有来自拉美的西班牙语老师，但是来自拉美的记者寥寥无几。

他的中国同事都是西班牙语的初学者。有些人之前在拉美学过西语，但是有些语义学和句法的东西是不一样的。我父亲帮助他们修改和润色西班牙语文章。他总是说，很多西语的文章是从英语翻译过来的，很多时候我们不能按照字面意思简单地把一种语言翻译成另一种语言，而是要根据语境来判断。在使用语言的时候也要十分注意，因为语言是博大精深的。单单是一个单词，一个句子，我们就有 420 种表达方式。也就是说，我们必须学会使用合适的词语进行表达，而父亲在这方面做的最大贡献是帮助他们让译文更加精准，诠释更加准确，从而让人们更好地理解中国发生的一切。我觉得这种贡献是无价的。

之后在 1977 年，曾任秘鲁总统的胡安·贝拉斯科·阿尔瓦拉多去世时，我父亲是《新闻报》的主任，他在报纸的核心版面发表了一篇关于贝拉斯科·阿尔瓦拉多逝世的报道。我父亲并不喜欢弗朗西斯科·莫拉莱斯·贝穆德斯总统领导的新政府，因此就辞去了工作；或者说，他不得不辞职。他开始跟吉列尔莫·桑代克合作，一起创办了《共和国报》，这是一份左翼报刊。后来他有了去新华社工作的机会。当时中国社会的变化日新月异，改革开放如火如荼地进行着，我父亲说："我要去中国了，我必须一直关注中国，我必须成为这一切的见证者。"

他在 1981 年或者 1982 年就长期定居中国了。他那时候虽然经常回秘鲁，但是他的家已经安在了北京。他还在继续写作，他创作的最后一本书的起因是为了纪念中秘建交四十周年，书名叫作《马丘比丘 / 中国长城：永恒纪念碑》。

　　我于 1984 年抵达捷克斯洛伐克，每年都会去中国看望父亲。每次我都会跟父亲出门，看看中国发生的变化。那时，捷克斯洛伐克也经历着一些变化，但那些是从政治角度出发的变革。而在当时的中国，正在进行的改革开放是从经济角度出发的。

　　我的父亲永远都是话题的开启者，但也是争议的触动者。我也学过新闻，年轻时就读了很多关于马克思主义和列宁主义的书，我对政治也研究很多，所以经常和父亲聊天。我的父亲不仅仅是开辟了一条新路，也为我打开了新的思路。我们时常辩论，因为我总觉得，变革应该是政治性的。父亲说不是的，他说中国人有自己的发展模式，他说变革首先应该发生在经济上，然后才是政治变革。父亲带我去了很多地方。我们去了深圳，看到了做小生意的人们。所有的一切都跟以往大不相同。我忽然觉得父亲说的有道理。他关注着深圳和厦门的经济试点。我们参观了这些试点，父亲说："这会让中国的一切发生改变。这些是中国增长的基础，它将改变增长模式。"20 世纪 90 年代的时候，父亲生活在中国，这一点很重要。20 世纪 90 年代对于中国来说具有决定性意义，因为所有的这些改革试点（如今有了更多的试点，但是它们服务于数字时代的变革）为中国的发展和增长模式的改变奠定了基础。

　　我当时常坐火车从捷克斯洛伐克的布拉迪斯拉发去北京，有时候也从布拉格出发，我奔波于这两座城市之间。我会经过苏联，说实话，苏联跟中国真的不一样。当你来到中国，你感受到的是一种振奋，你看到那些小企业家都在想法子赚更多的钱，创立他们自己的公司。但是当你来到苏联时，所有的一切都蒙上了一层凄惨的色调，你看到的是集体经济，合作社都是集中管理的，市场上什么东西也没有，可以说，中国和苏联存在着显著差别，形成了鲜明对比。

　　采访人：露德丝，现在让我们来谈谈您自己的经历吧。据我所知，您在东欧获得了哲学博士。当初您为什么决定去那儿读书？后来又为什么想来中国工作呢？

露德丝：我一直都想来中国工作，我在捷克斯洛伐克读书的时候就这么想了。那么我为什么要去捷克斯洛伐克呢？正如跟你说的那样，我小时候读了很多书。我父亲给我做了一个好的榜样，他是我的人生导师。我父亲有三个孩子，但有时候我认为他对我要求更加严格，这一点我心怀感激。或许我在很多方面跟他有共同之处吧，我也喜欢跟新闻业打交道。

我跟父亲经常聊历史。他给我讲了很多现代历史，还有世界历史。我们经常辩论，也经常交流想法，我一直都想去中国工作。十四岁那年，我就读了父亲写的《毛泽东之后的中国》。我们经常会收到《中国建设》杂志。父亲的藏书十分丰厚。有一天我读到了尤里乌斯·伏契克的《绞刑架下的报告》。里面讲的是与法西斯主义做斗争的人们，书中的伏契克是一名记者，这让我备受鼓舞。我也想在欧洲生活。

我童年时期关于中国的记忆是美丽而难忘的，可以说我童年最好的时光是在中国度过的，但是后来我决定去捷克斯洛伐克。我的父母当时分居两地。我的父亲走了，我也想走。父亲为我争取到了去读医学的奖学金，后来又替我申请到了另一份读经济学的奖学金，但是我把这些专业都改了。我说，我要去读新闻学。为什么是新闻学呢？我一直想要当记者，从小我就跟各种报纸接触。我在秘鲁《新闻报》工作过，在一家儿童杂志社当过主编，在学校时还在一个社团的报社当过社长。可以说，有关新闻的一切总能引起我的注意，骨子里的东西是甩不掉的。

到了布拉格，我才对父亲说："我已经在捷克斯洛伐克了。""你在那里做什么？"他问我。"我来读新闻学，"我说，"我来读书，来体验这段经历。"对我来说这并不容易。但我的父亲允许我认识其他的世界，其他的文化。我在那里认识了很多我在秘鲁永远都不会认识的拉美人，结交了一些尼加拉瓜朋友，他们都是桑迪诺的支持者。可以说，我在那里了解了生活的其他面貌。我每年都来中国，我一直都想来这里。每当我从布拉迪斯拉发出发，穿过整个苏联，再穿过中俄边境，从海参崴进入中国，路过哈尔滨、满洲里时，我的内心都会生出一种情感。我在新华社实习过一年。每当我回到捷克斯洛伐克时，捷克人都会问我："中国现在怎么样？中国都发生了什么变化？"

我在捷克斯洛伐克完成了学业，然后去了秘鲁和委内瑞拉。我到秘鲁时，正逢一段艰难时期。一年后我去了委瑞拉，在委内瑞拉生活了20年。2004年，父亲跟我谈到了一个项目：中国中央电视台西班牙语频道。一直以来，我都想去中国工作。于是，我说："我要去中国，我想在那里生活，我想去体验一下"。我小时候会说一点中文，我也想让我的孩子们学习中文。我觉得那会是一个很大的跨越。专业方面的经验我也不是没有，因为我在委内瑞拉的报刊和电台都工作过，我还在秘鲁的电视台有过短暂的实习。然而那个时候的我还未曾以主持人或者记者的身份进入过电视台。来中国之前，我就感觉，所有的契机都汇集到一起，它们暗暗地"密谋"，然后告诉你，该走了，该去探索别的世界了。

首先，我父亲当时在中国。对他来说，这可能是个不小的变动，他担心会有文化方面的冲突。但是因为我之前已经在中国生活过，我已经知道中国是什么样的，我了解中国的发展，所以我信心满满。委内瑞拉同事问我："你为什么要去中国？"我对他们说，我曾在那里生活过。"但是你去中国干什么呢？"他们又问我。那时候的委内瑞拉，局势非常好，还没有出现明显的危机，乌戈·查韦斯的政府刚刚上台。截止到今年，我已经在中国待了15个年头。

这段经历对我产生了很大的帮助，令人终生难忘。在中国中央电视台工作，让我的职业价值有了很大的提升。我一直认为，是他们把我培养起来的，把我塑造成了一名主持人、一个在官方电视频道露面的形象、一位报道中国每日新闻的主持人以及一名新闻播报员。我觉得我确实学到了很多。从职业角度来看，这段经历给了我巨大的影响，是非常宝贵的。我将因此而对中国永怀感激。

坐在摄像机前，要对将要说的话负责。首先，你要相信你说的话。我对此坚信不疑。在报道一条新闻的时候，必须要有信心，尤其是这条新闻跟中国有关，或者是政治新闻时。在报道所有跟中国有关的事情的时候，你必须要有那种底气，有那种信念。中国给了我很大的帮助，让我每天都能学习到更多的东西；不仅学习中国的特质，还学习它的文化，它的生活方式，它的生活观念。这并不是说我把所有的知识都学会了，而是我已经对中国有所了解，我已经会说一些中文了。我并没有底气说什么大话，因为事情每时每刻都在发生变化。

我在这里有朋友，已经亲密如同家人。我认为中国是我的第二故乡。我的父亲给我留下了一份遗产，这份遗产就是一个他深爱过的国家，一个他在我小时候就带我来过的国家，我希望能够沿着父亲的路走下去。可以说，父亲为其他人开辟了一条道路，也为他的家人开创了一条路。我们非常感谢中国，让我们来到这里，让我们共享这段经历。

一转眼，西班牙语频道即将在今年迎来 15 岁生日，中外同事们携手打造了这个频道。作为外国人，我们是被邀请到这里来的，所以我们全力以赴，尽力做好主持人的工作。我们与不同的媒体打交道，但我们与其他西方媒体是有所不同的，明白这一点很重要。

采访人：在这段时期，您有没有一些关于采访的特别回忆？鉴于您从 2004 年，也就是新世纪之初就开始在中国工作了，新闻这一行业与您父亲所在的时代相比，有什么变化呢？

露德丝：确实有所变化。大概是在传播方法上发生了变化。信息时代的新科技可以让发生的事情迅速被人们知晓，不仅仅是通过电视频道或者媒体，还可以通过社交网络。可以说，出现了新的焦点，也出现了新的挑战，而我们必须接受这一切。所谓的挑战就是时机。可以这样理解：新闻的时机，我们应该选择什么时机撰写新闻，应该选择什么时机发布新闻。

如今，新闻的很多要素都发生了变化，但主线是不变的：严肃、客观、明确，成为新闻事件的发声者。我们在新闻中的立场必须是客观的，西方一些媒体是受到操控的。我们认为，我们的态度更加严肃。因此，应该从不同的角度去分析同一条新闻。

我们的任务是进行新闻报道时要有负责任的态度，即使是报道一些敏感问题时也该如此。我们需要遵守自己的新闻报道准则。那些来到中国的外国人和外国专家们会看到，正如所有的媒体那样，我们也有自己的新闻报道方式。我们和所有的大型电视媒介或大型媒体所秉持的新闻原则是一样的，不过确实存在不同的工作方式。我有时也需要为同事答疑。比如我跟某位同事说，西班牙语里不用这种方式表达，而是用另一种，或者是某种新闻结构应该采取某种方式表述，或者是社交网络上的采访应当即时等。即时性在当下是非常重要的。

我认为，一个人要对他说的话负责，要具有严肃性，并且要严格遵守新闻报道的原则。在这里，中国主持人是备受推崇的焦点，他们是很严肃的人，在私底下也是很严肃的人，因为他们代表了国家形象，台上和台下要一致才可以。你的言辞和你的形象必须要一致，因为你在任何时候、任何地方以及任何场合都代表着媒体。

如今人们对中国有了更强烈的了解的兴趣。今天的中国是向全世界开放的，每个人都可以了解中国。海外记者可以来到中国，通过自己的媒体平台表达看法；也可以通过中国的媒体，比如新华社和中央电视台，通过所有的中国媒体来认识中国。央视西班牙语频道有很多互动性的内容，可以让受众了解到很多关于中国的资讯以及很多有趣的文化现象。

与此同时，我们应当增强我们和其他国际媒体的联系，尤其是各国家级媒体之间的联系。这种交流现在也经常有，很多外国代表团来到中国，了解中央电视台及其报道新闻的方式。我们作为外国专家，经常需要和其他国家的同行交流，有时他们的观点稍有偏颇。我们认为，各媒体的运作方式不同，你必须要去适应它的新闻报道方式，而不是将固有的新闻观念强加于人。

采访人：何塞您好，您是家中第三代定居中国的，也是很特别的一代人。您在很小的时候就来到了中国，延续了您妈妈和您外公走过的道路。您的成长经历是怎样的？对中国又有着什么样的感触呢？

何塞：我就从小时候在委内瑞拉的生活讲起吧。我 1994 年出生于委内瑞拉的巴塞罗那，并在那里上了小学。在委内瑞拉时，学生们先从听、写开始入手，然后学习语法，一点点地学习西班牙语。我离开委内瑞拉时，已经完成了听和写的学习阶段。到了中国，我一点中文都不会，就直接进了小学。所有的同学都是中国人，所有的课程都是用中文授课的。没有人说英语，而且那个时候我的英语说得也不怎么好；我也没有机会说西语。这对我来说多多少少是一个比较大的冲击。老师跟我讲话，但我都不知道该说什么。

小学班上有几个说中文的西班牙语老师，他们总是去我家里给我辅导。他们告诉我作业怎么做，教我中文的发音、拼音等。就这样，我渐渐就学会了中文。三年之后，我大体能听懂了，也能用汉语书写了，甚至能写篇幅短的作文了。中学里，我又加强了中文学习。我上的是一所国际中学，我也学

2018 年 5 月何塞（左四）获得国家开发银行奖励金。摄于国家开发银行

习了英语。一般来说，我们外国学生是不能在中国的普通中学里上学的，因为中国学生要上更多的课：比如政治课和其他高考科目。我们外国学生进入中国大学不需要参加高考，但需要参加每所大学组织的考试。北京大学和清华大学的考试是最难的。在高中阶段，我认真备考，最后被北京大学元培学院录取。

我在大学学习的是国际经济和贸易专业。中学时期，我的焦点都放在了汉语语言学习上面。大学期间，我主要是深化了我的经济学知识，尤其是数学方面。我的数学基础不如中国学生，为了准备考试，我做了大量数学练习题。另外，我的同学是全中国遴选出来的尖子生。和他们学习和竞争，我的压力非常大。

除了学习数学，在大学里我还学到了很多经济管理知识，比如说，经济体之间的相互联系，不同国家的经济通过何种模式相互联系的。就这样，我逐渐在北京大学完成了我的专业。

露德丝：何塞来中国前已经在委内瑞拉读完了小学。他来到中国后，我父亲跟我说："最好让何塞从零开始学习"。所以何塞被安排到了小学一年级，跟比他小很多的孩子一起上学。我当时很担心他会不会对文化冲突感到不适应，会不会心理上受到影响，毕竟他已经是一个大孩子了，却要跟一群小孩子待在一起。就这样，何塞开始跟着小孩子们从零开始学习，每个学期他都在不断进步，最终赶上了其他同学。他有一个非常好的老师，就像他的姐姐一样，她经常来家里辅导何塞中文。小学毕业后，何塞还学会了唱昆曲和京剧。他曾在国家图书馆的礼堂登台表演，我现在还留着他演出的录音和录像。

采访人：您能不能讲讲这段学唱戏曲的经历？

何塞：当我听京剧的时候，我能明白他们在说什么，但通常我听不懂太多的唱词。一般来说，每场演出，每段京剧都有它的背景和故事，所以我至少知道他们唱的是什么内容，也知道里面人物的角色都是什么。

我上小学的时候，老师说根据我的长相和身材，我可以在剧里扮演一个丑角。那个剧讲的应该是明朝的事，那时社会动荡，官员腐败。我扮演的那个丑角就编了一些四字成语，借此表达自己的想法，希望那些官员别那么腐败。

丑角的脸涂成黑色，还梳着几根小辫，或多或少给整个剧增添了一些搞笑元素。主要通过这种方式向明代朝廷传达信息，我记得的就这么多。

还有一个《报灯名》的故事。这个故事讲的是，丑角提着灯笼照明，去给朝廷送信。因为丑角很搞笑，脸被涂成黑色，我的老师就跟我说，我扮演丑角不需要化什么妆，因为我的皮肤有点黑（笑）。京剧是我小学时期的一个爱好，它对我理解中文和中国文化起到了很大的帮助作用。

采访人：何塞，您刚到中国的头几年，是否感受到了很大的文化冲击？您和您的朋友及老师在一起的时候，是什么感受呢？

何塞：我刚开始来这儿上小学的时候，确实感受到了强大的冲击，因为我没有可以说话的人——除了在我妈妈下班后跟她在家里说话。在小学里，大家都是玩耍，但我不知道该怎么跟我的中国同学和老师交流。我的小学老师给了我很多帮助。我们外国学生不懂中文，所以学校专门为我们开了一门课，让老师给我们单独授课。

露德丝：何塞上的是一所中国小学，并不是外国学校。他们单独开了一间教室给外国学生上课，除了何塞，当时还有一个叙利亚的小女孩，她后来在清华大学读了新闻专业。其实，何塞高中毕业后，他同时考取了北京大学的经济专业和清华大学的新闻专业。但何塞说："我不读新闻。我的外祖父是记者，你也是记者。"（笑）。于是，他就选择了读经济学。我的父亲从没想过让我当记者，他想让我读经济专业。所以，何塞说："我去完成外祖父未竟的心愿吧。"

采访人：何塞，您在中国上了小学、中学和大学，现在读研究生。您和其他的外国学生很不一样。虽然在法律层面上，您是一个外国人，但在文化层面上您是中国人。生活在中国的感觉如何？您对在这里的生活有什么想说的吗？

何塞：我想说，我要感谢我的大学老师，他们对我十分耐心。尤其是数学课和经济课对我来说很难。最初，我并不具备攻读这门专业所需的深厚的知识基础，是他们教会了我很多，耐心地指导我。

至于在中国的生活，作为学生，我确实过得有点辛苦，因为和中国的尖子生一起读书意味着我没有了社交生活。我的时间都用在了学习上，不过有时候我也会放松一下，去跟同学吃饭，跟他们一起运动等。中国的生活对我来说稍有压力，但也不是很大的压力。通常情况下，压力是前进的动力，学习的压力让人学会了知识，能够通过考试，获得好的成绩，让我们在毕业之后找到一份好工作。我确实在这里感受到了一些压力。不像在委内瑞拉的时候，那时候我根本不学习。但是在这儿我能感受到同学之间的竞争，不管是中国学生之间还是外国学生之间都存在竞争。

采访人：您觉得自己更像中国人还是拉美人？

何塞：就我个人来说，我觉得自己更像中国人，因为我是在这里长大的。我的中文说得比西班牙语好，更比英语好。但是随着学习的深入，我想尽可能地学习一切知识，包括西班牙语和英语，只有这样，我才能为毕业之后进入社会工作打下更好的基础。

采访人：接下来的几年里，二位有什么样的发展计划？会一直留在中国吗？

露德丝：我觉得何塞更属于这里，他更植根于中国。我很高兴，因为这差不多是一种家庭传统，是整个家族的荣耀。何塞从小就在这里生活，他被一种文化熏陶……所有的这一切都要感谢中国。我的父亲或许不是以这种方式了解中国的。但何塞是的，因为他已经身在中国，他理解这一切，他理解中国文化，他理解中国的很多特质。当然，可能需要一段时间他才会明白他自己的角色。他很好地连接了中国和拉丁美洲，他在中国有过一段别人永远无法夺走的经历。这是一笔巨大的文化遗产，我永远会心怀感激。何塞是我们家来到中国的第三代人，我经常对他说，一定要努力，因为将来某天他可能也会像他的外祖父那样，不仅要为增强国家间的联系做出贡献，还要为增进地区间的联系做贡献。他出生在委内瑞拉，他可以为增进两种文化的互相了解做出贡献。

至于我，来到中国是迈出了一大步，再次来到中国是我所做过的最重大的决定。我父亲说过："谁只要来过一次中国，他就会一来再来；谁只要在中国生活过一回，他就会流连忘返"。我觉得我起到的就是一个衔接的作用。我的父亲好比是一台发动机，而何塞是另一台发动机，他面临着更多的机会。他出生在委内瑞拉，但他也是中国人，因为他的心属于这里，他的心距离中国比距离拉美更近。

我有两个孩子，女儿在秘鲁，儿子在中国。将来若要离开电视台，对我来说是很困难的。但是所有的事物都要迎来它衰老的时刻，我们作为人，也会有衰老的那一天。我将来可能会在秘鲁和中国之间来回走动。我想做一个自己的网站，我想从事属于自己的新闻活动，传播关于中国的新闻资讯，重点进行贸易领域的新闻传播，聚焦中国的产品。这就是我所设想的未来。当然，谁也无法知晓将来会有什么样的事情等着他。我也可以去做咨询，因为中国公司在拉美的发展需要顾问。就像我对何塞，还有我女儿说的那样：中国公司需要有人给它们出谋划策，它们来到拉美，往往不了解拉美的法律法规。我的女儿是律师。中国公司需要在广告、市场营销、沟通、如何增进联系方面获得咨询帮助。我觉得我的未来可以做这样的工作。

　　总有一天，我会把接力棒交给他们，因为他们是新的一代。与此同时，我会尽我所能，继续贡献我的绵薄之力，并永远感谢上帝让我能在中国度过我的人生。我已经在中国待了 15 年，此外，还得加上我小时候在中国生活的那 10 年。我总是说，我要加倍努力，尽我所能把一切做得更好，尤其是不能辜负我父亲的名声。因为那是我们家族的荣耀，是极其珍贵的东西，我的一切都源自那里。

后记

"那是我们家族的荣耀，是极其珍贵的东西，我的一切都源自那里。"露德丝女士讲完，我关闭了摄像和录音设备，与他们母子二人互致谢意。这是本书最后一组口述人采访的结束语，也表达了秘鲁媒体人安东尼奥·阿尔塞一家三代人对于中拉人文交流的珍视。2016 年中国国家主席习近平在访问秘鲁期间，在演讲中以"人生乐在相知心"来形容这位为中秘两国交流做出了巨大贡献的媒体人。阿尔塞先生于 2014 年逝世，他的生平事迹，他为中拉交往付出的心血，我们通过他的两辈后人进行了回忆和见证。

习主席在演讲中提到的另一位老朋友，是书中的另一位口述人——秘鲁汉学家和翻译家吉叶墨先生。先生如今已是鲐背之年，但依然怀着极大的热情，接受了来自中国的采访请求。他是汉学家、翻译家，也是参与过中国多部电影拍摄的外籍演员。在这些身份之外，他更是一位不仅见证也亲身参与了几十年来中拉人文交流的世纪老人。他端坐在利马城中，气定神闲地向我们的采访人讲述自己的经历，一个人的故事与一个时代的影像逐渐重叠，绣口一吐，便是半幅中拉交流的锦绣图卷。

这种重叠正是我们写作这本书的初衷，也是我们对于文明之间交流主体——"人"的持续关注。在任何形式的交流中，尤其是在人文交流中，人都是最为核心的主体。在中华人民共和国成立的 70 年中，中国与拉丁美洲各国人文交流的各个领域，活跃着许多如阿尔塞、吉叶墨一样的实践者。无论是从年轻的共和国远渡重洋，或是从遥远的拉丁美洲来到东方，一辈辈年轻的知识分子和艺术家用自己的感受和知识塑造着对于对方的认知，也用作品和行动将自己所见、所闻、所感、所得带回了自己家乡。时光荏苒，这些曾经年轻的面孔也成了我们这代拉美研究者的提灯者、引路人。

我们可以很轻易地在各个领域找到他们的作品：报纸杂志、文学译著、学术成果、艺术作品，乃至一个个活生生的、操着对方语言在中拉交往各个领域的后辈们。我们站在前人架设的桥梁上向着太平洋对岸凭栏眺望，风景清晰而美好。在桥梁上行走得久了，后来者也会常常忘记开拓者曾经的披荆斩棘、筚路蓝缕。因此我们觉得，应该将架桥者的个人历史记述下来，以"人"的双眼和记忆，逐渐呈现中拉人文交流的丰富历史。

这本书的写作过程是艰难且快乐的。不同于一般学术书刊，"口述史"的写作需要采访者和口述者之间进行密切地配合，在大量口述采访的基础上进行整理和确认。同吉叶墨先生一样，本书的多位口述人年事已高，又定居于相距万里的不同地区，客观上增加了采访工作的难度。即使是居住在中国国内的口述人，绝大多数也都已经退休多年，平均年龄超过七十岁，其中几位年长者已经年过杖朝。多次连续数小时乃至一整天的采访，对他们的体力和精力都是很大的挑战。然而他们对我们的工作给予了毫无保留的支持。无论是在长时间的口述采访过程中，抑或是在采访之后的文字整理以及口述内容的修改、确认工作中，都展现出了他们一如既往的严谨态度与专业精神。相比于本书的读者，我们不仅仅收获了口述人的回忆，也在实地工作中感受到了中拉人文交流的先行者们，在以怎样的精神进行着这项事业。前辈风骨让我们感念于心，也更加让我们认识到自己工作的价值。

不同于中拉政治与经济往来，中拉人文交流事实上是双方在一段时期内多种类、多层次、多方向交流活动的一种统揽；或许在规模和效率上不及前两者，但是其延续性和活力，却为中拉交往的持续发展提供着内生动力。为了展现这种延续性，本书也选择了几位依然活跃于中拉人文交流一线的知识分子作为口述人，如乔建珍、古斯塔沃·伍。他们是提灯者们的后辈，是与我们并肩行走在中拉人文交流道路上的同路人。他们的口述历史，是鲜活的中拉人文交流当代史，呈现的是中拉人文交流在进入新世纪之后真实的面貌。凭借着这种差异化的口述内容，我们试图构建出整段历史的样貌。

从最初选定口述人，到实现口述采访直至完成本书，要感谢中拉青年学术共同体（CECLA）各国朋友们的支持。从这个意义上来说，本书既是采访编辑团队与口述人的共同作品，也是中拉双方知识分子又一次进行人文交流活动的成果。在来自中拉各国不同领域的采访人的共同努力下，这个打捞中拉人文交流记忆的设想，最终成为现实。他们的辛劳工作与专业精神，是本书能够完成的核心原因（附采访人名单如下，排名依照章节先后顺序）：

万戴，中央广播电视总台记者、中拉青年学术共同体联合发起人；

安薪竹，《今日中国》杂志西文版副主编、中拉青年学术共同体联合发起人；

郑胜天，知名艺术家、学者及策展人；

杨探骊，中央广播电视总台驻巴西记者；

乔建珍，河北师范大学外国语学院副教授、巴西里约热内卢天主教大学孔子学院院长；

楼宇，中国西葡拉美文学研究会秘书长、中拉青年学术共同体联合发起人；

麦高·萨拉特，《今日中国》杂志西文版副主编；

郭存海，中国社会科学院拉丁美洲研究所社会文化室主任、中拉青年学术共同体负责人；

张琨，上海大学历史系（全球问题研究院拉丁美洲研究中心）讲师；

路易斯·奥拉西奥·洛佩斯·多明盖斯，哥伦比亚历史研究院院长；

路易斯·加夫列尔·坎蒂略，哥伦比亚对外大学教授；

除却采访人身份之外，他们也活跃在中拉交往领域的舞台，是当今中拉人文交流的实践者。也许在几十年后，这本书和这些采访人的回忆也会成为中拉人文交流的一个注脚。我们希望实现的是持续不断地记录、打捞和创造中拉交往的历史，让中拉人文交流的记忆永远保持鲜活。

万戴

中拉青年学术共同体（CECLA）联合发起人

2019 年 8 月 28 日于北京